21세기 세계경제

NEW NORMAL
OR BACK TO
OLD NORMAL

21세기 세계경제

김상조 지음

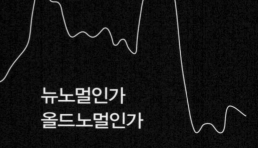

뉴노멀인가
올드노멀인가

생각의힘

머리말

　　소위 '어공(어쩌다 공무원)' 생활을 마치고 학교로 복귀한 지 어느덧 2년여의 세월이 흘렀다. 그간의 생활 패턴은 단조로웠다. 매일 학교 연구실에 나가 여러 경제연구소에서 보내온 뉴스레터를 확인하는 것으로 일과를 시작했다. 그날그날의 시장 동향, 국내외의 최근 연구보고서와 논문, 정부 부처의 보도자료 등을 꼼꼼하게 살펴보는 데 꽤 많은 시간을 할애했다. 예전과 달라진 점이 있다면, 관심 분야가 턱없이 넓어졌다는 것이다. 과장을 좀 보태면, 정부 정책의 거의 모든 영역에 눈길이 갔다고나 할까. 시간적 여유가 생긴 것이 주된 이유겠지만, 4년 가까운 어공 생활을 거치면서 한국 사회의 주요 현안들을 직접 접하고, 실타래처럼 얽힌 전후 맥락을 들여다보며, 의사결정이 이루어지는 과정까지 어느 정도 짐작할 수 있게 되었기 때문이리라. 이걸 보면 저게 생각나고, 그러면 또 다른 것을 찾아보게 되는 식이었다. 요컨대, 들은 풍월이 많으니 생각도 많아진 것이다.

그러면 4년간의 경험을 바탕으로 작금의 경제 현실에 관한 진단과 처방이 더 명료해졌는가? 애석하게도 그렇지 않다. 생각만 많아졌을 뿐, 확신은 오히려 줄어들었다. 특히나 2019년 일본의 수출규제와 2020년 코로나19 팬데믹 당시 청와대 비서실 정책실장으로 일했던 경험이 크게 작용했다. 누구나 난생처음 겪는 외부 충격이었다. 한편으로는 '무엇을 모르는지도 모르는unknown unknowns' 불확실성 속에서, 다른 한편으로는 '신호signal와 소음noise이 뒤죽박죽이 된' 정보의 홍수 속에서, 오늘 당장 판단을 내려야만 하는 중차대한 문제들이 숨 가쁘게 이어졌다. 내일 어떤 결과를 가져올지 확신할 수 없음에도, 오늘의 판단을 미루는 것이야말로 최악의 판단이 되는 상황이었다.

하지만 진짜 문제는 내일의 결과가 온전히 한국 사회 내부의 요인만으로 결정되지 않는다는 사실이다. 코로나 바이러스의 변이 외에도 미국·중국·일본·EU 등 강대국의 전략적 결정에 따라 오늘 최선이라고 생각한 판단이 내일 최악의 결과로 이어질 수 있음을 절감하는 나날이었다. 과거의 경험이 미래 예측에 얼마나 유효한 지침이 될지 의심하지 않을 수 없었다.

학교로 복귀한 이후에도 한국의 정책 환경은 나아지지 않은 것으로 보인다. 아니, 오히려 악화하였다. 40년 만의 인플레이션, 러시아-우크라이나 전쟁, 급격한 정책금리 인상 속에 퍼펙트 스톰perfect storm의 공포가 몰려왔고, 미국과 중국의 패권경쟁 속에 핵심광물·반도체·배터리 등의 공급망 재편을 둘러싼 각국의 자국중심적 전략은 과거의 상식을 넘어선 지 오래다. 우리의 운명을 스스로 통제하기 어려운 불확실성으로 가득 찬, 정책적 자율성이 극도로 제약되는 대외 환경이라고 요약할 수 있겠다.

나아가 국내의 진영 간 갈등은 더욱 격화하였다. 세상의 모든 것이 급변하는 와중에도 특정 유형의 정보만을 '신호'로 채택·공유하면서 다른 유형의 정보는 '소음'으로 무시·매도해 버리는 진영 간 갈등은 정책 토론의 장을 질식시킨다. 이런 상황에서 학생들에게 무엇을 어디까지 이야기할 수 있을지 매일같이 고민한다. 물론 우리 주변에는 각 세부 영역별로 탄탄한 논리와 통계를 기반으로, 한국의 미래에 관한 과감한 대안을 주창하는 분들이 많다. 자신의 위치에서 응당 해야 할 일을 하는 그분들을 존경한다.

하지만 나에게는 그런 확신이 없고, 아직 충분한 준비가 되어 있지도 않다. 그래서 이 책에서는 한국의 현안을 이야기하기 전에, 그 전제 조건으로서 우리의 선택 방향과 폭을 제약하는 대외 환경의 변화를 정리해 보고자 한다. 환경적 제약을 뛰어넘는 것은 정치의 영역으로 떠넘기고, 주어진 제약하에서 최선의 해법을 찾는 것을 자신의 역할로 한정하는 경제학자의 오랜 습성 탓이다.

이 책은 2012년에 출간한 책 『종횡무진 한국경제』와 여러모로 관련이 있다. 두 책 모두 강의 노트에서 출발했다. 2012년 책이 다년간의 「한국경제론」 강의 내용을 정리한 것이었듯이, 이 책도 내가 학교로 복귀한 이후 담당했던 「세계경제론」 강의 내용을 토대로 한 것이다.

강의 노트라는 출생 배경에서 직감할 수 있겠지만, 두 책 모두 교과서 비슷한 느낌을 완전히 지우지는 못했다. 여기서 '교과서 같다'는 말은 어려운 이론이나 공식을 잔뜩 나열했다는 뜻은 아니다. 다만 '선명하지 않다' 또는 '선정적이지 않다'는 뜻이다. 연구 논문이 아닌 대중서에서는 자신의 주관적 주장을 강하게 표출하는 것이 보통인데, 그렇게 쓰지 않았다는 의미다. 학교 강의에서는 이 주제는 이런 주장도 있고 저런 주장도 있으니, 각각의 장단점을 모두 시야에 넣고 비교해 보라고 말한다. 그것이 가르치는 사람의 도리라고 생각하기 때문이다.

더구나 이 책의 목차를 보면 코로나19 팬데믹, 4차 산업혁명, 기후변화, G2 패권경쟁, GVC 충격, 공급망 재편 등 오늘날 세계경제와 한국경제의 흐름을 좌우하는 메가트렌드가 총망라되어 있다. 각각의 주제를 한 권의 책에 담는 것도 오랜 연구가 필요할 텐데, 이 책에서는 모두 다루었다. 스스로 생각해도 무모하기 짝이 없는 일이었고, 따라서 결론을 유보할 수밖에 없는 대목이 많다. 앞서 이야기한 대로 미래에 대한 확신도 줄어들었다. 그렇기에 선정적으로 쓰지 못했다.

그렇다면 이 책을 왜 썼는지에 대한 변명이 필요하다. 처음에는 『종횡무진 한국경제』의 개정판을 써볼 작정이었다. 프롤로그에서 자세히 설명하겠지만 『종횡무진 한국경제』는 한국의 특수한 요인에 초점을 맞추었다. 재벌의 경제력 집중, 대-중소기업 하도급 구조, 금융과 산업의 분리, 노동시장의 이중구조 등이 대표적인 예다. 출간 이후 10년의 세월이 흘렀으니 이를 다시 점검해 보고자 했다. 그런데 한국의 내부 사정만큼이나, 한국을 둘러싼 대외 환경이 그야말로 상전벽해와 같은 변화를 겪었다. 이를 프롤로그에서는 글로벌 차원의 요인과 아시아 차원의 요인으로 구분하기도 하였는데, 한국경제에 관한 새로운 글을 쓰기 위해서라도 여러 대외 환경의 변화에 관한 분석이 전제되어야 한다고 판단했다. 21세기 세계경제를 주제로 한 무모한 집필을 시작한 계기다.

네이트 실버Nate Silver의 『신호와 소음』(2012)에 따르면, 미래를 올바르게 예측하기 위해서는 잡다한 소음 속에서도 신호를 정확하게 포착하는 노력이 필요하다. 하지만 한국경제의 미래를 보여주는 신호의 발신처는 하나로 축약할 수 없다. 세계 모든 나라에 영향을 미치는 글로벌 차원의 요인, 한국·중국·일본·대만·아세안 등 아시아 인접국 간의 지경학적·지정학적 요인, 그리고 다른 나라에서는 찾아보기 어려운 한국의 특수한 요인 등 세 차원에서 각기 다른 의미의 신호를 보내는 경우가 많다. 이때 각 차원의 신호를 구별하지 못하거나 어느 한 차원의 신호에만 매몰된다면, 그것은 소음이 될 뿐이고 미래에 관한 판단을 그르치게 될 것이다.

분석 대상은 달라졌지만, 두 책의 문제의식은 여전하다. 『종횡무진 한국경제』에서는 '개혁이 혁명보다 어려운 이유'를 설명하고, 한국경제의 성공적 개혁을 위한 방법론을 모색하고자 하였다. 진보·보수 진영을 막론하고 개혁 어젠다는 차고도 넘치는데, 현실의 개혁은 실패를 거듭하는 이유는 무엇인지, 이를 극복할 방법은 무엇인지를 고민하였다. 특히 제도경제학파의 두 핵심 개념인 '경로 의존성path dependency'과 '제도적 상호보완성institutional complementarity'이 이런 문제의식을 이어가는 고리 역할을 하였다.

개혁의 방향과 폭이 과거에 어떤 길을 걸어왔는가에 결정적으로 의존하고(경로 의존성), 한 영역의 제도 개혁 성과가 다른 영역의 제도적 특성에 따라 크게 달라지는(제도적 상호의존성) 현실의 이중적 제약을 염두에 두었다. 그렇기에 모든 도미노를 한꺼번에 쓰러뜨리는 충격식 전략보다는 약한 고리의 도미노를 먼저 쓰러뜨림으로써 그 개혁의 효과가 주변으로 확산하는 점진적 전략을 제안하기도 하였다. 한쪽의 절대적 지지는 다른 한쪽의 극렬한 반대를 불러오기 마련이기에, 차라리 양쪽으로부터 모두 비판받을지언정, 미래로 온전히 한 걸음씩 내디딜 수 있도록 가운데 길로 가는 전략이 필요하다고 느꼈다. 이러한 생각은 지금도 변함이 없다.

이 책은 개혁이 혁명보다 어려운 이유를 하나 더 추가한 셈이다. 주변 강대국의 틈바구니에서 줄서기를 강요당하는 것, 바로 대외 환경의 제약에 따른 '전략적 자율성strategic autonomy의 상실'이다. 그래서 21세기 세계경제의 현 상황을 전대미문의 불확실성으로 가득 찬 '뉴노멀New Normal'로 볼 것인지, 아니면 한 세기 전에 익히 경험했던 혼란과 참상이 재현되는 '올드노멀Back to Old Normal'로 볼 것인지에 대한 선문답을 던지기도 했다. 경제안보의 시대에 강대국의 자국중심주의적 전략은 필연으로 보이지만, 그것이야말로 모두가 함께 실패하는 길임을 20세기 초의 역사가 웅변하고 있기 때문이다. 그리고 전략적 자율성을 발휘하기 어려운 우리가 대외 환경의 급변 속에서도 내부 개혁의 성공으로 나아가기 위한 전제조건을 다시 한번 고민했다.

솔직히 어줍잖은 일이다. 무엇보다 내가 참여한 정부는 정권 재창출에 실패했다. 개혁에 실패한 사람이 이런 책을 쓸 자격이나 있느냐고 묻는다면 변명의 여지 없이 모든 비판을 감수하겠다. 하지만 나의 고민과 경험이 누군가에게, 특히 학교에서 매일 같이 만나는 청년세대에게 조금이나마 도움이 되기를 바라며 『21세기 세계경제』를 내놓는다.

이 책을 출판하기까지 많은 분이 도움을 주셨다. 나를 알고 있는 거의 모든 선후배께서 교수로, 시민운동가로, 그리고 어공으로 일했던 나의 유별난 경험을 기록으로 남길 것을 권고하셨다. 그분들의 유무언의 압력과 따뜻한 격려가 없었다면 이 책을 쓸 용기조차 낼 수 없었을 것이다. 깊이 감사드린다. 또한 학교에서 만나는 학생들에게 진심으로 감사와 응원의 뜻을 전한다. 학생들의 얼굴에 묻어나는 호기심과 의구심은 강한 자극이 되었고, 질의응답에 스며있는 불안과 불만은 나에게 끊임없이 책임감을 일깨워 주었기 때문이다.

선정적이지 않은, 그래서 어느 한쪽의 지지도 받기 어려운 원고를 선뜻 받아주신 생각의힘 출판사, 설익은 글을 맛깔나게 만들어주신 편집자와 단단한 그릇에 담아주신 디자이너께도 거듭 감사드린다. 이분들의 진심과 노력이 있었기에 원고가 빛을 볼 수 있었다. 그럼에도 이 책에 남아 있는 오류와 한계는 오로지 나의 책임이다.

마지막으로, 평생 자기 하고 싶은 일만 하며 살아온 남편을 한결같이 사랑하고 격려해준 아내(향실)와 이제 새로 가정을 일구고 새 생명까지 잉태한 아들 부부(사훈, 서희)에게 이 책을 바친다.

차례

21세기 세계경제와 한국경제 개관

뉴노멀의 충격인가, 올드노멀의 귀환인가

"역사는 반복된다. 한번은 비극으로, 또 한번은 희극으로."

- 카를 마르크스

21세기 세계경제는 한 세기 전의 불확실성과 불안정성을 재연하는 듯하다. 그럼 우리의 미래는 20세기 전반부의 참상을 반복할 것인가, 아니면 저급한 코미디로 끝을 맺을 것인가? 알 수 없다. 그런데 21세기에 자신의 미래를 창조할 힘을 가진 나라가 있을까? 미국? 중국? 글쎄다. 한국은? 자신의 미래를 자신이 결정할 수 없다는 것이 역사가 비극과 희극을 반복하는 진짜 이유일지도 모르겠다.

한국경제의 성과를 결정하는 세 차원의 요인

한국경제나 세계경제를 주제로 강의·강연을 할 때 도입 부분에서 빠짐없이 당부하는 이야기가 있다. 한국경제의 성과를 좌우하는 세 차원 dimension의 요인을 구별하고 그 상호 관계를 고민해 보라는 취지의 말이다. 여기서 핵심은 수평적으로 열거된 '세 개의 독립된 요인'이 아니라, 추상 수준을 달리하는 '세 차원의 요인'이라는 데 있다. 글로벌 차원의 요인, 아시아 차원의 요인, 그리고 한국의 특수한 요인이 그것이다.

먼저, '글로벌 차원의 요인'은 말 그대로 전 세계 모든 나라를 관통하는 시대적 흐름을 말한다. 20세기 말에는 세계화globalization라는 용어가 그 흐름을 대변해 왔다면, 작금의 시점에서는 코로나19 팬데믹, 4차 산업혁명, 기후변화, G2 패권경쟁 등이 과거의 세계화 흐름을 비트는 새로운 글로벌 차원의 요인들로 부상했다. 이상의 새로운 요인들이 21세기 세계경제의 항배를 좌우할 가장 중요한 동인이라는 점, 그 결과가

20세기 말 '미국 중심의 단극 체제' 또는 '신자유주의 질서'와는 전혀 다른 모습이 되리라는 점은 대부분 동의하리라고 믿는다. 이 요인들을 이 책의 1장에서부터 4장까지 차례대로 살펴볼 예정이다.

둘째, '아시아 차원의 요인'은 일본→아시아의 네 마리 용(한국, 대만, 홍콩, 싱가포르)→중국→아세안 등으로 이어지는 아시아 지역의 분업구조를 말한다. 이들 아시아 국가들은 정부주도·수출중심 경제체제라는 특성을 공유하면서도 경제발전 단계에 상당한 차이가 있었기 때문에 밀접한 분업구조를 형성하면서 빠른 성장을 이룰 수 있었다. 그러나 성장의 자연스러운 결과로써 점차 이들 국가 사이에도 경쟁 관계가 두드러졌고, 최근에는 글로벌 가치사슬global value chain, GVC 내지 공급망supply chain이라 불리는 국제 분업구조의 재편이 가장 다이내믹하게 전개되는 지역으로 떠올랐다. 특히 이를 경제안보 차원에서 접근하는 주요 강대국의 전략적 선택이 해당 국가는 물론 아시아 지역을 넘어 세계경제의 향배를 좌우하는 요인이 되었다. 이러한 관점에서 이 책의 5장과 6장에서는 GVC 확산 및 공급망 단절이 가져온 충격, 이에 대한 주요국의 대응 전략을 차례로 살펴볼 예정이다.

셋째, '한국의 특수한 요인'은 다른 나라에서는 찾아보기 어려운 또는 정책적 관심도가 그리 높지 않은 요인을 말한다. 세계 유일의 분단상황에 따른 남북한의 긴장 관계가 전형적인 예이다. 그 외에도 1960년대 이래의 놀라운 성장 과정에서 누적된 구조적 요인들, 즉 재벌의 경제력 집중 및 지배구조 문제, 하도급 구조 등에서의 불공정 거래 관행, 이중적 노동시장 및 대립적 노사 관계 등이 한국경제를 묘사할 때 빠짐없이 등장하는 한국적 특수성이다. 다른 나라에서도 관찰되지만 그 정도가 유독 심각한 문제, 가령 유례를 찾아보기 어려울 정도의 저출생·고령화 문제나 부동산 문제, 교육 문제 등도 추가할 수 있을 것이다. 이러한 특수성이 한국인 개개인의 인식과 한국 사회 전체의 행동을 지배하는 현실적 요인임은 두말할 필요가 없다.

한국경제의 현실을 진단하고 대안을 모색하기 위해서는 마땅히 상기 세 차원의 요인들을 총체적으로 고려해야 한다. 하지만 당연한 것이 언제나 더 어렵기에, 일반적으로는 '다른 조건은 동일Other things being equal'하다는 가정하에 특정 요인에만 관심을 집중하는 분석 방법을 택한다. 그래야 선명해지기 때문이다.

많은 요인 중 어떤 특정 요인에 집중할 것이냐는 연구자의 선택에 달려 있다. 문제는 경제학을 비롯한 사회과학 영역에서, 연구자의 선택은 이미 가치판단을 담고 있다는 점이다. 즉, 한국경제의 성과를 좌우하는 세 차원 중 어디에 초점을 맞추어 접근할 것이냐의 선택 자체가 이미 진단과 처방의 방향을 어느 정도 결정하는 경우가 다반사다. 한국경제를 주제로 한 토론에 참여하다 보면 이러한 문제를 자주 접할 수 있다. '같은 한국말을 쓰는 사람들이 맞나?'라는 의문이 들 정도로 토론 패널 간 소통이 제대로 이루어지지 않는다. 한국 사회에 건전한 토론 문화가 정착되지 않아서 그렇다는 분석이 일반적이지만, 한편으로 상이한 차원에서 출발하여 상이한 결론을 예정한 '토론을 위한 토론'이라는 느낌을 지울 수 없다. '진영 간 전쟁'이나 '진영 내 투쟁'에서는 어쩔 수 없다고 하더라도, 강의실에서 학생들을 대할 때까지도 그래선 안 될 것이다. 각 차원의 분석이 가지는 장점과 한계를 균형되게 보여주면서 학생들이 스스로 판단할 능력을 키워갈 수 있도록 도와야 한다.

세 요인은 상호독립적인 것이 아니며, 추상 수준을 달리하는 '세 차원의 요인'임을 재차 강조한다. 글로벌 차원의 요인이 장기적으로 그리고 지속적으로 영향으로 미치는 것은 분명하지만, 각 지역의 고유한 지정학·지경학적 요인에 의해, 그리고 개별국가 내부의 특수한 정치·사회·문화적 요인에 의해 그 속도가 가감될 수도 있고, 심지어 그 내용이 조정·전환될 수도 있다. 일반론과 특수론이라는 이분법으로 환원될 수 없는 각 차원의 자율성과 차원 간의 상호작용이 있다. 외부환경에 의해 선험적으로 예정된 결과가 있는 것도 아니고, 내부의 주관적 의지만으로 결과를 바꿀 수 있는 것도 아니다. 그렇다고 불가지론의 무책임한 태도를 취하는 것도 능사는 아니다. 미래의 주역인 학생들에게 역사의 추세적 흐름 속에서 선택 가능한 영역을 보여주고, 각 선택의 편익과 비용을 알려줌으로써 미래세대의 개인적·집단적 행동에 도움을 주는 것이 선생先生, 즉 먼저 태어난 사람의 도리일 것이다.

'한국의 특수한 요인'에 초점을 맞췄던 『종횡무진 한국경제』를 쓴 지도 어느덧 10년이 넘는 세월이 흘렀다. 그동안의 변화를 담아 전면 개정 수준으로 다시 쓸 필요를 느낀다. 하지만 21세기 들어, 특히 2008년 글로벌 금융위기와 2020년 코로나19 팬데믹 이후에는 '다른 조건이 동일'하다는 가정을 더는 유지할 수 없을 정도로 글로벌 차원 및 아시아 차원의 요인들이 급변하고 있다. 그렇기에 글로벌 차원 및 아시아 차원의 요인에 강조점을 둔 새로운 책이 필요했다. 『종횡무진 한국경제』의 전면 개정판을 쓰기 위한 필수적 사전작업인 셈이다. 따라서 이 책에서 한국의 특수한 문제에 대한 특별한 대책을 제시하진 않을 것이다. 이 책은 끝나지 않을 여정의 새로운 출발점일 뿐이다.

세 차원의 요인에 대한 개관

본격적인 논의에 앞서 우선, 한국경제의 성과를 좌우하는 세 차원의 요인들이 각각 어떤 흐름을 보여 왔는가를 간단한 지표를 통해 개관해 보고자 한다. 복잡다단하기 이를 데 없는 현실을 한두 개의 지표로 접근하는 것은 과도한 단순화의 위험을 안고 있다. 하지만 길게는 제2차 세계대전 이후 미국 중심의 세계질서 속에서, 짧게는 1990년대 이후의 세계화 흐름 속에서 세계경제, 아시아경제, 한국경제가 어떤 변화를 겪었는지를 스케치하는 도입부로써는 유의미할 것이다.

글로벌 차원: 급락한 세계 무역탄력성

먼저, 글로벌 차원의 지표로서 [그림 1]은 1950년대 중반 이후 최근까지의 '세계 무역탄력성global trade elasticity to income' 추이를 보여준다. 이는 '세계 수출 증가율÷세계 경상GDP 증가율'로 정의된다. 예컨대 무역탄력성이 2라면, 전 세계의 수출이 소득보다 두 배 빠른 속도로 증가했다는 것을 의미한다.

공식 통계는 없지만 20세기 전반부의 세계 무역탄력성은 1보다 낮았을 것으로 짐작된다. 두 차례의 세계대전과 대공황을 치른 혼란의 20세기 전반부는 보호무역과 지역블록화로 특징지어지는 만큼 무역탄력성이 낮을 수밖에 없었을 것이다.

그러다가 제2차 세계대전 이후에 새로운 패권국가로 등장한 미국의 주도하에 세계경제질서의 재편이 이루어졌고, 그 핵심축 중의 하나가 1947년 출범한 GATTGeneral Agreement on Tariffs and Trade 체제이다. 1970년대까지 여러 차례에 걸친 다자간 관세 인하 협정이 성공리에 진행되

그림 1 세계 무역탄력성 추이(1955~2021년)

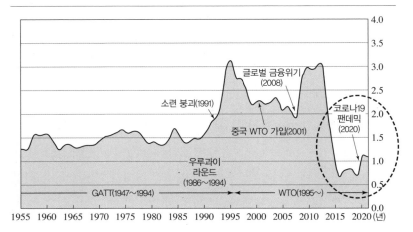

주: 전 세계 수출 및 경상GDP의 5년 이동평균값을 이용하여 계산
출처: Goldman Sachs Global Investment Research, Haver Analytics

었고, 이러한 자유무역질서의 확산 속에 무역탄력성은 드디어 1을 넘어 1.5 수준에서 안정적인 모습을 이어갔다. 2차 대전 이후 30년 동안 세계 경제는 성장-안정-분배를 동시에 달성하는 이른바 자본주의의 황금기 golden age를 구가했는데, 당시 무역이 빠른 속도로 확장하면서 성장의 엔진 역할을 한 것이 주효하였다. 1960년대 이후 우리나라는 수출주도 성장 전략을 통해 한강의 기적을 이루었는데, 당시의 우호적인 국제무역 환경이 고도성장의 배경이 되었다는 것은 익히 알려진 사실이다.

한편, 1990년 베를린 장벽 붕괴 이후 동구 사회주의국가가 시장경제 체제로 전환함으로써 진정한 의미의 세계경제가 형성되었다. 1980년대 중반 이후 난항을 거듭하던 우루과이 라운드 협상이 마침내 타결되어 1995년 WTOWorld Trade Organization 체제가 출범하였으며, 2001년에는 중국이 WTO에 가입함으로써 세계화로 가는 길의 정점을 찍었다.

그 결과는 놀라웠다. 1970년대 두 차례의 석유파동과 1990년대 말 아시아 경제위기 등의 충격에 따라 부침을 겪었지만, 세계 무역탄력성이 2를 넘어 3에 육박할 정도로 국제무역이 급팽창하였다. 원자재-소재-부품-반제품-최종재로 이어지는 가치사슬이 전 세계로 분산 배치되는 GVC가 형성되었고, 특히 중국과 아세안 등 아시아의 신흥국들이 적극적으로 GVC에 참여하는 전략을 통해 고도성장을 이어갔다. 세계화와 신자유주의, 미국식 시장경제체제를 개발도상국에 이식시키자는 워싱턴 합의Washington consensus의 흐름은 거침없이 확장되고 영원히 지속될 것처럼 보였다.

그런데 갑자기 세상이 달라졌다. 2008년 글로벌 금융위기와 2011년 남유럽 재정위기로 인해 자본주의의 핵심 국가들이 큰 충격을 받았고, 장기침체에서 벗어나지 못했다. 반면 중국은 공산당의 강력한 지배하에 경제적 어려움을 넘어섰을 뿐만 아니라 대국굴기大國崛起의 꿈을 여과 없이 드러냈다. 이른바 미국과 중국의 패권경쟁이 시작되었다. 특히 미국 트럼프 행정부 시절의 거친 무역전쟁을 거친 이후로 그 전선은 첨단기술 개발과 보호, 외국인투자 규제, 산업정책의 부활, 공급망 재편 등으로 확대되었다. EU와 일본도 경제안보를 최우선 순위에 올려놓고 각자의 전략적 위상을 강화하기 위한 정책들을 추진하였다. 이에 따라 세계 무역탄력성에도 극적인 반전이 일어났다. 장기침체로 세계 경제성장률이 낮아졌지만, 수출 증가율은 그보다 더 빠르게 하락하면서 2010년대 중반 이후 무역탄력성이 1 근처로 곤두박질친 것이다. 2차 세계대전 이후 처음 있는 일이다. 미래는 어떨까? 단정적으로 말하기 어렵지만, 무역탄력성이 2 수준으로 재차 상승하여 무역이 성장을 선도하는 호시절이 다시 오기는 어렵지 않을까 한다.

그렇다면 '수출로 먹고사는 나라'인 한국은 이러한 세계경제 환경의 변화에 어떻게 대처해야 하는가? 무작정 수출에만 매달릴 수도 없고, 그렇다고 수출을 포기할 수도 없다. 세계경제는 어디로 가고 있으며, 우리는 어디서 성장동력을 찾아야 하는가? 자유무역과 세계화의 시대는 끝났다는 의견이 힘을 얻고 있지만, 세계경제의 상호의존성이 깊어진 오늘날의 상황에서 한 세기 전의 보호무역과 지역블록화로 회귀하기는 어렵다는 주장도 만만찮다. 다만 세계경제질서 재편의 방향과 속도를 조망하기 위해서는 무엇보다 먼저 코로나19 팬데믹의 여파, 4차 산업혁명의 흐름, 기후변화 대응, G2 패권경쟁 등 글로벌 차원의 공통 요인들에 대한 분석이 필요할 것이다. 이 책의 1장에서 4장까지는 그러한 내용을 다루었다.

아시아 차원: 보완 관계에서 경쟁 관계로 바뀐 아시아의 분업구조

재차 강조하지만 글로벌 차원의 요인이 단선적으로 각국의 경제적 성과를 결정하는 것은 아니다. 주요 교역상대국 간의 비교우위구조, 분업구조, 무역구조에 따라 글로벌 차원의 공통 요인도 각국에 매우 차별적인 영향을 미친다. [그림 2]는 외환위기 이후 우리나라의 지역별 수출 및 상품수지 추이를 나타낸 것이다. 관세청이 작성하는 통관 기준 자료가 아니라 한국은행의 국제수지 기준 자료임을 주의하기 바란다.

우리나라는 해방 이후 경상수지 및 상품수지의 만성적 적자를 기록하다가 외환위기 이후 비로소 흑자 기조로 전환하였고, 그 흑자 규모가 계속 증가하는 추세를 보였다. 앞서 살펴본 글로벌 차원의 환경 변화 및 곧이어 살펴볼 아시아 분업구조의 변화 등에 따라 우리나라의 수출 규모가 폭발적으로 증가하였기 때문이다.

그림 2 한국의 지역별 수출 및 상품수지 추이(1998~2021년)

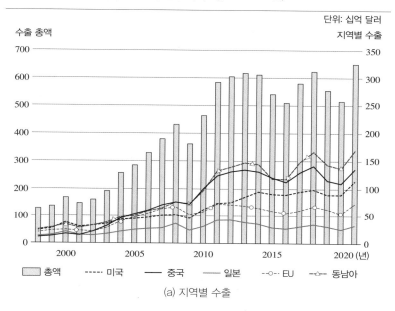

(a) 지역별 수출

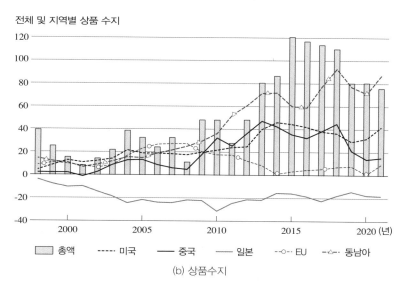

(b) 상품수지

출처: 한국은행 경제통계시스템(ECOS)

그런데 (a)에서 2010년대 이후의 상황에 초점을 맞추어 살펴보면, 수출총액은 물론 지역별 수출에서도 대부분 정체 양상을 보이는 걸 알 수 있다. 과거 수출의 폭발적 증가를 이끌었던 중국 시장 역시 증가세가 확연히 둔화하였다. 세계 무역탄력성이 1 수준으로 급전직하하는 국제 환경에서 우리나라의 수출이라고 예외일 수는 없었다. 중국을 넘어 최대 수출시장으로 부상한 동남아 지역이 그나마 우리나라 수출의 버팀목이 되었다.

이러한 양상은 (b)의 지역별 상품수지 추이에도 그대로 투영되었다. 석유·가스 등 에너지를 수입하는 중동 지역에서의 적자는 논외로 하더라도, 소재·부품·장비 부문의 수입의존도가 높은 일본에 대해 적자구조가 고착화한 것 역시 익히 알려진 바다. 다만 지난 20여 년간 경제규모 및 교역규모의 팽창에도 불구하고 대일 적자가 200억 달러 수준에서 거의 일정하게 유지된 것이 특기할 만한데, 한·일 간 분업구조의 변화에 대해 면밀하게 살펴볼 필요가 있다. 한편 중국과 미국을 비교해 보면, 수출 규모 측면에서는 여전히 상당한 차이를 보이지만, 상품수지 측면에서는 거의 차이가 없으며, 최근 들어서는 대중 흑자 규모가 급격하게 줄어들면서 대미 흑자 규모를 밑돌았다. 참고로 관세청이 작성하는 통관 기준 무역수지에서는 2022년 5월 이후 대중 수지가 적자로 돌아섰다. 이는 한·중 간의 분업구조·무역구조에 근본적인 변화가 진행되고 있음을 시사한다. 대신 동남아 지역의 상품수지 흑자가 전체 흑자 규모에 육박할 정도로 커졌다. 동남아 지역이 한국의 새로운 성장동력으로 관심을 불러 모으고 있지만, 지역 내 개별국가의 사정은 천차만별이다.*

이상의 간단한 지표를 통해서도, 글로벌 차원의 요인과는 별개로, 아시아 차원의 요인에 대한 세밀한 분석이 필요함을 확인할 수 있다.

우선, 아시아 지역은 유럽 지역과는 매우 다른 특징을 보인다. 유럽, 특히 서유럽은 역사·문화·종교 등의 측면에서 상당한 정도의 동질성을 갖고 있고 경제발전 단계도 유사하다. 이것이 2차 세계대전 이후 EEC→EC→EU로 이어진 유럽 통합의 주요 동인으로 작용하였다. 이에 비하면 아시아 지역은 정치·사회적으로 매우 이질적이며 경제발전 단계도 차이가 크다. 따라서 아세안 10개국, 또는 여기에 한·중·일 3개국을 묶은 동아시아 지역이 EU와 유사한 수준의 통합을 이룰 것으로 기대하기는 어렵다.

그러나 이러한 이질성이 역내 국가들의 경제협력과 상호의존성을 강화하는 요인이 될 수는 있다. 이른바 '기러기 편대 모형flying geese model'의 관점이다. 일본이 선두에 서고, 한국을 비롯한 네 마리의 용이 그 뒤를 따르고, 중국과 아세안까지 순차적으로 합류함으로써 동북아에서 동남아에 이르는 거대 지역이 세계에서 가장 역동적으로 성장하는 분업구조·무역구조를 형성한 것이다. 한국이 1997년 외환위기의 충격을 빠르게 극복하고 2000년대 들어 한 단계 더 도약할 수 있었던 것도 여기에 힘입은 바 크다. '일본의 첨단 소재·부품·장비를 기반으로 한국이 범용 중간재를 공급하고 중국 및 아세안이 최종재로 가공하여 미국과 유럽에 수출한다'는 식의 단순한 도식이 한때 그럴듯한 설명력

● 이상 한국은행의 지역별 국제수지 통계에는 해석상 주의해야 할 대목이 있다. 지역 분류에서 동남아에는 아세안 국가 외에 홍콩과 대만도 포함되기 때문이다. 특히 우리나라의 대對홍콩 수출은 상당 부분 중국 본토로 재수출되는 것이고, 홍콩과의 무역에서 우리나라가 막대한 흑자를 기록하고 있음을 감안하면, 중국과의 무역거래 양상에 대해서는 세심하게 분석할 필요가 있다. 그런데 홍콩을 동남아가 아닌 중국에 합쳐서 자료를 재구성해 보더라도, 한·중 간의 분업구조가 근본적으로 달라지고 있다는 평가에는 변함이 없다. 자세한 내용은 5장에서 GVC의 형성 및 재편이라는 관점에서 다시 살펴보겠다.

을 갖기도 하였다.

그러나 아시아 지역의 분업구조는 긴밀한 협력 못지않게 치열한 경쟁의 양상을 띤다. 따라서 고정된 것이 아니라 동태적으로 변화한다. 한국 입장에서는 일본의 소재·부품·장비의 기술경쟁력에 짓눌리고 중국과 아세안의 가격경쟁력에 치받힌다는 이른바 샌드위치 신세의 위기감이 대두된 것이 어제오늘의 일이 아니지만, 작금의 상황에서는 이런 정도의 위기감마저도 매우 한가하게 보인다. 다른 나라들도 기존의 분업구조에 안주하려 하지 않기 때문이다. 잃어버린 30년의 덫에 갇힌 일본은 한국의 추격에 대해 불편한 심경을 감추지 않았고, 2019년 일본의 수출규제는 양국 간 긴장 관계가 언제든지 경제적 현실로 폭발할 수 있음을 보여주었다. 또한, 중국은 방대한 내수시장을 기반으로 중간재의 수입대체와 첨단기술 개발을 추진함으로써 조립강국을 넘어 제조강국으로 발돋움하였다. 그 결과 한·중 간 경제 관계의 성격이 수직적 분업구조에서 수평적 경쟁구조로 바뀐 지 오래고, 미래 첨단분야에서도 한국을 크게 앞질렀다는 것이 일반적 평가다. 한편, 아세안은 중국에 대한 의존도를 완화(차이나+1)하거나 대체(포스트 차이나)하는 유력한 생산기지 후보지로 부상하였지만, 중국의 일대일로 정책과 미국의 인도-태평양 전략이 교차하는 이 지역에서 한국의 입지는 매우 불확실하다.

요컨대, 한국이 아시아 지역의 분업구조에서 경쟁우위 요소를 유지·강화하면서 새로운 협력 질서를 창출하는 데 주도적인 역할을 하기 위해서는 어떤 전략을 택해야 하는가? 간단치 않다. 누군들 정답을 알겠는가? 이 책의 5장에서부터 에필로그까지는 이러한 난제에 대한 고민을 담고 있다.

국내 차원: 옛말이 된 '다이내믹 코리아'

앞서 글로벌 차원이나 아시아 차원에서 한국을 둘러싼 대외 환경이 결코 우호적이지 않다는 것을 살펴보았다. 그렇다면 이에 대응하는 한국의 내부 상황은 어떠한가? 경제는 호황(확장)과 불황(수축) 국면을 반복하는 경기순환을 겪는다. 최근 통계청은 우리나라가 2020년 5월(잠정)을 저점으로 1970년 이래 12번째의 경기순환 과정에 들어섰다고 발표했다. [그림 3]은 그 판단의 기초가 된 '동행지수 순환변동치' 추이를 보여준다.

우리나라는 눈부신 성장의 기록을 갖고 있다. 해방 당시 세계 최빈국으로 출발했으나 신흥국 단계를 거쳐 2021년에는 유엔무역개발협의회UNCTAD가 공식적으로 한국을 선진국 그룹으로 편재했다. 2차 세계대전 이후의 신생국 중 유일무이한 기록이다.

그런데 [그림 3]은 한국의 성장 과정이 결코 순탄치 않았음을 말해준다. 경제가 펄펄 끓다가 갑자기 수렁에 빠지는 식의 롤러코스터 행보

그림 3 한국의 경기순환 국면 도표: 동행지수 순환변동치(1970.1~2022.12)

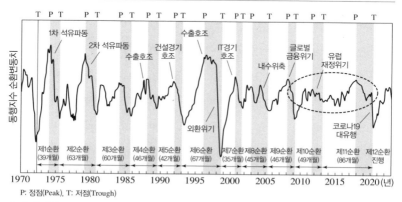

P: 정점(Peak), T: 저점(Trough)

출처: 통계청

였다. 10년마다 위기를 경험하기도 했다. 1950년대 말의 원조援助 위기, 60년대 말의 차관 위기, 70년대 말의 석유파동 위기, 80년대 말의 3고高 위기, 90년대 말의 외환위기, 2000년대 말의 글로벌 금융위기, 그리고 2020년의 팬데믹 위기 등 조용할 날이 없었다. 그때마다 온갖 유형의 위기론·붕괴론이 난무했지만, 이를 비웃듯 한국경제는 위기를 극복하고 도약을 거듭했다. 외부에서 새로운 시장이 열리고 내부에서 새로운 성장동력이 나타났기 때문이다.

예를 들면, 2차 석유파동 및 대통령 피살의 격변으로 인해 1980년 한국은 경제개발계획 시행 이후 최초의 역성장을 기록할 정도로 어려움을 겪었고, 그 여파가 1980년대 전반기 내내 이어졌다. 대외 환경도 나빴다. 당시 미국 중앙은행은 인플레이션을 잡기 위해 정책금리를 20% 수준으로까지 끌어올렸는데, 이것이 세계경제를 침체의 늪에 빠뜨렸을 뿐만 아니라, 특히 외채가 많은 신흥국은 국제 고금리와 달러화 강세로 된서리를 맞았다. 멕시코부터 그 남쪽의 중남미 국가 대부분이 IMF에 구제금융을 신청하는 지경에 이르렀고, 한국도 사정이 크게 다르지 않았다.

그때 극적인 반전이 일어났다. 1985년 G7 재무장관 회의에 따른 플라자 합의로 금리가 하락했고 달러화 약세(엔화 강세)가 이어졌으며, 때마침 이란-이라크 전쟁으로 원유 가격도 폭락했다. 이른바 '단군 이래의 최대 호황'이라는 3저低 호황이 시작되었다. 특히 엔화 강세로 인해 일본 기업이 주춤한 사이 한국 기업이 미국 시장을 파고들었다. 과잉투자로 비난받았던 1970년대의 중화학공업화 정책이 3저라는 예기치 않은 기회를 현실화할 수 있는 물적 기반이 되었다. 이로써 한국은 범용 중화학 제품의 수출국가로 도약했다.

또 다른 예로, 1997년 한국은 제2의 국란이라는 외환위기를 맞았다. 과잉투자, 과잉부채, 경상수지 적자가 빚은 위기였고, IMF 구제금융의 조건IMF conditionality에 따라 우리나라는 뼈를 깎는 긴축정책과 구조조정에 들어갔다. 30대 재벌의 절반이 부도가 났고, 심지어 은행도 문을 닫았으며, 실업과 비정규직 등으로 노동시장에 깊은 상흔이 남았다. 미래가 보이지 않았다. 그때 또 한 번의 반전이 일어났다. 2001년 중국이 WTO에 가입하면서 바로 이웃에 방대한 시장이 열렸다. 구조조정으로 기초체력을 다지고 정보화 흐름에 순발력 있게 대응한 한국 기업들이 그 기회를 선점할 수 있었고, 중국 효과China effect의 최대 수혜국이 되었다. 이로써 한국은 IT 강국으로 발돋움했다.

한국은 위기 속에서 성장했다. 그야말로 '다이내믹 코리아Dynamic Korea'다. 그런데 [그림 3]에서 2010년대 이후를 다시 살펴보기 바란다. 과거와는 달리, 동행지수 순환변동치가 정점과 저점을 구분하기 어려울 정도로 밋밋해진 모습이 10년 정도 이어졌다. 남유럽 재정위기로 촉발된 제10순환기의 수축 국면(2011.8~2013.3월)이 큰 충격 없이 짧게 지나간 것은 다행이라고 치더라도, 그 이후 제11순환기의 확장 국면(2013.3~2017.9월)은 우리나라의 경기순환 역사상 가장 긴 기간(54개월) 동안 지속되었는데, 호황의 온기를 제대로 느낄 수 없을 정도로 뜨뜻미지근했다. 그리고 제11순환기의 수축 국면(2017.9~2022.5월)도 코로나19 팬데믹만 없었다면 더 완만하게 마무리될 수 있었을 것이다. 요컨대, 호황도 불황도 예전 같지가 않다.

물론 롤러코스터 경제가 좋다는 의미는 아니다. 불확실성과 불안정성은 큰 비용을 유발하며, 대개 그 비용은 취약계층에 집중된다. 그러나 격심한 경기변동은 부실기업·사양산업에 묶인 경제자원을 우량기업·

성장산업으로 신속하게 이동시키고, 많은 사람에게 도전적 사업 기회와 양질의 고용 기회를 제공하는 계기가 될 수도 있다. 여기에 대외 환경까지 맞아떨어진다면 경제 전체가 재도약하는 발판이 된다.

한국경제도 이제 선진국 반열에 올랐으니, 잠재성장률이 낮아지고 경기변동의 진폭도 축소되는 것이 당연한 흐름이라고 볼 수 있다. 그러나 지금 상황에서는 이런 말이 큰 위안이 되지는 않는다. 2010년대 이후 동행지수 순환변동치의 밋밋한 모습은 한국경제 특유의 역동성이 소진된 것이 아닌가 하는 우려를 자아내기에 충분하다. 요즘 청년세대에게는 '다이내믹 코리아'라는 말이 호랑이 담배 먹던 시절 이야기로 들릴지 모르겠다. '도전할 기회조차 주어지지 않는데 웬 역동성?'이라고 대꾸할 것이다.

그러면 소진된 역동성을 되살릴 방안은 무엇인가? 이는 내부의 새로운 성장동력을 어떻게 발굴할 것이며, 우리의 제품을 받아줄 새로운 시장을 어디서 찾을 것인가라는 질문으로 단순화할 수 있을 것이다. 이 질문에 대해 한국 사람이라면 누구나 한마디씩 할 수 있을 정도로 다양한 해법이 제시되었지만, 안타깝게도 어느 것 하나 국민적 공감대를 형성하지 못한 채 오히려 갈등과 대립만 증폭했다.

정부와 시장, 제조업과 서비스업, 전통산업과 첨단산업, 대기업과 중소기업, 노동자와 사용자, 내수시장과 해외시장 등의 관계가 어떻게 조정되고 어떤 융복합의 길을 가야 하는지 여전히 오리무중이다. 1980년대 후반의 중화학공업과 미국 시장, 2000년대의 IT산업과 중국 시장에 비견될 만한 새로운 도약의 발판이 절실히 필요하다. 하지만 우리의 주관적 의지만으로 되는 일이 아니기에, 이번이야말로 진짜 위기일지도 모른다.

2020년 코로나19 팬데믹 충격과 그 이후 인플레이션·전쟁·경기침체로 이어지는 국내외의 불안정한 상황이 위기를 현실화하는 방아쇠가 될 것인가? 아니면 한국의 역동성을 되살리는 새로운 출발점이 될 것인가? 나 역시 답을 알지 못한다. 다만, 예정되어 있지 않은 답을 찾아가는 과정에서 선택 가능한 영역과 그 선택의 비용을 대략적으로나마 확인해 보는 것이 이 책의 주된 목적이다. 이를 위해 한국의 특수한 요인에 대한 분석은 차후의 과제로 넘기고 글로벌 차원의 요인과 아시아 차원의 요인에 우선 집중하고자 한다.

뉴노멀의 충격인가, 올드노멀의 귀환인가

오늘날의 어지러운 세상을 '뉴노멀New Normal'이라는 영어 표현으로 압축하는 경우가 많다. 2001년 닷컴 버블* 붕괴 이후의 미국경제 상황을 묘사하는 시사적 용어로 등장했는데, 2008년 글로벌 금융위기 이후에는 세계경제 전체에 해당하는 개념으로 대중화되었다. 불확실성과 불안정성으로 점철된 21세기 초반부의 혼란이 짧은 과도기적 현상이 아니라, 그 자체가 장기간 지속될 새로운 정상 상태라는 뜻이다. 중국어로는 '신창타이新常態'라고 하는데, 표면상으로는 같은 뜻이지만 미국의 쇠락과 중국의 발흥이 묘하게 대조되는 느낌을 준다.

그러면 21세기 초반부의 불확실성과 불안정성은 들도 보도 못한 완전 새로운 현상인가? 꼭 그렇지는 않다. 한 세기 전과 여러모로 닮았다. 19세기 말에서 20세기 초에 이르는 기간은 이른바 2차 산업혁명이 급

---

* 1995년부터 붕괴 시기인 2001년 전후까지, 인터넷 관련 분야 성장으로 주식시장의 급속한 가격 상승이 있었던 거품 경제 현상.

속도로 진행된 시기다. 철강·석유·전기·자동차 등 오늘날까지도 경제 구조의 골간을 형성하는 중후장대 산업의 기술혁신이 진행되었고, 이에 부응하여 대규모 공장 체제 및 독점자본의 형성, 노동자 계층의 집적 및 거대 노동조합의 확립, 인구 증가·이주로 인한 도시화 및 새로운 소비·유통구조의 확산 등이 이루어졌다. 기업의 부가가치 생산과 대중의 생활양식을 규정하는 패러다임이 근본적으로 전환된 것이다.

문제는 이러한 대전환이 국가별·지역별로 균일하게 이루어지지는 않았다는 점이다. 오히려 그 격차가 확대되면서 국제적 불균형global imbalance이 누적되었다. 19세기 말 빅토리아 여왕 시절의 영국이 누렸던 영광은 빠르게 잠식되었다. 유럽대륙의 독일이 영국을 추월하였고, 곧이어 신대륙의 미국이 경제대국으로 부상하였다. 경제사학자들은 이러한 불균형이 조정되지 못하고 마침내 폭발한 것이 20세기 전반부 30여 년에 걸친 두 차례의 세계대전과 그 사이의 대공황이었다고 해석한다. 산업혁명과 패권경쟁이 낳은 참혹한 결과라는 뜻이다.

그런데 100년 전과 지금의 세상이 너무나 닮지 않았는가? 대중적으로는 3차 산업혁명과 4차 산업혁명을 구분하는 것이 이미 일반화되었고, 이 책에서도 특별한 사유가 없을 때는 4차 산업혁명이라는 대중적 표현을 사용한다. 하지만 전문가들 세계에서는 이를 일련의 연속된 과정으로, 즉 3차 산업혁명으로 통칭하는 경우가 많다. 18세기 중반에 시작된 1차 산업혁명, 그리고 19세기 후반에 시작된 2차 산업혁명만큼이나 부가가치 생산과 생활양식의 패러다임 대전환을 이끌 3차 산업혁명이 20세기 말에 시작되어 21세기에 심화하고 있다는 것이다.

작금의 대전환의 양상 역시 국가별·지역별로 균일하지 않으며, 국제적 불균형의 누적으로 이어지고 있다. 다만 한 세기 전에 인류 역사상 최악의 참상을 치르면서 얻은 값비싼 교훈이 있으니, 세계대전과 대공황이라는 형태로 폭발하지는 않더라도(작금의 상황을 보면, 이것도 장담하기 어렵다), 불균형이 해소되어 안정된 새로운 국제질서가 확립되기까지는 최소 30년은 걸릴 거라고 예측한다면 역사를 지나치게 단순화하는 것일까? 불확실성과 불안정성이 일상화된 현 상황은 21세기에 또 다른 '고난의 30년'을 예고하는 것이라고 한다면 지나친 비약일까? 하지만 4,000만 명에서 최대 1억 명의 사망자를 낸 스페인 독감이 전 세계를 휩쓸고 간 지 딱 한 세기 만에 코로나19 팬데믹을 경험한 지금, '역사는 반복된다'라는 명제를 무심코 지나치기는 어렵다.

대전환의 시기에 새로운 국제질서의 창출이 지체되는 이유는 무엇일까? 1930년대 대공황이 장기화한 이유에 대해 당시 경제학자 케인스 John Maynard Keynes는 "영국은 능력이 없고, 미국은 의지가 없기 때문"이라는 매우 함축적인 말로 설명했다. 영국은 제국을 지배한 경험은 갖고 있었으나, 제국의 안정에 필요한 비용을 감당할 능력을 상실했다. 반면 미국은 경제적으로는 이미 세계 최강국으로 부상하였으나, 세계질서의 재편을 주도하면서 그 비용을 부담할 의지를 갖추지 못했다.

케인스의 이 말에서 영국을 미국으로, 미국을 중국으로 바꾸면, 21세기의 현 상황을 설명하기에도 별다른 어색함이 없다. 오늘날 미국은 세계질서를 안정시키기는커녕 내부 문제를 해결하는 데에도 급급한 실정이다. 중국은 경제력에서는 미국에 필적할 수준에 이르렀지만, 패권국가에 요구되는 규범적 권위는 한참 부족하다. 한 세기 전과 마찬가지로 패권경쟁은, 그 최종 결과에 관계없이, 한 세대를 넘는 긴 세월 동안 불확실성과 불안정성의 원천으로 작용할 것이다. 영어의 '뉴노멀'과 중국어의 '신창타이'가 같은 듯 다른 뉘앙스를 풍기는 이유도 여기에 있다.

오늘날의 모습을 생면부지의 완전 새로운 세상New Normal으로 볼 수도 있지만, 다른 한편으로는 한동안 잊고 있었을 뿐 이미 한 세기 전에 익히 경험했던 혼돈의 세상으로 되돌아간 것Back to Old Normal으로 해석할 수도 있다. 21세기의 미래를 조망하기 위해서는 20세기를 되돌아볼 필요가 있다는 의미다. 이런 관점에서 무엇보다 먼저, 쿠즈네츠Simon Kuznets의 낙관론과 피케티Thomas Piketty의 비관론 사이의 긴장 관계를 떠올리게 된다.

[그림 4]에서 단순 대비한 바와 같이, 쿠즈네츠의 역U자 가설은 1950년대까지의 미국의 자료를 분석한 결과를 요약한 것으로, 경제성장 초기에는 불평등이 커지다가 일정 단계를 지나면 불평등이 줄어들면서 성장과 분배의 선순환이 일어난다는 주장을 말한다. 2차 세계대전 이후 '황금의 30년'을 설명하는 이론으로서 자본주의의 미래에 대한 낙관적인 입장을 대변해 왔다. 이에 반해 피케티는 다수 국가를 대상으로 200년 이상의 자료를 꼼꼼히 수집·정리한 끝에 쿠즈네츠가 본 세상은 예외적인 현상일 뿐이며, 오히려 자본주의 역사에서는 성장에도 불구하고, 또는 성장을 위해 불평등이 고착·심화하는 것이 일반적 경향이라는 주장을 폈다. 마르크스와는 전혀 다른 관점에서 자본주의의 과거

그림 4 쿠즈네츠의 낙관론 vs 피케티의 비관론

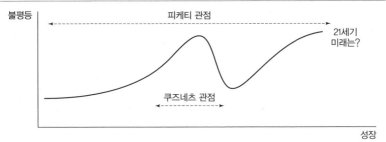

에 대한 비판적 재해석과 미래에 대한 비관적 전망을 내놓은 피케티는 금세 논란의 주인공이 되었다.

이 책에서 쿠즈네츠와 피케티 중에서 어느 한쪽을 지지하거나 새로운 대안을 제시하지는 않는다. 작금의 국제적 불균형이 해소된 이후 도달할 새로운 경제질서의 모습을 그려볼 용기나 상상력도 없다. 다만 새로운 균형이 확립되기까지 30년 정도의 시간이 필요하다고 가정한다면, 불확실성과 불안정성이 자욱한 그 긴 세월 동안 세계경제와 한국경제는 악전고투를 거듭할 것이며, 그 비용의 상당 부분은 현 상황에 책임이 없는 청년세대, 심지어 아직 태어나지도 않은 미래세대에 전가될 것이라는 우울한 전망이 이 책의 근저에 깔려 있다.

기성세대의 한 사람으로서 미안함을 표명하지 않을 수 없다. 청년세대의 판단과 행동에 조금이나마 도움이 되기를 바라면서, 프랑스 혁명 전야에 시에예스Emmanuel Joseph Sieyès가 쓴 「제3신분이란 무엇인가What is the Third Estate?」(1789)라는 팸플릿의 핵심 내용을 각색해 보고자 한다. "제3신분이란 무엇인가? 모든 것이다! 지금까지 제3신분은 무엇이었는가? 아무것도 아니었다! 그럼 이제 제3신분은 무엇을 요구하여야 하는가? 중요한 그 무엇!"으로 요약되는 원문 내용에서, 제3신분을 청년세대로 바꾸어 보자. 즉, 과거에는 아무것도 아니었던nothing 청년세대가 미래의 주역everything이 되기 위해 지금 한국 사회에 응당 요구해야 할 게 무엇something인지 신중하게 고민하고 의연하게 행동하기를 당부하고 싶다.

한편 기성세대는 이 혼돈의 시대에 무엇을 어떻게 해야 하는가? 뻔한 이야기일지 모르겠으나, 상호충돌하는 다음 두 가지 사항을 주문하고자 한다. 첫째, 오늘의 결정을 내일로 미루지 말아야 한다. 불확실성과 불안정성에 직면했을 때 흔히 저지르는 가장 치명적인 오류는, 오늘

아무것도 결정하지 않는 것이다. 그러나 내일이라고 해서 결정이 더 쉬워질 리 없다. 매일같이 새로운 충격이 겹치면서 더 불확실해지고 더 불안정해지기 마련이다. 오늘 결정해야 내일 수정할 기회를 얻을 수 있다는 평범한 사실을 강조하고자 한다.

둘째, 미래의 모든 것을 오늘 확정하려고 하지 말아야 한다. 대전환의 시대에는 하고 싶은 일보다는 해야 할 일, 또는 할 수 있는 일에 우선순위를 두어야 한다. 우리는 지금 '무엇을 모르는지조차 모르는'[*] 시대에 살고 있다. 이런 사실을 잊은 채 기성세대가 미래를 독점하려 한다면, 청년세대의 선택 기회를 빼앗는 최대의 오류가 될 것이다. 오늘의 결정을 미루지 않되, 내일의 수정 가능성을 열어두고, 최종 결정은 미래 세대의 몫으로 남겨두어야 한다.

상기 두 가지 사항의 모순을 조화시키는 것은 매우 어려운 일이다. 결정 자체도 쉽지 않지만, 결정에는 언제나 책임이 따른다. 기성세대의 한 사람으로서 결정의 순간에 겸손하고 그 책임에 엄중하기를 바랄 뿐이다.

책의 구성

이 책의 구성은 다음과 같다. 앞서 언급한 대로, 1장부터 4장까지는 21세기 한국경제의 향배를 좌우할 글로벌 차원의 요인들을 차례대로 살

---

[*] 2002년 이라크의 대량살상무기WMD 논란 당시 미국 국방부 장관 럼스펠드Donald Rumsfeld가 한 말이다. '안다는 것을 아는known knowns' 상황이나 '모른다는 것을 아는 known unknowns' 상황보다도, '모른다는 것조차 모르는unknown unknowns' 상황이 전략적 의사결정에서 가장 큰 어려움임을 강조한 말이다.

펴볼 것이다. 1장의 코로나19 팬데믹, 2장의 4차 산업혁명, 3장의 기후변화, 4장의 G2 패권경쟁 등이 그것이다. 서술의 편의를 도모하고 유사한 내용이 반복되는 것을 줄이고자 각 장에 해당하는 요인의 역사적 배경과 기술적 특징을 살펴보면서, 그와 관련한 특정 경제정책 영역의 과제를 집중 분석하고자 한다.

예컨대, 1장에서 다루는 코로나19 팬데믹의 충격은 우리 일상의 모든 것을 바꾸어 놓았다. 사회적 거리두기는 비대면 디지털 기술의 발전을 촉진하였고, 감염병 창궐은 환경파괴의 위험을 새삼 일깨웠으며, 공급망 단절의 충격은 미국과 중국 간의 갈등을 국가안보 차원으로 비화시켰다. 하지만 그 모두를 하나의 장에 다 담는 것은 바람직한 서술 방식이 아닐 것이다.

그래서 1장에서는 감염병이 '주홍글씨'와 '마녀사냥'을 동반하는 사회적 재난임을 강조하는 한편, 정책적으로는 재정정책과 통화정책을 위시한 단기 거시정책에 초점을 맞춘다. 각국 정부는 2008년 글로벌 금융위기 대응 과정에서의 정책적 오류에 대한 반성을 배경으로 2020년 팬데믹 위기에 대응해서는 사상 유례없는 확장적 거시정책을 과감하게 시행했고, 이는 이른바 V자 회복을 이끌었다고 평가된다. 그러나 절반의 성공일 뿐이었다. 과잉 유동성과 공급망 회복 지연이 겹친 데다가 통화정책 정상화의 타이밍도 실기하면서 40년 만의 인플레이션이 나타났다. 뒤이은 정책금리 인상과 전쟁의 여파로 경기침체의 어두운 그림자가 드리웠다. '샤워실의 바보fool in shower'처럼 오류가 또 다른 오류를 낳는 악순환이 계속되었고, '21세기 거시경제학의 난제들'은 더욱더 풀기 어렵게 되었다.

2장에서는 4차 산업혁명이 불러올 디지털 대전환을 전망하면서, 그 잠재력을 현실화하는 동시에 충격을 완화하기 위한 각국의 산업정책적 고민에 초점을 맞춘다. 다양한 산업정책 수단의 부활, 플랫폼 독점에 대한 경쟁정책의 틀 재편, 암호자산에 대한 금융규제 도입 등이 그것이다. 기술에는 국경이 없지만 정책에는 국적이 있다는 평범한 사실을 확인하면서, 4차 산업혁명 역시 자국중심주의적 격돌 및 국제적 불균형의 누적으로 귀결될 가능성이 농후함을 지적한다. 또한 로봇·AI의 확산에 따른 노동시장의 변화와 관련한 논란을 소개하면서, 소득보장정책의 장기 개혁 방향을 고민해본다.

3장에서는 탈탄소 사회로의 전환이라는 당위적 목표와 함께 그 현실적 한계를 조망한다. 먼저, 1997년 교토 의정서와 2015년 파리 기후변화협약 체결 과정에서의 우여곡절. 그리고 그 이행 과정의 지지부진함을 설명함으로써 전 인류, 나아가 지구상의 모든 생명체의 운명을 좌우할 과제를 앞에 두고서도 각국의 정치적 의사결정이 얼마나 비합리적으로 왜곡될 수 있는지를 확인한다. 이어서 에너지 수급을 둘러싼 지정학적 갈등, 최근 각국이 제출한 2030년 온실가스 감축 목표NDC의 한계, 탄소세 및 배출권거래제 등의 탄소가격제carbon pricing에 숨겨진 통상정책적 함의, ESG 관련 제도 인프라의 확충을 위한 국제적 논의 동향 등을 차례로 살펴보면서, 탈탄소 사회로의 전환, 특히 '공정한 전환just transition'이 과연 오늘날의 국제정세 속에서 실현 가능할 것인가라는 근본적인 질문에 대해 고민해 보기로 한다.

4장에서는 기존 강자와 신흥 세력 간의 물리적 충돌을 의미하는 '투키디데스 함정'을 염두에 두면서, 본격화된 미국과 중국 간의 패권경쟁 문제를 다룬다. 특히 UNCTAD 통계를 통해 1970년 이래 반세기 동안의 각국별·지역별 경제력의 위상 변화를 추적함으로써, 미국 중심의 단극 체제를 전제로 만들어진 세계경제질서가 더는 작동하기 어려운 상황에 이르렀음을 확인한다. 이어서 국제통상체제와 국제통화체제를 중심으로 G2 시대의 혼란상을 구체적으로 살펴본다. 우선 미국의 패권을 상징하는 1995년 WTO 체제가 21세기 들어 위기에 봉착하면서 국가안보 논리가 통상질서를 지배하는 작금의 현실을 살펴본다. 미국 달러화 중심의 국제통화체제는 여전히 강고해 보이지만, 중국 위안화의 국제화 및 암호화폐 등 디지털 기술 발전으로 인한 균열의 가능성을 점검한다. G2 시대의 세계경제질서가 어떤 모습으로 재편되든 간에, 우리나라에 우호적인 환경은 기대하기 어렵다는 것을 새삼 확인한다.

이상 글로벌 차원의 요인에 이어 5장과 6장에서는 아시아 차원의 요인에 대해 살펴본다. 물론 여기서 다루는 글로벌 가치사슬GVC 및 공급망의 재편 문제는 세계 모든 나라에 공통된 것이라고 할 수 있지만, 이러한 변화가 가장 다이내믹하게 전개되는 곳이 아시아 지역이라는 점을 강조한다. 또한, 상기 글로벌 차원의 요인들이 아시아 지역의 특수한 사정 및 주요국의 전략적 선택과 결합하였을 때 어떻게 발현 또는 변형되는지, 나아가 아시아 지역 특유의 GVC와 공급망에 어떤 충격을 주는지를 살펴볼 필요가 있다. 이 모두가 한국경제의 성과에 직접적으로 영향을 미치는 요인이기 때문이다.

5장에서는 GVC의 형성과 재편이라는 관점에서 지난 30년간의 아시아 지역의 분업구조 변화를 조망한다. 1990년대 이래 확장일로를 걷던 GVC 참여도가 2010년대 이후 정체되는 양상을 보인다는 것은 여러 통계에서 확인할 수 있다. 극도로 단순하게 설명하자면, 그 근저에는 중국이 있다. 글로벌 생산기지로서 중국의 부상, 그에 따른 중국경제의 고도화 및 아세안으로의 생산기지 이전으로 30년에 걸친 GVC의 변화를 요약할 수 있기 때문이다. 이는 한국을 포함한 아시아 지역의 무역구조가 비가역적인 변화를 겪었으며, 특히 '기러기 편대 모형'이 함축하는 수직적 분업구조로 아시아 국가들을 묘사하는 것은 이제 설득력이 없음을 의미한다. 한·중 관계 역시 예외가 아니다. 아시아 분업구조 속에서 한국의 경쟁우위를 유지·강화할 방법은 무엇인가? 대책을 마련하기도 전에 공급망 충격이 덮쳤다.

6장은 코로나19 팬데믹 위기를 계기로 본격화된 공급망 재편 문제를 살펴본다. GVC의 확산은 상호의존의 위험을 증폭시켰고, 특히 주요 물자의 공급망 단절은 경제 안정은 물론 국가안보를 위협하는 요인이 된다는 사실이 곳곳에서 확인되었다. 이에 핵심광물, 반도체, 배터리 등 전략 물자의 공급망을 내재화reshoring하거나 우호국에 재배치friend-shoring하는 것이 모든 나라의 최우선 과제가 되었다. 특히 G2가 그렇다. '전략적 경쟁strategic competition'의 관점에서, 직설적으로 표현하자면, 체제경쟁·패권경쟁의 차원에서 공급망 재편을 추진하는 미국과 중국의 전략을 구체적으로 살펴본다. 이제 '무역을 통한 평화peace through trade'의 시절은 저물었다.

에필로그에서는 GVC와 공급망의 재편에 대응하는 한국의 전략을 간단하게나마 제시했다. 우선 그 준거로서 EU, 일본, 아세안 등 G2가 아닌 나라들의 대응 전략을 살펴본다. '전략적 자율성strategic autonomy' 개념을 앞세워 G2의 갈등 속에서도 자신의 협상력을 극대화하려는 EU, 미국과의 확고한 동맹 관계하에 아시아 지역의 맹주를 자처하는 일본, 각 회원국의 주권을 존중하면서 대외 협상력을 높이려는 '아세안 중심성ASEAN Centrality' 등 각국의 사정에 따라 전략도 다양하지만 각각의 한계도 만만찮다. 우리는 어떻게 대응해야 하는가? 전략적 모호성을 유지하기 어렵다면 다른 대안이 있는가? 나는 답을 알지 못한다. 하지만 그 어떤 대외 전략이든 내부의 통합이 전제되지 않고서는 아무런 의미가 없다는 건 분명히 말할 수 있다.

다시 한번 강조하지만, 이 책에는 한국의 특수한 요인에 대한 분석은 없다. 본격적인 작업은 별도의 기회로 미룰 수밖에 없는데, 언제 어떤 형태로 결과물이 나올지는 기약할 수 없다. 실망스럽다면 이 책을 더 읽지 않기를 권고한다. 다만 각 장을 마무리하면서 강의를 듣는 학생들에게 권고했던 것처럼, 한국경제와 관련한 고민거리를 '다 함께 생각해 봅시다'라는 제목으로 간단히 정리하였다. 선험적 정답은 없으나, 다수가 공유하는 생각이 정답에 가장 가까울 것이라는 믿음을 갖는다.

$$\boxed{\text{다 함께 생각해봅시다}}$$

1. 한국경제의 성과를 좌우하는 '세 차원의 요인들'

상호작용하면서도 상대적 자율성을 갖는 세 '차원'의 요인이라는 분석 방법이 왜 필요할까? 외부 환경적 요인에 압도되어 '다른 선택지는 없다'라거나, 또는 주체적 의지를 앞세워 '우리는 할 수 있다'라고 하는 양극단의 위험을 모두 경계하기 위해서이다.

여러분은 한국경제를 분석할 때 어느 차원에 초점을 맞추는가? 세 차원의 요인들을 총체적으로 고려하면 좋겠지만, 아쉽게도 그토록 유능하고 현명한 사람은 흔치 않다. 사람마다 생각이 다르고, 그 모든 생각은 존중받을 가치가 있다. 하지만 자신의 논리를 구성할 때나 다른 사람과 토론할 때는, 세 차원의 구분이 필요하다는 사실을 염두에 두면서 자신은 어느 차원에 초점을 맞추는지 가능한 한 명시해야 한다. 그래야 논리의 비약과 소통의 단절을 줄일 수 있다.

2. 뉴노멀 vs 올드노멀

말장난 같다거나, 결국 같은 이야기 아니냐고 할 수도 있다. 그럼에도 나는 후자의 표현을 선호한다. 한 세기 전의 2차 산업혁명과 패권경쟁이 어떤 참혹한 결과를 빚었는지 기억할 수 있도록 해주기 때문이다. 또한, 2차 세계대전 이후의 팍스 아메리카나Pax Americana 질서, 그리고 1990년대 이래의 세계화 흐름이 영구불변의 자연법칙은 아니라는 것도 깨닫게 된다. 물론 과거를 되돌아본다고 해서 현재의 어려움에 더 잘 대응하거나, 더 나은 미래를 건설할 수 있으리라는 보장은 없다. 한 세기 전 사람들보다 우리가 더 현명해진 것은 아니기 때문이다.

3. 시에예스의 제3신분 vs 한국 사회의 청년세대

계층 갈등을 세대 갈등으로 치환하는 것은 부적절하며, 위험천만하기까지 하다. 따라서 현재 한국 사회의 문제를 제1세대(산업화 세대)와 제2세대(민주화 세대)와 제3세대(MZ 세대) 간의 갈등으로 단순화하는 것에 별로 동의하지 않는다. 민주화 세대는 물론, 강의실에서 만나는 MZ세대도 언론에서 묘사하는 것과는 달리 개인마다 큰 편차를 보이기 때문이다. 다만 미래세대에게 더 없이 중요한 그 무엇something을 결정하는 자리에 청년들이 배제되어서는 안 될 것이다. 나아가 청년세대의 참여가 형식적인 수준에 그치지 않기 위해서는, 최종 결정은 미래 청년세대의 몫으로 열어두는 기성세대의 자제력이 필요하다. 기성세대는 미래를 알지 못하고, 미래에 책임을 질 수도 없기 때문이다.

코로나19
팬데믹

거시정책은 왜 실패하는가?

장군들은 항상 지난번 전쟁과 싸운다.

경제학자들은 항상 지난번 공황과 싸운다

Generals always fight the last war. Economists always fight the last depression

군사 전략가들은 최근의 전쟁 경험을 기초로 다음 전쟁을 준비한
다. 그러나 똑같은 전쟁은 없기에, 실패에 이르는 군사 전략이 많
다. 거시정책도 마찬가지다. 똑같은 공황은 없다. 각국 정부는
2008년 금융위기 때의 교훈에 근거하여 2020년 팬데믹 위기에 대
응하였으나, 생각지도 못한 후유증을 낳았고, 어쩌면 또 다른 공황
을 불러올지도 모른다. 거시정책은 냉탕과 온탕을 오가는 '샤워실
의 바보'일 뿐일까?

감염병, 역사를 바꾼 사회적 질병

감염병 연대기: 감염병은 검은 백조가 아니라 회색 코뿔소다

2019년 말 중국 우한 지역에서 원인불명의 급성폐렴 환자가 발생했다. 유전자 분석 결과 2002년에 출현한 사스SARS 코로나 바이러스와 유사한 구조의 바이러스가 검출되었고, WHO는 COVID-19으로 공식 명명했다. 코로나19는 중국을 넘어 한국 등 아시아 지역으로, 그리고 미국과 유럽 등 전 세계로 급속 확산되었다. 결국 2020년 3월 11일, WHO는 1968년 홍콩 독감 및 2009년 신종플루에 이어 역사상 세 번째로 '팬데믹(감염병의 세계적 대유행)'을 선언했다.

'역사는 BCbefore corona와 ACafter corona로 나뉜다'고 할 만큼 코로나19는 큰 충격을 주었다. 이는 코로나19가 종식된 이후에도 세상은 결코 예전 모습으로 되돌아가지 않을 것이라는 뜻이다. 그런데 프랭크 M. 스노든Frank M. Snowden의 『감염병과 사회』(2020)와 같은 '감염병 연대기'

류의 책들을 보면, 의외로 감염병이 역사를 바꾼 사례를 많이 찾아볼 수 있다.

감염병의 대명사처럼 불리는 페스트를 그 대표적인 예로 들 수 있다. 인류는 세 번의 페스트 대유행을 경험했다. 서기 541년부터 200여 년간 진퇴를 거듭하면서 동로마제국을 강타했던 페스트 1차 대유행은 그리스·로마 문명의 쇠퇴, 이슬람 문명과의 단절 등을 통해 유럽의 중세 암흑기를 초래한 요인 중의 하나가 되었다. 서기 1330년대 베네치아 등 이탈리아의 도시국가들에서 출현하여 흑사병이라는 이름으로 유럽 전역을 공포에 몰아넣었던 페스트 2차 대유행은 이후에도 500년 가까이 지속되면서 유럽의 인구 감소와 생산력 저하를 유발하였다. 1850~1910년간의 3차 대유행은 앞선 두 차례의 대유행만큼 파괴적이지는 않았지만, 당시 유럽 제국의 식민지 무역에서 거점 역할을 담당했던 인도와 중국에 큰 타격을 주었다.

세 차례의 페스트 대유행은 모두 그 당시 인적·물적 교류의 중심지에서 출현·확산하였다. 이를 통해 감염병은 미생물의 공격이라기보다는 인간 활동의 부산물이며, 세계화 시대의 팬데믹은 기존의 관념을 뒤엎은 '검은 백조black swan'가 아니라 주변에 늘상 있었지만 그 위험을 인지하지 못한 '회색 코뿔소gray rhino'로 보아야 한다는 의견이 많다.

한편 유럽과 아시아 등의 구舊대륙에서 인류의 역사와 함께 한 공포의 감염병이 있었으니, 바로 천연두였다. 재레드 다이아몬드Jared Mason Diamond는 『총, 균, 쇠』(2013)에서 가축화할 수 있는 대형 포유류가 멸종되어 인수공통의 감염병에 대한 면역력을 키울 수 없었던 아메리카 신대륙에서 천연두는 그야말로 문명의 붕괴를 가져왔다고 말한다. 스페인 군대가 아즈텍과 마야에서부터 잉카에 이르기까지 중남미 대륙을 일순간에 점령할 수 있었던 것도 그들이 퍼뜨린 천연두 덕분이었다. 감염병에 노출된 지 100년 만에 아메리카 대륙 원주민의 수는 10분의 1 이하로 줄었다.

또한 감염병은 현대사의 길목에서 나폴레옹의 운명을 두 번이나 바꾸어 놓았다. 1789년 혁명을 통해 억압의 구체제ancien régime를 무너뜨린 나라답게 프랑스는 노예제를 폐지했다. 그러나 프랑스에 막대한 경제적 부를 만들어주던 식민지에서는 노예 해방이 거부되었다. 1791년 식민지 아이티에서 독립전쟁이 일어났고, 나폴레옹은 이를 진압하기 위해 군대를 파견하였으나, 모기를 매개로 전염되는 황열병에 걸려 제대로 된 전투 한 번 치르지 못하고 패퇴했다. 이후 신대륙의 식민지를 경영할 능력을 상실한 프랑스는 1803년 대륙 본토의 루이지애나를 신생 독립국 미국에 1,500만 달러라는 헐값에 매각했다. 당시 프랑스령 루이지애나는 남북으로는 5대호에서 멕시코만까지, 동서로는 애팔래치아 산맥에서 로키산맥에 이르는 광활한 지역을 일컬었는데, 이로써 미국의 영토는 단번에 두 배로 넓어졌다. 미국은 유럽의 제국들과는 달리 서부 개척이라는 내부 식민지 개발에 전념하면서 국력을 키워갔다.

비록 신대륙에서는 발을 뺐지만, 유럽의 전쟁에서만큼은 패배를 몰랐던 나폴레옹은 1812년 러시아를 침공하였다. 하지만 진격할 때는 이질, 퇴각할 때는 발진티푸스의 창궐로 전력의 상당 부분을 상실하면서 패배하였다. 감염병은 나폴레옹의 운명을 넘어 미국과 유럽의 역사를 바꾸었다고 해도 과언이 아닐 것이다.

마지막으로 1918년 1차 세계대전에 뒤늦게 참전한 미국의 신병훈련소에서 발원한 스페인 독감은 지금까지도 알려진 것이 별로 없는 미스터리한 감염병이다. 지루한 참호전의 열악한 환경 속에서 창궐한 스페인 독감은 1년 반이라는 짧은 기간에 4,000만 명에서 1억 명에 이르는 사망자를 낸 역대 최악의 감염병이었다. 하지만 전쟁 중의 보도 검열과 종전에 따른 흥분된 분위기, 그리고 어느 날 갑자기 소멸해버린 특성 때문에 제대로 된 기록조차 남아 있지 않다.

그런데 전후 처리를 위해 1919년 파리 강화회의에 참석한 각국 대표단 다수가 이 스페인 독감에 감염되어 회의의 진행과 그 결과에 큰 영향을 미쳤다고 한다. 특히 미국의 윌슨Woodrow Wilson 대통령이 스페인 독감의 후유증으로 집중력과 인내심을 잃었고, 프랑스의 클레망소 Georges Clemenceau 총리에게 대폭 양보한 결과 독일이 감당할 수 없는 수준의 전쟁 배상금 요구를 담은 베르사유 조약이 체결되었다는 주장도 있다. 100년이 훌쩍 지난 지금 스페인 독감과 윌슨 대통령의 집무 능력 간의 인과 관계를 확인하기는 어렵다. 하지만 가혹한 조건의 베르사유 조약은 결국 히틀러 나치 정권의 탄생과 2차 세계대전 발발의 배경이 되었다.

감염병은 사회적 재난: '우리'와 '그들'을 구분하는 기준

코로나19가 초래할 경제적 변화에 대해 살펴보기 전에, 사회적 질병으로서의 감염병의 특성을 강조하지 않을 수 없다. 인류 문명의 발전을 '나me'와 동류로 인식되는 '우리us'의 경계가 확장되는 과정으로 해석할 수 있을 듯하다. 가족→씨족→부족→국민→인류 등으로 말이다. 최근에는 이러한 경계가 사람을 넘어 지구상의 모든 생명체로 확장되는 중이다. 물론 굴곡과 부침으로 점철된 험난한 과정이다. 특히 지진·화산·홍수·감염병과 같은 재난 상황에 직면했을 때 우리의 범위는 협소해지고 '그들them'에 대한 배제는 강화되면서 퇴행하는 것이 인간성의 보편적 한계다. 자신의 운명을 스스로 통제할 수 없는 무력감과 절망감으로부터 탈출하려는 방편일 것이다. 루시 존스Lucy Jones의 『재난의 세계사』(2020)를 보면 낙인찍기와 마녀사냥의 사례는 차고도 넘친다.

페스트 2차 대유행 당시 중세 유럽의 마녀사냥이 대표적인 예이다. 마녀로 지목된 사람은 꽁꽁 묶인 상태로 강에 던져지는데, 살아나오면 마녀가 틀림없으므로 화형에 처하고, 살아나오지 못하면 마녀가 아닌 것으로 판명된다는 식이다. 어차피 죽음은 피할 수 없다.

몇 가지 사례를 더 들어보겠다. 1755년 포르투갈의 수도 리스본에 지진이 발생했다. 오늘날의 기준으로는 강도 9의 대지진으로 추정되며, 리스본의 4분의 3이 파괴되었다. 하필 천주교 '모든 성인의 날 대축일'을 맞아 성당에서 미사를 드리던 시각이라 엄청난 인명 피해가 발생했다. 포르투갈 정부의 복구 노력에 주변 국가들도 동참했다. 그런데 영국은 지원을 거부했다. 포르투갈의 참사는 우상을 섬기고 종교재판을 자행하는 구교舊敎에 대한 신의 응징이라는 신교新敎의 해석이 한 요인으로 작용했다. 응분의 죗값을 치렀다는 식이다. 우리와 다른 그들에게 재난의 책임을 돌리는 사회심리는 지진 등의 자연 현상에 대한 과학적 이해가 비약적으로 발전한 20세기에도 별로 나아지지 않았다. 1927년 관동 대지진 당시 일본인의 조선인 학살은 또 다른 예시일 뿐이다.

한편, 자연적 재난은 모두에게 공평한 것이 아니라 취약계층에게 피해가 집중되는 사회적 재난으로 발전하는 경향이 있다. 열악한 환경에서 생활하는 취약계층이 재난의 1차 충격에 더 많이 노출되는 것이 직접적 원인이지만, 이후의 구제 · 재건 · 개혁 과정에서도 취약계층은 배제될 가능성이 크기 때문이다.

1927년 미국의 미시시피강 대홍수로 하류의 제방이 대거 붕괴하였다. 뉴올리언스를 비롯한 미시시피강 삼각주 지역의 주민 대부분은 흑인이었고, 이들의 처지는 노예제도가 있던 과거와 별 차이가 없었다. 당시 공화당 정부의 상무장관이었던 후버Herbert Hoover는 재난 구제와 재건 과정에서 연방정부의 역할을 강화하면서 '인도주의자'의 명성을 얻었고, 여세를 몰아 1928년 선거에서 대통령에 당선됐다. 하지만 삼각주 토지 재분배 등 흑인들을 위한 개혁 약속은 제대로 이행되지 않았다. 이는 노예 해방의 링컨 대통령을 배출한 공화당에 절대적 충성심을 보였던 남부 흑인들이 1932년과 1936년 선거에서는 민주당 후보인 루스벨트Franklin D. Roosevelt를 지지하는 계기가 되었다. 그런데 약 80년이 지난 2005년, 허리케인 카트리나로 인한 참상 속에서도 뉴올리언스의 흑인들이 겪는 차별과 억압은 개선되지 않았음을 확인할 수 있었다.

코로나19는 사회적 재난의 일반적 경향에서 벗어난 예외가 될 수 있을까? 코로나19 팬데믹 선언 이후 각국 정부는 불평등 심화를 막기 위해 전례 없이 강력한 대책을 시행했다. 미국의 경우 GDP의 25%에 달하는 천문학적인 액수의 재정지원 대책을 펼친 결과 '지니계수Gini coefficient'로 측정되는 불평등도가 오히려 하락했다는 연구 결과도 있다. 그러나 미국의 사례를 다른 나라로까지 일반화할 수는 없고, 예상외로 빨랐던 경기회복 흐름만으로 사회적 후유증의 장기 추이를 어림짐작할 수도 없다. 2022년 전 세계를 강타한 인플레이션의 공포와 그 뒤를 이은 경기침체의 어두운 그림자가 말해주듯, 이제 시작일 뿐이다.

낙관보다는 비관이 앞선다. 국제적으로나 국내적으로나 우리와 그들 사이의 간극이 날로 확대되고 있기 때문이다. [그림 1-1]이 보여주는 백신 불평등의 현실은 국제연대에 대한 희망이 얼마나 초라한 것인가를 웅변하고 있다. 백신 접종이 본격적으로 시작된 2021년 상반기에 고

그림 1-1 소득수준별 코로나19 백신 접종 추이(2020.12.1.~2022.12.31.)

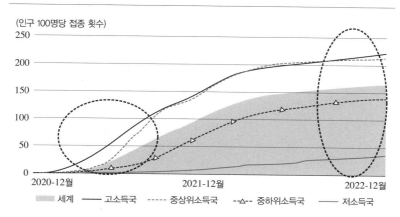

출처: Our World in Data, ourworldindata.org/covid-cases

소득국, 중상위소득국, 중하위소득국, 저소득국 별로 인구 100명당 접종 횟수에 현격한 격차가 나타났고, 이는 곧 경기회복의 속도 차이로 연결되었다. 선진국의 백신 민족주의가 발현된 것이다. 2021년 하반기 이후에 중상위소득국의 백신 접종이 빠르게 이루어지면서 고소득국과의 격차는 사라졌으나, 중하위소득국과 저소득국은 여전히 지지부진한 상태를 벗어나지 못했다.

백신 접종 개시 후 1년여가 지난 2022년 3월 말에 고소득국과 중상위소득국의 인구 100명당 접종 수는 200회에 이르러 완전접종 및 추가접종 상황에 근접했고, 변이 바이러스의 등장으로 우여곡절을 겪기는 했지만 서서히 방역 규제를 완화하면서 이른바 '위드 코로나with Corona' 체제로 전환할 수 있었다. 그러나 같은 시점에 중하위소득국은 인구 100명당 110회 정도에 불과하고, 저소득국은 20회에도 미치지 못했다. 심지어 2022년 12월 말에도 각각 135회와 35회에 불과했다. 경악스러울 정도다. 코백스 퍼실리티COVAX Facility* 등을 통해 저소득국에 백신을 지원하겠다는 선진국들의 약속은 지켜지지 않았다. 백신이 이럴진대, 21세기 경제안보 전쟁의 모습이 어떠할지는 능히 짐작할 만하다.

재난 상황에 대처할 수 있는 수단은 대부분 국민국가의 정부에 속해 있다. 따라서 국민은 정부에 많은 것을 요구하게 된다. 국민의 요구에 기민하게 대응하는 것이야말로 민주국가의 의무다. 그러나 2008년 사이클론이 휩쓸고 간 미얀마, 2010년 지진과 콜레라로 초토화된 아이티에서 국민 대다수가 정부의 재난 예보방송에 귀를 기울이지 않았던 것처럼, 정부가 무능하거나 심지어 국민을 탄압하는 비민주국가라면 국민이 정부를 신뢰하지도, 뭔가를 요구하지도 않는다. 따라서 민주국가에서 정부의 역할을 둘러싸고 많은 논란과 비판이 쏟아지는 것은 당연하고 또 바람직하다. 하지만 정보의 바다라는 인터넷은 코로나19 팬데믹의 시대에 우리와 그들 사이의 갈등을 부추기는 거짓 정보의 온상이 되었으며, 비판은 금세 진영·계층 간 갈등으로 귀결된다. 21세기의 거대한 도전에 대응하기 위해서는 소통과 통합이 무엇보다 절실하지만, 어느 나라든 기대난망일 뿐이다. 그 사이 코로나19는 거대한 사회적 질병으로 자리 잡았다.

때로는 강의 중 학생들에게 묻는다. 21세기 한국 사회에서 '우리'와 '그들'을 구분하는 가장 중요한 기준이 무엇이라고 생각하는지 말이다. 이념? 빈부? 지역? 학벌? 세대? 젠더? 다양한 대답이 나왔다. 생각이 다

• 　세계보건기구, 감염병혁신연합CEPI, 세계백신면역연합GAVI 등을 주축으로 설립된 COVAX Facility는 2021년 말까지 참가국 인구의 20%가 면역력을 확보할 수 있는 20억 회 분의 백신을 조달하여 참가국의 소득수준과 무관하게 공평 배분하는 것을 목표로 하였다. 그러나 OWID Our World in Data에 따르면, 2021년 말 저소득국의 완전접종자는 인구 100명당 3.8명에 불과했다.

르다는 것은 문제가 아니다. '다름'이 '틀림'은 아니기 때문이다. 진짜 문제는 우리와 다른 그들에게 주홍글씨를 새기고 책임을 전가하는 비이성적인 풍토가 만연한 데 있다. 그런 사회적 질병이 창궐하게 만든 것은 기성세대다. 다만 청년세대의 개인적 '노력'만으로는 이를 극복하기 어려우니, 새로운 시대정신을 만드는 청년세대의 집단적 '연대'에 대해서도 고민해 주기를 당부한다.

2020년 팬데믹 위기 대응: 거시정책은 '샤워실의 바보'인가?

2008년 위기의 교훈: 돈 풀기는 더 빨리 더 세게, 정상화는 더 천천히

감염병은 인간의 접촉을 통해 확산한다. 따라서 감염병이 유행하면 경제활동, 특히 대면접촉에 기반한 생산·소비 활동이 일시에 중단될 수밖에 없다. 수입의 원천을 상실한 기업과 가계는 도산 위기에 직면하고, 공황의 공포가 밀려온다. 감염병은 사회적 질병을 넘어 경제적 질병이 되는 것이다.

공황이 발생하면 시장에 돈의 씨가 마른다. 따라서 돈을 푸는 것이 공황에 대처하는 단기 거시안정화정책의 요체다. 통화정책과 재정정책이 가장 기본적인 수단이다. 그러나 돈을 언제 얼마나 풀어야 하는가는 어려운 문제이며, 푼 돈을 언제 어떻게 거둬들일지 결정하는 건 더 어렵다. 경제학자들의 이야기에 귀 기울여 보아도 논란만 요란할 뿐 정답은 없다. 그래서 거시정책은 급하게 수도꼭지를 양극단으로 돌리는 '샤워실의 바보'처럼 실책을 반복한다. 공황을 막기 위한 정책이 또 다른 공황을 유발하기도 한다.

더구나 이번 팬데믹 위기는 전 세계가 난생처음 경험하는 유형의 충격이다. 특히 2020년 3월 팬데믹 선언 즈음에는 바이러스의 전파력과 치명률 추이, 변이 바이러스의 출현 여부, 백신·치료제의 개발 시점 등 모든 것이 불확실했다. 그야말로 '무엇을 모르는지도 모르는' 상황이었다.

전쟁터의 장군들은 지난 경험을 통해 앞으로의 전쟁을 대비한다. 마찬가지로, 경제학자들도 지난번 전쟁(공황)에서 얻은 경험에 의존할 수밖에 없다. 2008년 글로벌 금융위기 때의 교훈을 떠올리면서 암중모색의 정책적 대응을 이어갔다. 크게 보면 다음 세 가지로 정리할 수 있다.

첫째, 2008년 위기 당시 금리를 인하하는 전통적 통화정책이 한계에 다다른 상황에서 양적완화quantitative easing, QE를 비롯한 비非전통적 통화정책unconventional monetary policy의 유효성이 확인되었다. 당시 미국 중앙은행Federal Reserve System, Fed의 버냉키Ben Bernanke 의장은 1929년 대공황을 연구한 경제학자 출신으로서 금본위제를 연명하기 위해 긴축 통화정책을 폈던 한 세기 전의 실수를 반복하지 않으려 했고, 그 결과 또 다른 대공황을 막아냈다는 평가를 받았다. 또한 남유럽 재정위기로 인해 낭떠러지로 내몰린 유로화를 구제하기 위해 "필요한 것이라면 무엇이든 다 하겠다Whatever it takes"라는 유명한 말을 남긴 유럽중앙은행 European Central Bank, ECB의 드라기Mario Draghi 총재 역시 같은 길을 걸었다.

위기 시의 초동대응이라는 측면에서는 매우 성공적이라고 평가받은 이 경험을 2020년 팬데믹 상황에서 재활용하지 않을 이유가 없었다. 나아가 2008년 위기 시에는 교환성 통화를 가진 소수의 선진국 중앙은행들만이 비전통적 통화정책을 시행했던 것과는 달리, 2020년 위기에서는 다수의 비교환성 통화 국가로까지 확대되었다. 바야흐로 글로벌 양적완화global QE 시대로 접어들었다.

둘째, 2008년 위기에 대응하는 과정에서 통화정책은 적극적인 완화

정책을 폈지만, 재정정책은 소극적이었다는 비판을 많이 받았다. 이는 경제 차원을 넘어 정치·사회적으로도 엄청난 후폭풍을 몰고 왔다. 통화정책은 돈의 양(통화량) 또는 가격(금리)을 조절하여 전체 경제활동 수준에 간접적으로 영향을 미치는 일반적 정책수단의 성격이 강하다. 따라서 통화정책은 특정 (취약)계층을 직접 지원하는 선별적 정책수단으로 사용해서는 안 된다고 경제학 교과서는 가르쳐 왔다. 선별적 지원은 재정정책의 영역이며, 그것도 매우 제한적으로 사용하라는 것이 신자유주의 경제학의 기본 원칙이었다.

그 결과 2011년 '월가 점령 운동'*에서 보듯이, 완화적 통화정책은 글로벌 금융위기의 주범인 금융회사·대기업들만 구제해주고 또다시 자산시장의 버블을 조장한 반면, 소극적 재정정책은 취약계층을 방치하고 불평등을 심화시켰다는 비판이 들불처럼 일어났다. 학계에서나 정치권에서나 기존의 재정건전성 원칙에 대한 재검토가 진행될 수밖에 없었고, 때마침 현대화폐이론Modern Money Theory, MMT이라 불리는 소수 이론이 다수 이론에 도전하면서 통화정책과 재정정책에 관한 논쟁에 불을 붙이기도 했다.

이러한 기억이 강하게 남아 있는 가운데, 2020년 위기 대응에서 과거의 정치적 실수를 반복할 정책결정자는 많지 않았을 것이다. 통화정책만이 아니라 재정정책에서도 유례를 찾아볼 수 없는 확장적 조치가 신속하게 이어졌다. 거의 모든 나라에서 재정적자가 확대되고 국가부채가 역대급 수준으로 치솟은 것은 당연한 결과였다.

셋째, 마지막으로, 경제가 기존의 성장궤도로 완전히 복귀하기 전에

* 2008년 글로벌 금융위기 이후 심화된 미국 사회의 빈부격차 문제를 지적하고 금융기관의 부도덕성에 항의한 시위.

섣불리 긴축기조로 돌아서서는 안 된다는 주장이 강하게 제기되었다. 2008년 위기 때의 양적완화 정책은 '가다 서다stop-and-go'를 반복하는 모양새였다. 처음 해보는 일이었고, 결과를 알 수 없는 일이었기 때문이다. 미국의 양적완화 정책은 세 차례에 걸쳐 그때그때의 상황에 따라 임기응변식으로 시행되었다. 그 와중에 2013년 버냉키 의장의 원론적 발언(또는 의도된 실수)으로 인해 전 세계의 주가와 환율이 요동치는 이른바 '긴축 발작taper tantrum'이 발생했고, 결국 통화정책 정상화 일정이 늦춰지기도 했다.

유로화를 사용하는 EU 지역의 경우 통화정책 권한은 유럽중앙은행으로 집중되었으나 재정정책은 각 회원국의 주권 사항으로 남겨져 있었기 때문에 미국보다도 정책상의 제약이 훨씬 컸다. 때 이른 긴축 논의는 EU의 경기회복을 지연시켰고, 회원국 간의 갈등뿐만 아니라 각 국가 내부의 갈등까지 증폭시켰다. 재정건전성을 둘러싼 개미 북유럽과 베짱이 남유럽 간의 해묵은 갈등은 유로화 위기를 초래한 근본 원인으로 지목된다. '아랍의 봄'* 여파로 중동 난민이 밀려오는 와중에 긴축의 고통까지 겹친 EU 주민들 사이에서는 자신들의 일자리와 복지를 지키기 위해 그들을 몰아내고, 이참에 아예 EU에서 탈퇴하자는 극우 정당의 목소리가 높아졌다. 2차 세계대전 이후 유럽이 이렇게 분열된 적은 처음이었다.

이런 값비싼 교훈을 배경으로 미국 중앙은행과 유럽중앙은행은 10년에 가까운 세월 동안 통화정책체계Monetary Policy Framework를 개편하는 작업을 진행하였고, 그 최종 결과물을 팬데믹이 한창 진행되던 2020년 후반에 평균물가안정목표제average inflation targeting, AIT라는 이름으로 발

* 2010년 말 튀니지에서 시작되어 아랍 중동 국가 및 북아프리카로 확산된 반反정부 시위

표하였다. 한마디로 물가상승률이 목표치인 2%를 넘어서더라도 당장 긴축정책으로 전환하지는 않고, 일정 기간의 평균 물가상승률을 2%에 맞추겠다는 것이다. 과거 10여 년 동안 물가상승률이 2%에 미달했으니, 단기적으로는 2%를 넘는 물가상승을 용인하겠다는 뜻을 담은 것이다. 특히 물가안정을 유일 목표로 하는 여타 중앙은행들과는 달리, 물가와 고용이라는 이중 목표를 가진 미국의 중앙은행은 최대 고용maximum employment 달성에 정책적 우선순위를 둘 것임을 분명히 했다.

그 효과는 곧바로 나타났다. 미국 중앙은행은 2021년 하반기부터 인플레이션 징후가 나타났음에도 불구하고 이를 공급망 차질 등 일시적 요인 때문이라고 판단하며 사실상 묵인했다. 그러다가 2022년 들어 물가상승률이 40년 만의 최고치를 경신하는 상황을 맞이하고서야 급격한 정책금리 인상 기조로 돌아섬으로써 샤워실의 바보 논란을 자초했다. 참 공교롭다. 평균물가안정목표제는 지난번 전쟁의 교훈을 충실히 반영한 전략이지만, 이번 전쟁은 전혀 생각지도 못했던 시나리오로 진행된 것이다.

팬데믹 위기 대응에 대한 평가: 빠른 회복만큼이나 심각한 후유증

그러면 팬데믹 위기에 대한 거시정책적 대응은 어떻게 평가할 수 있을까? 성공인가 아니면 실패인가? 물론 바이러스는 아직 소멸하지 않았고, 단기 거시정책의 영향은 중장기적으로도 지속될 것이기 때문에 그 평가는 잠정적일 수밖에 없다. 다만 10여 년 사이에 잇달아 세계경제를 강타한 두 번의 위기, 즉 2008년의 글로벌 금융위기와 2020년의 팬데믹 위기를 비교해볼 수는 있을 것이다.

[그림 1-2]는 미국과 유로지역Euro Zone의 분기별 실질GDP 추이를

나타낸 것이다. 팬데믹 위기의 경우 2020년 3월 팬데믹 선언이 있었으므로 2019년 4분기를 기준으로, 이와 비교 대상이 되는 글로벌 금융위기는 2008년 9월 리먼 브라더스 파산 사태가 발생하였으므로 2008년 2분기를 기준으로 해서 각각 침체의 깊이와 회복의 속도를 비교하였다.

결론적으로 미국과 유로지역에서 상대적 차이가 있기는 하지만 2008년 위기에 비해 2020년 위기 시에 충격의 강도가 훨씬 컸던 반면, 회복의 속도는 더 빨랐다는 것을 확인할 수 있다. 미국의 경우 2008년 위기 시에는 4분기 후에 실질GDP가 기준치(100.0) 대비 96.0으로 떨어지면서 저점을 형성하였고 10분기 후에 100.1로 충격 이전의 수준을 회복한 데 비해, 2020년 위기 시에는 2분기 만에 저점(90.4)에 이르렀고 5분기 후에 회복(100.0)하였다.

유로지역은 두 번의 위기 모두에서 미국보다 훨씬 저조한 성과를 나

그림 1-2 2008 위기와 2020 위기 이후 미국 및 유로지역의 분기별 실질GDP 추이

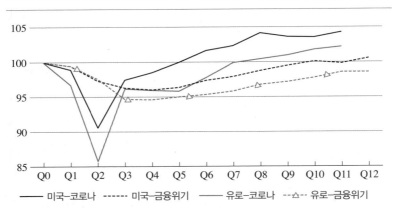

주: 2015년 불변가격 기준 계절조정 분기별 GDP로 계산
　　미국-코로나 및 유로-코로나: 2019년 4분기(Q0) ~ 2022년 3분기(Q11),
　　미국-금융위기 및 유로-금융위기: 2008년 2분기(Q0) ~ 2011년 2분기(Q12)
　　출처: OECD Statistics, https://stats.org

타냈지만, 2008년 위기에 비해 2020년 위기 때 더 깊은 침체 및 더 빠른 회복 양상을 보인 것은 마찬가지다. 유로지역은 2008년 위기 이후 2015년 1분기에 이르러서야 기준치를 회복할 정도로 장기침체를 겪었는데, 2020년 위기 시에는 2분기 후에 기준치(100.0) 대비 85.6을 기록할 정도로 큰 충격을 받았음에도 8분기 만에 회복하였다.

이처럼 두 번의 위기가 상당히 다른 양상으로 전개되었던 이유는 무엇인가? 다음 두 가지로 요약할 수 있을 것이다. 우선 충격의 성격이 달랐다. 2008년 위기는 '대차대조표 충격'에서 연유했다. 부동산시장과 자본시장에서 한껏 부풀었던 거품이 터지면서 자산 가치가 폭락했고, 과잉부채로 지급불능 상태에 빠진 금융회사와 일반기업들이 파산하면서 그 물리적 역량이 훼손되는 과정을 거쳤다. 반면 2020년 위기는 감염병에 의해 경제활동이 일시에 중단되면서 발생한 '현금흐름표 충격'이다. 방역체계가 자리를 잡고 백신 접종이 이루어지면서 경제활동이 재개되면, 기업의 재무적·물리적 역량이 크게 훼손되는 상황까지 가지 않고 비교적 빠르게 회복될 수 있었던 것이다.

정부의 정책도 달랐다. 앞서 살펴본 바와 같이 2008년 위기 때의 교훈을 바탕으로 각국 정부가 훨씬 더 신속하고도 강력하게 대응했다. 비교환성 통화 국가까지 포함한 글로벌 양적완화 정책이 시행되었고, 재정정책 측면에서도 유례없는 확장 기조를 유지하였으며, 경제가 확실히 회복되기 전에는 섣불리 긴축정책으로 돌아서지 않겠다는 신호를 계속 보내면서 시장을 달랬다.

그 결과 세계경제의 거시 지표는 가파른 기울기의 V자 회복을 이루었다. 그러나 심각한 후유증을 불러왔다. 인플레이션이 현실화하였고, 이를 제어하기 위해 각국 중앙은행은 베이비 스텝(정책금리 0.25%p 인상), 빅 스텝(0.5%p 인상), 자이언트 스텝(0.75%p 인상), 울트라 스텝(1%p 인상) 등의 온갖 신조어를 양산하면서 급격하게 긴축기조로 돌아섰다. 이번에는 경기침체 또는 스태그플레이션stagflation의 어두운 그림자가 드리웠다. 물론 최근의 인플레이션 문제는 거시정책만이 아니라 공급망 단절과 전쟁의 충격도 함께 살펴보아야 한다. 자세한 내용은 6장에서 다시 언급하도록 하겠다.

사후적으로만 본다면 2020년 이후의 거시정책은 감염병 위기의 성격에 대한 이해가 부족했고, 정책적으로도 과잉대응한 부분이 없지 않았으며, 무엇보다 정책 정상화의 타이밍을 놓쳤다고 박한 평가를 내릴 수 있다. 그러나 이것은 정말로 사후적인, 따라서 공정하지 못한 평가다. 팬데믹 초기 상황으로 돌아간다면 어떤 천재적인 경제학자라도 더 나은 판단을 했을 거라고 장담하기 어렵다.

경제 예측이 얼마나 어려운지 보여주는 좋은 예시가 있다. 2021년 초, 1조 9,000억 달러짜리 '미국 구제 계획 법안American Rescue Plan Act'의 의회 통과를 앞둔 시점에 이른바 '경제학자들의 슈퍼볼 매치'가 열렸다. 경제학계의 당대 석학이라 불리는 서머스Lawrence Summers 교수와 크루그먼Paul Krugman 교수 간의 공개 토론을 매년 초 열리는 미식축구리그 결승전 경기에 빗댄 것이다. 서머스 교수는 경제가 회복 국면에 들어선 마당에 천문학적 액수의 재정지출을 추가하는 것은 인플레이션을 불러올 것이라고 경고한 반면, 크루그먼 교수는 이를 일축했다. 그러나 1년 반 후인 2022년 7월에 크루그먼 교수는 인플레이션에 대한 자신의 판단이 틀렸음을 공개 시인했다.

하지만 서머스 교수도 항상 올바른 판단을 했던 것은 아니다. 2008년 위기 당시에도 두 사람 사이에 비슷한 논쟁이 있었는데, 그때는 크루그먼 교수가 옳았다는 평가가 일반적이다. 당시에는 인플레이션이 발생하지 않았고, 재정지출은 너무 소극적이었기 때문이다.

경제학계에서는 이른바 석학이라 불리는 사람들의 예측력도 대충 이 정도 수준에 불과하다. 경제학은 자연과학이 아닌 사회과학이고, 경제 예측은 사실 관계에 관한 판단을 넘어 가치판단을 포함하기 때문이다. 거시정책, 특히 재정정책을 둘러싼 두 석학의 논쟁도 따지고 보면 효율과 형평이라는 경제학의 두 핵심 가치에 관한 주관적 판단으로부터 분리될 수 없다. 인간은 신이 아니기에 예측은 틀릴 수 있다. 다만 예측의 바탕에 깔린 가치판단에 대해서는 좀 더 솔직하고 겸허할 필요가 있다.

팬데믹 위기의 교훈: 다음 공황에 대비하라

어차피 틀리기에 십상인 경제 예측이라면 아니함만 못한 것인가? 물론 그렇지는 않다. 전쟁터의 장군들처럼, 경제학자들도 지난번 공황에서의 경험을 교훈 삼아 다음번 공황을 대비하는 작업을 포기할 수 없다. 다음으로는 2020년 팬데믹 위기에 대응한 주요국의 거시정책이 주는 교훈을 살펴보는데, 특히 미국의 사례•에 초점을 맞춘다. 미국의 거시정책은 세계경제에 '병도 주고 약도 주는' 사실상 유일한 존재이기 때문이다.

• 미국의 정책 사례는 주로 Edelberg, W., L. Sheiner, and D. Wessel ed.(2022), *Recession Remedies: Lessions Learned from the U.S. Economic Policy Response to COVID-19*을 참조하였다. 370페이지에 달하는 이 보고서는 미국의 싱크탱크인 브루킹스Brookings 연구소가 주관한 것으로, 거시안정화정책의 각 세부 영역별로 다수의 기존 연구 결과들을 균형감 있게 종합 정리하였다.

① 글로벌 양적완화의 시대

먼저 통화정책이다. 요즘 각국의 중앙은행이 사용하는 정책수단 중에는 20세기의 화폐금융론 교과서에서 찾아볼 수 없는, 심지어 금기시했던 것들이 많다. 그래서 비전통적 통화정책이라고 부른다. 비전통적 통화정책의 원조이자 백과사전이라고 불리는 나라가 바로 일본이다. 일본경제가 1990년 버블 붕괴 이후 이른바 '잃어버린 30년'의 어려움을 버틴 데에는 일본의 중앙은행BOJ이 발상의 한계를 뛰어넘는 새로운 실험을 시도한 것에 힘입은 바 컸고, 이것이 2008년 위기 때 미국과 유럽의 중앙은행에 영감과 용기를 주었다고 할 수 있다. 그리고 2020년 위기 때는 비교환성 통화 국가로까지 확대되어 글로벌 양적완화의 시대가 도래했다. 2020년 3~4월의 두 달 동안에만 전 세계의 21개 중앙은행이 30차례의 다양한 비전통적 통화정책을 발표·시행하였다. 우리나라의 한국은행도 여기에 포함된다.

비전통적 통화정책은 대체로 다음과 같은 요소들을 포함한다. 첫째, 정책금리를 계속 인하하여 사실상 제로금리 기조를 유지한다. 심지어 중앙은행에 예치한 지불준비금이 일정 기준을 초과한 은행에는 이자를 주는 것이 아니라 수수료를 매기는 마이너스 금리도 등장했다. 20세기 경제학자들이 머릿속으로 상상만 하던 것이 21세기에는 현실이 된 것이다.

단기금리뿐만 아니라 기업의 실물투자 의사결정 측면과 정부의 부채 원리금 상환 부담 측면에서 더 중요한 의미를 갖는 장기금리도 낮추기 위해 단기국채를 팔고 장기국채를 사는 수익률곡선 관리yield curve control, YCC 정책을 시행한 예도 많았다. 일본에서는 이를 양적·질적 완화quantitative and qualitative easing, QQE라는 참신한 용어로 불렀다.

2022년 들어 40년 만의 인플레이션에 대응하기 위해 각국 중앙은행이 정책금리를 크게 인상했다. 이것이 제로금리 시대의 종식으로 이어질지, 아니면 새로운 위기가 닥치면서 또다시 금리 인하 기조로 전환할지 지금으로서는 알 길이 없다.

둘째, 금리를 더는 낮출 수 없는 상황에서도 시장에 유동성을 계속 공급하기 위해 자산매입 프로그램asset purchase program을 도입하였다. 민간이 보유한 자산을 매입하면서 돈을 푸는, 좁은 의미의 양적완화가 이것이다. 수많은 프로그램이 수수께끼와도 같은 알파벳 약자와 함께 등장하였다. 처음에는 국채와 부동산담보대출채권MBS이 주된 매입대상이었지만, 그 범위가 계속 확대되었다. 통화정책이 일반적 정책수단의 성격을 넘어 특정 부문에 대한 선별적 지원수단으로까지 확장된 것이다. 특히 팬데믹 위기에 직면해서는 다수의 중앙은행이 금융회사가 아닌 일반기업의 회사채까지 매입하고, 심지어 일본에서는 상장지수펀드ETF 등 사실상 주식까지 매입하면서 중앙은행의 중요한 금기 중 하나가 깨졌다.

또한 재정적자를 보전하기 위해 발행된 국채를 유통시장에서 간접적으로 매입하는 차원을 넘어 사실상 발행시장에서 직접 매입하는 것과 다름없는 양상을 보였다. 이는 중앙은행의 독립성 원칙이 무너지고, 통화정책이 재정정책에 종속되는 이른바 '재정 지배fiscal dominance' 관행이 고착되는 건 아닌가 하는 우려를 낳았다. 미국에서도 논란을 일으켰지만, 특히 로마조약 및 마스트리흐트조약 등의 헌법적 차원에서 통화정책과 재정정책을 엄격히 분리했던 EU에서는 회원국 간의 심각한 갈등 요인이 되었다. 결국 EU도 사실상 유럽중앙은행ECB의 발권력을 기초로 8,070억 유로 규모의 EU 경제회복기금Next Generation EU을 조성하여 팬데믹 위기 극복 및 디지털·녹색 대전환을 직접 지원하기로 함으로써 또 하나의 금기를 깼다.

셋째, 시장과의 소통을 강화하기 위한 수단으로서 선제 지침forward guidance을 도입한 중앙은행들이 많다. 중앙은행의 정책을 결정하는 통화위원회monetary board의 회의록을 사후 공개하는 차원을 넘어 미래의 통화정책 기조를 사전에 공표하는 것을 말한다. 2013년 긴축 발작의 예처럼, 중앙은행의 갑작스러운 정책 기조 전환으로 시장에 충격을 주는 것을 방지하기 위한 것이다. 선제 지침에도 다양한 유형이 있다. 통화정책의 판단 기준을 추상적 수준으로 언급하는 것에서부터 수치 목표를 명시하는 것, 나아가 아예 통화정책 변경의 시점을 못박는 것까지 다양하다.

선제 지침은 통화정책의 예측가능성을 높이는 데 매우 중요한 역할을 한 것으로 평가된다. 그러나 우려도 없지 않다. 무엇보다, 시장은 긴축을 싫어한다. 선제 지침에 설정된 기준에 근접할수록, 즉 긴축 전환의 시점이 다가올수록 시장의 긴장과 반발도 커진다. 이것이 의도하지 않게 시장의 발작을 유발하는 경우도 없지 않을 것이다. 결국 통화정책의 정상화가 지연될 우려가 있다. 중앙은행의 독립성은 정부로부터의 독립뿐만이 아니라 시장으로부터의 독립도 포함한다. 선제 지침이 그 역할까지 수행할 수 있을지는 더 지켜봐야 한다.

21세기 중앙은행에는 금기의 영역이 거의 남아 있지 않다. 상상할 수 있는 모든 수단을 다 동원함으로써 2008년 위기와 2020년 위기가 한 세기 전의 대공황과 같은 파국으로 치닫는 것을 막아냈다. 우리나라의 한국은행도 팬데믹 초기에 바로 기준금리를 사상 최저수준인 0.5%로 낮추었을 뿐만 아니라, 소상공인 등에 대한 선별적 지원 용도의 금융

중개지원대출 한도를 크게 늘리고, 비우량 회사채·CP 인수 기구SPV 및 기간산업지원기금을 통해 일반기업에 대한 자금지원에도 간접 참여하는 등 이른바 한국판 양적완화를 시행했다.

그러나 비전통적 통화정책이 언제까지나 지속될 수 있는 것은 아니다. 정상화되어야 한다. 하지만 언제, 어떻게 정상화할지는 누구도 알지 못한다. 다만 그 과정에 많은 시간과 비용이 수반될 것이라는 점은 분명하다. 돈은 풀기도 어렵지만, 거둬들이는 것은 더 어렵다.

게다가 이미 실패를 경험한 바 있다. 2008년 위기 이후 미국 중앙은행은 선제 지침에서 예고한 대로 2014년 말부터 돈 푸는 속도를 줄여가는 테이퍼링을 시행했고, 2015년 말부터 네 차례에 걸쳐 정책금리를 0.25%p씩 인상하는 베이비 스텝 수순을 거쳐, 2017년 말부터는 조금씩 돈을 거둬들이는 양적긴축quantitative tightening, QT을 시작했다. 정말로 조심스럽게 느린 속도로 통화정책의 정상화를 시도했다. 그러나 멀리 가지 못했다. 2019년 들어 실물부문이 침체 양상을 보였고, 급기야 2019년 하반기에는 금융시장의 경색이 나타났다. 결국 양적긴축은 중단될 수밖에 없었고, 설상가상으로 2020년 3월 팬데믹 선언을 계기로 재차 양적완화를 시행하기에 이른 것이다.

그 결과 1조 달러에도 미치지 못했던 미국 중앙은행의 대차대조표상 자산 규모가 2008년 위기를 지나면서 5조 달러에 육박할 정도로 늘어났고, 2020년 위기 대응 과정에서 거의 9조 달러가 되었다. 복식부기의 원리상 자산의 증가는 그에 상응하는 부채의 증가를 수반한다. 중앙은행의 부채는 현금과 지불준비금 등을 말한다. 이러한 중앙은행 부채의 증가는 시중의 유동성 팽창을 초래하고, 특히 달러나 유로와 같은 국제통화의 공급은 발행 국가의 국경을 넘어 전 세계의 유동성 팽창으로 이어진다. 그 최종 귀착점이 인플레이션이 될지, 자산시장의 버블이 될지, 국제금융시장의 혼란이 될지, 또는 이 모든 것을 합친 퍼펙트 스톰이 될지는 알 수 없다. 하지만 세계경제의 미래가 결코 순탄치 않을 것이며, 한국경제도 부침을 거듭할 것은 분명하다.

② 역대급 재정 팽창

다음으로, 재정정책을 살펴보자. 2008년 위기 때와 가장 대비되는 특징으로서 모든 나라가 한결같이 신속하고도 과감하게 확장적 재정정책을 폈다는 점을 꼽을 수 있다. 재정준칙fiscal rule을 도입한 나라들도 즉각 예외조항escape clause을 발동함으로써 경직적인 예산제약을 넘어섰다. 통화정책은 매달 개최되는 회의를 통해 신속하게 정책을 결정·변경할 수 있다. 반면 재정정책은 의회 통과라는 정치적 절차를 거쳐야 하므로 시차가 매우 긴 것이 일반적이기에 팬데믹 위기 초기에 거의 모든 나라가 신속·과감한 재정 확장정책을 실행한 것은 역사상 유례없는 일이었다.

대표적인 예로, 미국은 2020년 3월 18일 '가족 우선 코로나 대응법Families First Coronavirus Response Act, FFCRA'을 시작으로, 긴급구제 성격의 대규모 법안을 통해 1년 사이에 총 5조 2,000억 달러에 달하는 재정정책을 쏟아냈다. 2019년 미국 경상GDP의 24.4%에 해당하는 천문학적 액수다. 우리나라도 2020년에만 네 차례의 추가경정예산을 편성하였는데, 이는 5.16 군사 쿠데타로 국가재건최고회의가 국회를 대체했던 1961년 이후 59년 만의 일이었다.

모든 나라가 확장적 재정정책을 폈다고는 하지만, 그 규모 면에서는 상당한 차이를 보이는 것도 분명한 사실이다. IMF가 발표한 자료(2021)

는 전 세계의 총 187개국 정부가 2020년 1월~2021년 9월 중 코로나19 대응이라는 명시적 목적하에 발표·시행한 각종 재정지원 대책의 내용을 담고 있다. 지원 수단은 기존 예산 대비 '추가지출/감면'을 통한 직접 지원분과 자본확충/대출/보증 등의 '유동성지원'을 통한 간접 지원분으로 구분하였는데, [그림 1-3]은 G20 국가만을 대상으로 '추가지출/감면'의 2020년 GDP 대비 비율순으로 배열한 것이다.

상기 자료로부터 얻을 수 있는 함의는 다음과 같다. 선진국 그룹이 신흥국 또는 저소득국 그룹에 비해 훨씬 많은 재정지출을 집행하였다. 각국별 수치의 단순평균치를 기준으로 비교해 보면, 36개국이 포함된 선진국 그룹은 2020년 GDP의 12.1%에 해당하는 추가지출/감면 및 8.2%의 유동성지원 대책을 시행했다. 반면 92개국의 신흥국 그룹은 각각 5.1%와 2.1%, 그리고 59개국의 저소득국 그룹은 3.5%와 0.3%에 불과했다. 예상에 어긋나지 않는 결과다. 위기는 국제적으로, 그리고 국내적으로도 불평등을 확대하는 경향이 있다는 사실을 다시금 확인시켜 줄 뿐이다.

그림 1-3 팬데믹 위기에 대응한 G20 국가들의 재정정책 비교

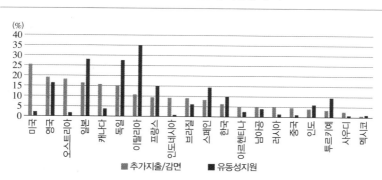

출처: IMF, Fiscal Affairs Department(2021.10)에서 정리

한편 선진국 내에서도 사회복지 체계의 유형에 따른 차별성이 두드러진다. 미국·영국·캐나다 등 이른바 자유주의 전통의 나라들이 가장 적극적인 재정정책을 펼쳤다. 독일·프랑스·이탈리아 등 유럽대륙의 조합주의 전통의 나라들은 그보다 낮은 수준을 보였다. 의외로 스웨덴·노르웨이·핀란드 등 북구 복지국가의 재정지출 수준이 가장 낮았다. 이는 어떻게 설명할 수 있을까? 유럽대륙 국가나 북구 복지국가가 팬데믹 위기 대응에 소홀했다고 볼 수는 없을 것이다. 오히려 평상시의 사회복지 체계가 두텁게 깔려 있으면, 돌발적인 위기 상황에서 사회안전망 역할을 함으로써 긴급구제 대책의 필요성을 줄일 수 있고, 경기변동을 완화하는 자동안정장치built-in stabilizer의 역할도 함으로써 경기부양 대책의 부담도 덜어 준다는 해석이 일반적이다. 물론 사회복지 체계를 확충하려면 막대한 재원 확보, 즉 세제 개편이 필요하다. 이는 단기 거시안정화정책 차원을 넘는 문제이니 다음 2장에서 4차 산업혁명에 따른 노동시장 구조 변화 및 소득보장정책 개편과 관련하여 다시 언급하겠다.

국제적으로 비교해 보면 우리나라의 재정정책 대응은 결코 높은 수준이 아니었다. 특히 추가지출/감면 지원은 2020년 GDP의 6.4%, 유동성지원은 10.1%로, 후자의 비중이 훨씬 높았다. 이는 전 세계 187개국 중 각각 56위와 12위에 해당하고, 36개 선진국 중에서는 29위와 10위에 그쳤다. 당연히 많은 비판이 있었다.

그런데 각국의 재정정책을 비교하는 것은 정말로 신중을 기해야 한다. 각국의 재정구조와 수지 상황, 그리고 여기에 영향을 미치는 노동시장 및 사회보장 관련 제도의 차이가 워낙 크기 때문이다. 또한 더 적극적인 재정정책을 시행한 나라일수록 2022년 들어 더 강한 인플레이션 압력에 직면했다는 점도 유념할 필요가 있다. 이러한 경향은 일반 소비자물가지수에서 에너지 및 식료품을 제외한 근원물가지수 추이에서 더 뚜렷이 확인된다. 요컨대, 재정정책에 대한 평가는 가치판단의 요소를 포함하고 있는 것이다. 서머스 교수와 크루그먼 교수의 슈퍼볼 매치도 그 한 예에 해당한다. 무엇이 옳은지는 각자의 판단에 맡기겠다.

재정정책 전체 규모의 적정성 논란과는 별개로, 개개의 재정정책 프로그램이 얼마나 효율적으로 설계·집행되었는가를 평가하는 것도 매우 중요하다. 이에 대해 전통적으로 경제학계에는 3T로 요약되는 평가기준이 있다. 일시성Temporary, 시의성Timely, 선별성Targeted 등이 그것이다. 먼저 일시성은 경기침체에 대응하는 정부지출 증가는 일시적이어야 한다는 뜻이다. 여기에도 논란이 없지 않으나, 정부지출을 항구적으로 증가시키는 구조적 조치는 단기 거시안정화정책과는 다른 차원에서 신중하게 논의되어야 한다는 뜻으로 이해하면 될 것이다. 실제로 2021년 하반기 이후에 각국 정부의 긴급구제 조치는 대부분 종료되었다.

문제는 시의성과 선별성 간의 상충 관계이다. 팬데믹 충격에 대응하기 위해서는 기존의 정책체계와는 전혀 다른 내용 및 전달경로의 조치가 필요하다. 그런데 취약계층을 선별하여 맞춤형 조치를 설계·집행하는 데에는 많은 시간이 소요되고 결국 초동대응에 실패하기 십상이다. 반면, 신속 구제에 강조점을 두면서 지원대상을 넓히다 보면 중복집행과 과다집행 등의 비효율성 문제가 불가피하게 나타난다. 정답은 없다. 정책적 판단의 문제이고, 거기에는 정치적 책임이 따른다.

미국은 선별성보다는 시의성 기준에 우선순위를 두었다고 평가할 수 있다. 이러한 선택에는 미국의 취약한 사회보장 체계와 대통령 선거를 앞둔 정치적 상황이 배경으로 작용했을 것이다. 미국이 시행한 팬데믹 긴급구제 조치로는 다음 세 가지 대표 프로그램을 들 수 있다. 첫째, 우리나라의 전 국민 재난지원금과 유사한 성격의 EIPeconomic impact payments로 전체 가구의 90%를 대상으로 세 차례에 걸쳐 총 8,660억 달러(1차 3,000억 달러, 2차 1,660억 달러, 3차 4,000억 달러)의 현금이 지급되었다. 둘째, 주 정부의 책임하에 시행되는 실업보험unemployment insurance, UI에 추가하여 연방정부가 급여 대상·금액·기간을 확대한 것으로서 총 7,000억 달러가 소요되었다. 셋째, 다양한 중소기업·소상공인 지원 조치가 있다. 그중 애초 자금융자로 시작해서 고용유지 등 일정 기준을 충족하면 원리금 상환을 면제하는 PPPpaycheck protection program가 대표적인 예로서, 세 차례에 걸쳐 총 8,140억 달러의 예산이 소요되었다. 이상 EIP, UI, PPP 등 세 개의 현금성 지원 프로그램에만 2조 3,800억 달러가 지출되었는데, 이는 미국의 팬데믹 대응 재정지출 총 예산 5조 2,000억 달러의 거의 절반에 근접하는 규모이다.

지금까지의 연구 결과들을 보면, 미국의 천문학적 긴급 지원조치들이 가계와 기업의 붕괴를 막고 빠른 회복을 이끌었다는 점에서 매우 성공적이었다고 평가된다. 하지만 과잉지출로 인플레이션 압력을 촉발한 거시적 문제점은 물론이고, 세부 프로그램의 미시적 효율성 측면에서도 개선해야 할 과제가 적지 않음을 공통적으로 지적하고 있다. 무엇보다 빅데이터와 AI라는 디지털 시대의 잠재력을 행정체계에 적극 활용함으로써 경제 예측의 정확성과 속보성을 제고함과 동시에 지원대상의 식별과 전달경로를 효율화할 필요가 있다고 제언한다. 우리나라도 예외는 아닐 것이다.

21세기 거시경제학의 난제들: 경제위기는 경제학의 위기다

퍼펙트 스톰 속의 세계경제: 계속되는 위기

2022년 들어 전 세계 모든 나라가 고물가·고금리·고환율 등의 삼각파도에 휩싸였다. 이른바 퍼펙트 스톰의 공포가 밀려왔다. 그러다가 2022년 말을 지나면서부터 일부 국가에서는 인플레이션의 정점이 지났다는 말들이 나오기 시작했고, '킹 달러'의 위세도 한풀 꺾이는 듯한 모습을 보였다. 그러자 금리 정책의 향배를 둘러싸고 중앙은행과 시장 간의 치열한 샅바 싸움이 벌어졌다. 물론 미래는 예단할 수 없다. 2022년 초의 러시아-우크라이나 전쟁처럼, 어떤 돌발 변수가 또다시 세계경제를 뒤흔들지 알 수 없기 때문이다.

그렇지만 비교적 자신 있게 말할 수 있는 것이 있다. 설사 인플레이션 기세가 정점을 지나 차츰 진정된다고 하더라도, 경기침체 우려가 소프트 랜딩으로 관리된다고 하더라도, 퍼펙트 스톰이 세계경제를 아슬아슬하게 비켜 간다고 하더라도, 그것이 글로벌 거시경제 환경이 안정된다는 의미는 결코 아니라는 점이다.

불확실성과 불안정성으로 점철된 오늘날의 거시경제 환경은 2020년 코로나19 팬데믹 충격으로 인해 갑자기 생겨난 것이 아니다. 짧게 잡아도 2008년 글로벌 금융위기, 길게 잡으면 1990년대 이후의 세계화·디지털화·고령화라는 메가트렌드 속에서 누적되어 온 것이다. 팬데믹 충격은 세계경제의 구조 변화를 가속화하였고 그 불균형을 심화시켰다. 따라서 단기적인 안정 여부와는 관계없이 장기적인 불안정성은 지속될 것이다. 위기는 계속된다. 다만 위기는 '변장의 명수'여서, 언제 어떤 형태로 우리 코앞에 모습을 드러낼지 알 수 없을 뿐이다.

이건 경제학의 위기일지도 모른다. 2008년 글로벌 금융위기 직후 영국의 엘리자베스 여왕이 "그 많은 경제학자가 왜 위기를 예측하지 못했는가?"라고 질책한 것은 유명한 일화다. 달리 말하면 거시경제학의 위기이자, 단기 거시안정화정책의 실패다.

그로 인한 비용은 실로 막대하다. 거시환경이 불안정한 상황에서는 중기적 관점의 산업정책과 지역개발정책, 장기적 시야의 구조개혁과 불평등 해소 등이 일관성 있게 제대로 진행될 리가 없다. 실업과 인플레이션, 국제무역과 국제금융의 혼란, 자산시장의 버블 형성과 붕괴 등에 따른 단기적 고통은 덤이다. 경제가 꼬이면 결국 정치적·사회적 불안으로 비화한다. 21세기 들어 세계 대부분의 나라가 이 악순환에서 벗어나지 못했다. 그리고 2020년 코로나19 팬데믹의 충격은 이 위기와 실패를 한층 심화시켰다.

다음은 팬데믹 충격에 대한 단기 대응보다 좀 더 시야를 넓혀, 21세기의 거시경제 환경을 관통하는 난제puzzle들을 살펴보고, 그것이 세계경제와 한국경제에 주는 시사점을 간단히 언급하고자 한다. 필립스 곡선의 평탄화, 저금리 현상의 지속, 재정건전성을 둘러싼 논란, 금융순환의 부상 등 서로 밀접하게 연결된 네 개의 난제들을 차례로 살펴볼 것이다.

21세기 거시경제학의 난제들

20세기 후반에 경제학의 주류가 케인스학파에서 새고전학파로 완전히 넘어가면서 거시경제학은 사람들의 관심 대상에서 멀어진 조용한 동네가 되었다. 그러다가 21세기 들어 거시경제학계가 다시 시끌벅적해졌다. 거시경제학의 '부활'이라고 말하는 사람도 있지만, 해법이 아닌 난제들만 쌓여 가는 '위기'의 징후라고 할 수 있다.

① '필립스 곡선'의 사망

필립스 곡선Phillips curve이 평평해졌다. 필립스 곡선은 실업률과 물가 상승률 사이에 역의 상관관계가 관찰되는 것을 말한다. 즉, 실업률이 높아지면 물가상승률이 내려가는 경향이 있다는 것이다. 물론 그 반대도 성립한다.

필립스 곡선은 현실 데이터로부터 도출되는 경험적 상관관계일 뿐, 그 자체가 어떤 이론적 인과 관계를 담고 있는 것은 아니다. 그래서 곡선의 형태나 안정성 여부를 둘러싸고 경제학계 내의 각 학파 간에 치열한 논쟁이 벌어졌다. 2차 세계대전 이후 경제학의 주류 위치를 차지했던 케인스학파는 필립스 곡선이 우하향하는 안정적인 형태를 취한다고 보았고, 이는 정부가 통화정책 및 재정정책을 적극 활용해서 실업률과 물가상승률의 최적 조합을 선택·실현할 수 있다고 주장하는 근거가 되었다. 반면, 통화주의학파와 그 뒤를 이은 새고전학파 등 경제학의 주류 위치에 복귀한 자유주의 계열의 경제학자들은 필립스 곡선이 매우 불안정하며 특히 장기적으로는 수직선의 형태를 취하기 때문에 정부가 재량적으로 정책을 집행하면 오히려 경제가 더 불안정해질 뿐이라고 주장했다.

그런데 이 필립스 곡선이 1990년대 이후 그 기울기가 점점 완만해지더니 21세기 들어서는 수평선에 가까울 정도로 평평해졌다. 또한, 현실 경제가 필립스 곡선의 좌측상단 쪽보다는 주로 우측 하단 쪽에 머무는 모습을 보였다. 상상도 못했던 일이 벌어진 것이다. 일부 경제학자들은 필립스 곡선의 사망 또는 서거demise라고 부르기도 했다. 이는 단순히 이론적 호기심 차원의 문제가 아니다. 높은 실업률과 낮은 물가상승률로 상징되는 경기침체 현상이 장기화하였음에도 불구하고, 경제를 활성화하는 거시정책은 무기력해졌다는 것을 의미하기 때문이다.

모든 경제학자가 난감한 지경에 이르렀다. 하지만 가만히 있을 수는 없었다. 2008년 글로벌 금융위기 이후에 기존 거시경제학 교과서의 틀을 완전히 벗어난 정책적 실험이 확산한 배경이 여기에 있다. 제로금리와 양적완화를 비롯한 비전통적 통화정책, 재정적자와 국가부채 논란을 무릅쓴 확장적 재정정책 등 예전에는 꿈도 꾸지 않았던 파격적인 정책들이 점차 현실에 적용된 이유다. 그러나 이 역시 근본적인 치료법은 아니며, 오히려 상황을 더 악화시키는 임시방편에 지나지 않다는 의구심이 커지고 있다.

그러면 필립스 곡선이 사망에 이른 원인은 무엇인가? 경제학자들의 조사가 이어졌고, 몇 가지 유력한 용의자가 떠올랐다. 우선 1980년대 초 거센 비난과 저항에도 불구하고 정책금리를 20% 수준으로까지 끌어올리면서 결국 인플레이션 퇴치에 성공한 미국 중앙은행 볼커Paul Adolph Volcker 의장의 영웅적 전설이 계승되었고, 인플레이션 전사inflation fighter로서 중앙은행에 대한 시장의 신뢰가 확고하게 형성되었다. 최근 40년 만의 인플레이션 압력에 대해 미국 중앙은행이 과격한 방식으로 대응하는 것은 볼커 의장의 선례에 따라 중앙은행에 대한 신뢰를 회복하기 위한 노력이라고 볼 수 있다. 성공 여부는 알 수 없다. 성공한다고 하더라도, 1980년대와 마찬가지로 고통스러운 비용을 치를 것이다. 미국만이 아니라 전 세계가 그 비용을 부담하고 있다.

세계화와 디지털화의 흐름도 필립스 곡선 사망 사건의 배경으로 예외 없이 지적된다. 중국이 저임금을 무기로 세계의 공장으로 부상하면서 디플레이션을 수출하고 일자리를 빼앗아간다는 선진국의 비난은 세계화의 또 다른 모습을 보여주었다. 월마트의 유통혁신에서부터 오늘날 아마존의 전자상거래 플랫폼에 이르기까지 전 세계를 대상으로 한 최저가 경쟁은 디지털화의 잠재력이 발현된 대표적인 예이다. 다른 한편에서는 노동시장 유연화에 따른 노동조합 조직률 및 협상력의 약화, 플랫폼 노동과 같은 새로운 유형의 일자리 확산 등이 노사 간의 세력 관계를 변화시켰고, 결국 임금과 물가 사이의 연결고리가 끊어졌다는 주장도 있다.

그런데 최근 상황의 변화가 감지되고 있다. 30년 이상 놀라운 성장을 이어간 중국은 이제 임금 수준의 급상승과 함께 전 세계의 원자재를 블랙홀처럼 빨아들이면서 인플레이션을 수출하는 국가로 변모했다. 혁신과 경쟁의 상징이던 플랫폼 기업은 어느덧 글로벌 독점력을 갖춘 공룡이 되어 가격을 높이고, 이를 소비자에게 전가하는 행태를 보인다. 주요 선진국에서는 자국의 일자리를 보호하기 위해 신흥국의 불공정한 노동 관행을 규제하는 움직임을 강화하고 있다. 감염병 확산으로 일자리를 떠났던 노동자 중 상당수가 정부의 현금 지원 프로그램이 종료된 이후에도 복귀하지 않는 미국의 '대大사직great resignation' 사태는 노동시장의 공급 구조 변화를 예고하기도 한다.

미래의 필립스 곡선은 어떤 모습일까? 계속 누워 있을까? 아니면 벌떡 일어설까? 알 수 없다. 어떤 모습으로 귀결되든, 그 과정에서 세계경제의 거시환경은 계속 흔들릴 것이며, 거시안정화정책의 유효성은 계속 위협받을 것이다. 거시경제학의 위기는 계속된다.

② '항해의 별' 실종

거시경제학의 두 번째 난제는 지속되는 저금리 현상이다. [그림 1-4]에서 보듯이, 볼커 의장이 주도한 국제 고금리 기조가 1985년 플라자 합의[*]를 계기로 하락 반전하였고, 이후 금리는 계속 하향 추세를 이어 갔다. 드디어 2008년 위기를 계기로 중앙은행의 정책금리 및 이에 연동된 단기 시장금리가 '제로 하한zero lower bound' 내지 '실효 하한effective lower bound'에 도달했다. 나아가 기업의 실물투자와 정부의 재정관리에 중요한 영향을 미치는 장기금리도 계속 하락했고, 물가상승률을 감안한 실질금리는 사실상 마이너스에 이르렀다. 자본주의 역사상 정책금리와 시장금리, 단기금리와 장기금리 할 것 없이 이렇게 낮은 수준에서 장기간 머문 예는 찾아보기 어렵다. 이는 통화정책과 재정정책이 발상의 전환을 통해 교과서의 굴레를 벗어던지는 배경이 되었다.

경제학에 정상이자율 또는 자연이자율normal or natural rate of interest이라는 개념이 있다. 통상 r*로 쓰고, '알 스타r star'라고 읽는다. 인플레이션을 유발하지 않으면서 완전고용을 유지할 수 있는 이자율 수준을 말한다. 현실에서 직접 관찰할 수 있는 것은 아니고, 복잡한 과정을 거쳐

그림 1-4 미국 장단기 국채의 유통수익률 추이(1954.1~2022.12월)

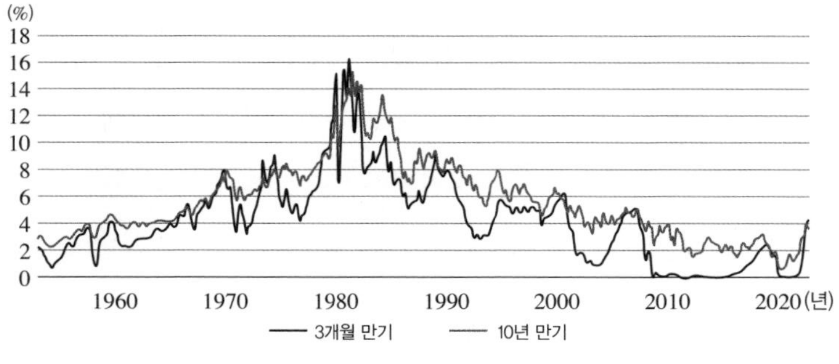

출처: FREDFederal Reserve Economic Data, fred.stlouisfed.org

* G5의 재무장관들이 외환시장 개입에 의한 달러화 강세를 시정하도록 결의한 조치.

계산해야 하는데, 거시안정화정책의 이상적 목표치를 정하고 현실적 절충점을 찾는 데 준거 역할을 한다. 그런데 제로금리의 시대에 이 정책적 준거가 오리무중이 되었다. 망망대해를 건널 때 방향을 알려줄 항해의 별navigation by r*이 실종된 것이다.

별을 찾는 경제학자들의 수색 활동이 이어졌고, 금리의 하락 원인에 대해 몇 가지 시론적 설명이 제시되었다. 큰 틀에서 보면 모두 세계화, 디지털화, 고령화 흐름과 관련된 것이다. 우선 자금의 공급 측면에서 이른바 '글로벌 저축 과잉global saving glut' 현상이 벌어졌다. 국제적으로는 중국 등 신흥국의 경제성장 과정에서 저축률이 급상승했으며, 경상수지 흑자를 통해 외환보유액으로 축적되었다. 국내적으로는 인구 고령화가 진행된 결과 은퇴 후의 노후 생계자금 마련 목적으로 저축성향이 강화되었다. 특히 이들 저축자금의 상당 부분이 미국 장기국채로 대표되는 안전자산에 투자되면서 장기금리를 끌어내리는 압력으로 작용했다. 미국이 재정수지와 국제수지 양 측면의 쌍둥이 적자를 보전하기 위해 장기국채 발행을 늘렸지만, 안전자산에 대한 폭발적인 수요 증가를 따라가지는 못했다.

자금의 수요 측면에서는 기업의 설비투자가 저조하고 경제성장이 침체되는 악순환이 장기간 이어졌다. 이른바 '세기적 대침체secular stagnation' 현상이다. 디지털화로 상징되는 4차 산업혁명의 물결이 경제에 활력을 불어넣을 것이라는 장밋빛 전망이 나왔지만, 디지털화가 기업 일반의 생산성 향상에 기여한 정도, 그리고 디지털화의 혜택이 다수 노동자·소비자에게 실질소득으로 귀속된 정도 등을 볼 때 아직 기대에 미치지 못한다는 평가가 많다.

자금의 공급은 많은데 수요는 지지부진하니 금리가 떨어질 수밖에 없고, 심지어 단기금리보다 장기금리가 더 낮아지는 경우도 심심치 않게 벌어졌다. 여기에는 중앙은행도 단단히 한몫했다. 양적완화를 비롯한 비전통적 통화정책은 저금리 시대에 적응하기 위한 중앙은행의 과감한 시도라고 평가되지만, 거꾸로 보면 과잉유동성의 단맛에 젖어 근본적인 해결책을 외면한, 따라서 항해의 별 실종 사건을 일으킨 주범 중 하나가 아니었나 하는 느낌마저 든다.

2022년 들어 각국의 중앙은행이 정책금리를 빠르게 인상하였고 인플레이션 기대심리도 반영되면서 시장금리도 큰 폭으로 상승하였다. 그러나 정상이자율 또는 자연이자율이 제자리를 찾아 다시 반짝이는 시대가 올지는 확신할 수 없고, 그 과정은 또 다른 혼돈의 세상이 될 가능성이 크다. 제로금리 시대가 만들어 놓은 과잉부채의 덫을 빠져나오는 지난한 과정을 거쳐야 하기 때문이다. 다음 소개할 난제들도 이와 관련되어 있다.

③ '재정건전성 신화'에 대한 도전

재정건전성 원칙 내지 신화와 관련한 논란이 가열되었다. 원래 자유주의 계열의 경제학자들은 정부도 가계·기업과 마찬가지로 수지 균형의 원칙을 충실히 지켜야 한다고 강조한다. 재정적자와 국가부채 누적은 거시경제의 안정을 위협하기 때문이다. 200년 전에 나와서 오늘날 경제학 교과서에 '리카도의 등가성 정리Ricardian equivalence theorem'라는 이름으로 정통의 위치를 차지한 이론은 경제적 원칙에 도덕적 권위까지 더해주었다. 오늘의 재정적자는 내일의 세금부담이니, 합리적인 사회라면 현세대의 안위를 위해 미래세대의 생존을 위협해서는 안 된다는 것이다.

물론 반론도 만만찮다. 케인스학파에게 이 원칙은 신화에 불과하다. 균형재정을 회복하기 위해 긴축정책을 펴게 되면 경기침체의 골은 더 깊어지고 결국 균형으로부터 더 멀어질 뿐이라는 것이다. 또한 경기침체가 장기화하면 실업자가 정상적인 고용구조로 복귀하지 못하고 불평등은 더욱더 악화하는 '이력 현상hysteresis'이 발생한다는 점을 강조한다. 재정정책은 21세기 이념 전쟁의 최전선이라고 해도 과언이 아니다.

원칙이든 신화든 간에, 현실적으로 100여 개 이상의 많은 국가·지역이 다양한 형태의 재정준칙fiscal rule을 도입하였다. EU가 1992년 마스트리흐트조약에서 원칙적인 합의를 이루고 1995년 '안정과 성장에 관한 협약Stability and Growth Pact'으로 체계화한 '수지준칙(GDP 대비 3% 이하의 재정적자)'과 '채무준칙(GDP 대비 60% 이하의 국가부채)'이 가장 널리 알려진 재정준칙의 형태이지만, 재정준칙의 구체적인 내용과 규율 방식은 계속 변해왔다. 정부지출의 전부 또는 일부의 증가율을 제한하는 '지출준칙', 세수의 구성 및 증가율을 규정하는 '세수준칙' 등을 추가하여 병행 운용하는 나라도 많다.

그러나 많은 나라가 재정준칙을 준수하지 못한 것으로 평가된다. 무엇보다, 거시경제 상황이 너무나 달라졌기 때문이다. EU의 3% 및 60% 준칙은 실질성장률과 물가상승률을 합친 경상GDP 성장률이 5%에 근접하던 시절에 만들어진 것이다. 그러나 21세기 들어 이런 정도의 거시경제적 성과를 기록하는 나라는 매우 드물다. 앞서 필립스 곡선 사망 사건에서 본 바와 같이, 물가상승률이 2% 목표치에 미달하는 상황이 장기간 이어지는 가운데 3%의 실질성장률을 달성하는 나라가 얼마나 되겠는가? 더구나 2008년 위기 때 준칙의 예외조항이 발동되면서 재정적자와 국가부채가 대폭 늘어남으로써 3% 및 60% 목표치로의 복귀가 사실상 불가능해진 나라가 많다. 무리하게 긴축정책을 펴는 과정에서 회원국 간 충돌과 내부의 사회 불만이 증폭된 것이 결국 유로화의 위기 및 EU 탈퇴 구호로 비화하는 경험을 하기도 했다. 2020년 팬데믹 위기는 설상가상의 충격이었다.

이때 탈출구의 희망을 보여주는 듯한 이론이 등장했다. IMF의 수석 이코노미스트였던 블랑샤르Olivier Blanchard 등의 유명 경제학자들이 일정 조건을 전제로 재정정책의 지평을 크게 확장하는 '눈덩이 효과 snowball effect' 이론을 주장하였다. 경상성장률이 명목금리를 웃도는 조건이 충족되면(if g > r), 재정적자에 따른 국가부채 비율의 누적적 증가를 크게 걱정하지 않아도 된다는 것이다. 그리 어려운 이야기는 아니다. 재정적자는 국가부채 비율의 분자를 증가시키지만, 저금리 상황에서는 기존 부채의 이자 상환 부담이 줄어들어 분자의 증가를 제어할 수 있다. 나아가 명목금리보다 높은 경상성장률은 분모를 충분히 키워 국가부채 비율을 안정시킨다는 것이다. 앞서 항해의 별 실종 사건에서 본 바와 같이, 21세기에는 저금리 현상이 고착화함으로써 이 조건을 충족하는 경우가 많아졌다. 여기에 '자국 통화를 법화法貨로 지정하여 강제통용력을 부여한 주권국가라면, 국가부채를 상환하지 못해 부도나는 일은 없다'라는 파격적인 내용의 현대화폐이론MMT이 주목을 받으면서 논쟁은 더욱 뜨거워졌다.

그러면 재정정책은 건전성 신화의 굴레를 벗어던질 수 있을까? 2020년 초 팬데믹 선언과 거의 동시에 발동되었던 예외조항의 종료 시한(EU의 경우 2023년 말)이 다가오면서 경제학계와 국제기구 차원에서 재정준칙의 개편 논의가 활발하게 진행되었다. 3% 및 60%로 요약되는 재정준칙이 너무 경직적이라는 문제의식이 광범위하게 공유되었고, 따라서 실업보험과 같은 필수적 사회지출이나 디지털 대전환 및 녹색 대전환을 위한 장기 투자지출은 예외로 인정하는 지출준칙 도입을 강조하는 논의가 주목을 받기도 했다.

그러나 간단치 않다. 다시 한번 강조하지만, 재정정책은 경제 차원을 넘어 정치·이념의 문제가 된 지 오래다. 나아가 최근의 금리 상승 추세가 이어지고 경기침체가 장기화한다면 눈덩이 효과의 전제조건(if g > r)이 충족되지 않을 수도 있다. 외채 상환에 어려움을 겪는 저소득국·신흥국들이 급증했는데, 팬데믹 선언 이후 IMF에 구제금융을 신청한 나라의 수가 이미 1997년 아시아 경제위기와 2008년 글로벌 금융위기 때를 넘어섰고, 앞으로 더 늘어날 것이다(황유선, 2022). 또한, 유럽중앙은행ECB이 인플레이션을 진정시키기 위해 정책금리를 인상하자 남유럽 국가의 국채 신인도 문제와 함께 유럽의 분열fragmentation 위기감이 다시 불거졌다. 눈덩이가 안정화되는 효과는 먼 미래의 일인데, 그 도중에 균형으로의 수렴을 방해하는 단기 충격이 시도 때도 없이 발생한다는 것이 역사적 경험이다. 이는 마지막 난제로 연결된다.

④ 금융순환과 '원죄의 재림'

금융순환financial cycle 현상이 부각되었다. 자본주의 경제체제에서 호황과 불황이 반복되는 경기순환business cycle이 발생한다는 것은 익히 알려진 사실이다. 그런데 실물부문의 경기순환과는 별개로 금융부문에서도 확장과 수축의 순환이 일어나며, 특히 금융활동의 수축은 급작스러운 붕괴의 형태를 띠면서 엄청난 충격을 초래한다는 이론이 2008년 글로벌 금융위기를 계기로 큰 주목을 받았다.

실물 경기순환은 4~8년 정도에 걸쳐 변동하는 데 비해, 금융순환은 이보다 더 긴 10~20년의 주기를 갖는 것으로 알려져 있다. 금융순환을 국내 순환과 글로벌 순환으로 구분하는 연구도 있다. '국내 금융순환'은 은행과 같은 간접금융기관의 신용공여를 통해 주로 부동산시장의 변동에 영향을 미치면서 20년에 가까운 긴 주기를 보이는 것으로, '글로벌 금융순환'은 달러화 등 국제유동성의 국경 간 이동을 통해 자본시장에 큰 영향을 미치면서 10년 정도의 주기를 갖는 것으로 요약된다.

금융시장은 군중 심리에 크게 좌우되기 때문에 금융순환의 발생 원인 및 진행 과정을 엄밀하게 이론화하기는 어렵다. 다만, 1980년대 이래 금융부문의 규제 완화와 세계화 흐름이 금융순환을 강화하는 배경이 되었다는 데에는 이견이 없는 듯하다. 2001년의 닷컴 버블 붕괴와 2008년의 글로벌 금융위기, 그리고 2020년의 팬데믹 위기 등을 거치면서 금융시장에 문제가 생기면 제로금리와 자산매입 등의 비전통적 통화정책으로 대응하는 것이 일상화되었다. 그에 따라 국내외 가릴 것 없이 금융시장이 만성적인 유동성 과잉 사태에 직면하였고, 금융순환의 가능성과 위험성은 더욱 커졌다.

버냉키 풋Bernanke put이라는 말이 있다. 2008년 위기 때 미국 중앙은행의 버냉키 의장이 시장의 붕괴를 방치하지 않을 것이며, 어떻게든 투자자를 구원하리라는 믿음이 형성된 것을 말한다. 실제로 양적완화 정책이 시행되면서 주식시장과 부동산시장은 대폭 하락의 충격을 딛고 빠르게 회복했을 뿐만 아니라 버블 우려가 나올 정도로 상승세를 이어갔다. 이러한 믿음은 2020년 위기 때 한층 더 위력을 발휘했다. 전 세계 주식시장은 급반전 상승했고, 부동산시장은 아예 하락 징조도 보이지 않은 나라가 많았다. 그러면 모두가 행복하고 아무 문제도 없는 것인가? 그럴 리가 없다. 유동성 과잉은 부채 과잉을 의미한다. [그림 1-5]에서 보듯이, 정부부채만이 아니라 가계와 기업의 민간부채도 사상 최고치에 이르렀다는 경고가 나온 지 오래다. 작금의 금리 상승과 경기침체 우려는 과잉부채라는 시한폭탄을 작동시켰는지도 모른다.

선진국도 과잉부채의 압력이 만만찮지만, 특히 저소득국·신흥국은 '원죄original sin'의 속박을 벗어나기 어렵다. 자국 통화가 국제교환성을 갖지 못하는 태생적 한계 때문에 외채 부담이 가중되면 심각한 경기침체, 나아가 외환위기의 고통에 직면할 가능성이 크다. 1990년대 말 아시아 경제위기 이후 저소득국·신흥국의 외환보유액이 대폭 증가하고 해외시장 판매용 국채를 달러화가 아닌 자국 통화 표시로 발행하는 사례도 늘어났음에도 불구하고, 정의상 원죄는 씻을 수 없는 것이다. 국제결제은행BIS의 연구조사부서 공동책임자로 있는 신현송 프린스턴대학 교수 등은 최근 '원죄의 재림original sin redux'이라는 표현으로 저소득국·신흥국의 과잉외채 문제를 경고하고 있다. 2020년 위기의 후폭풍이다.

그림 1-5 전 세계의 공공부채 및 민간부채 추이(세계 GDP 대비 비율)

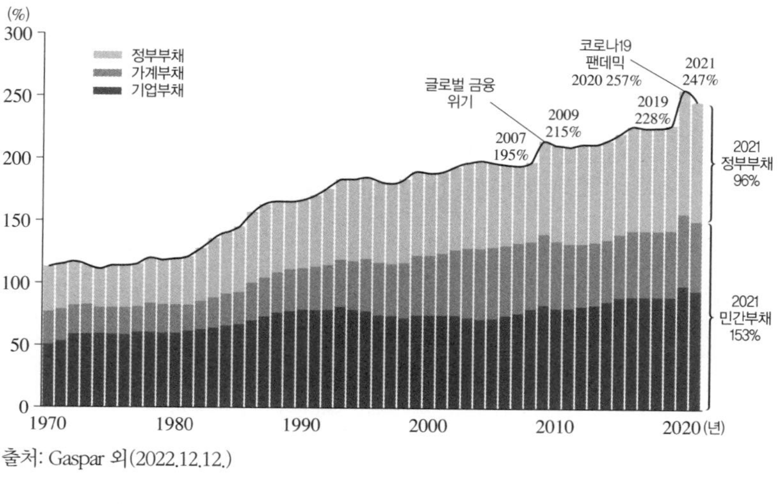

출처: Gaspar 외(2022.12.12.)

1980년대 중남미와 1990년대 아시아의 악몽을 되풀이할 가능성이 없지 않다.

국제경제학 분야에 '3중고trilemma' 또는 '불가능한 삼위일체impossible trinity'라는 말이 있다. 국제거래의 안정성을 제고하는 고정환율제, 자본통제 없는 자유로운 국경 간 자본이동, 국내 경제의 변동을 관리하는 통화정책의 자율성 등의 세 가지 덕목을 동시에 달성하는 것은 불가능하고, 적어도 하나는 포기해야 한다는 것이다. 그러면 대다수 국가가 변동환율제로 이행한 오늘날에는 나머지 두 가지 덕목은 달성 가능한가? 회의적인 의견이 많다. 금융의 세계화로 자본이 국경을 자유롭게 넘나드나 환경에서는 통화정책을 통해 국내 경제를 안정시키는 것이 불가능에 가깝다는 점에서 지금은 '3중고가 아닌 2중고not trilemma, but dilemma'의 세상이 되었다고 주장하는 경제학자도 등장했다. 최근 IMF가 일정 조건하에서는 자본의 국경 간 이동을 제한하는 조치가 필요하다는 태도를 보인 것도 이와 무관하지 않다. 1997년 외환위기 때 IMF가 자본시장 개방을 강요했던 것을 생생히 기억하는 한국인으로서는 그저 놀라울 따름이다. 오늘날 국제유동성 과잉에 따른 글로벌 금융순환의 충격으로부터 자유로운 나라는 없다.

결론적으로, 상기 거시경제학의 난제들은 20세기 말 이래 세계화와 디지털화와 인구 고령화라는 전 지구적 흐름 속에서 태동했으며, 2008년 위기와 2020년 위기 대응 과정에서 해결의 실마리를 찾기는커녕 더욱 은폐·지체·증폭되었다고 할 수 있다. 자국 우선주의, 각자도생의 흐름이 더욱 강화될 것으로 예상되는 21세기에 국제연대 내지 정책공조를 통한 문제해결의 희망은 더욱더 멀어질 것으로 보인다. 세계경제 차원에서나 국민경제 차원에서나 이 난제들을 모두 해결할 수단을 가진 나라는 없을 것이다. 물론 한국도 그렇다.

단기 거시안정화정책의 실패는 실업 및 인플레이션 등 경기순환에 따른 비용, 그리고 버블의 확산과 붕괴 등 금융순환에 따른 고통을 가중시킨다. 불안정한 거시경제 환경에서는 4차 산업혁명과 기후변화 등의 시대적 과제에 대응하기도 어렵고, 구조개혁과 불평등 해소 등의 국내 과제를 추진하기도 어렵다. 뉴노멀이든 또는 올드노멀이든 간에, 단기 거시안정화정책의 성공은 21세기의 과제에 도전하기 위한 필수 조건이다. 하지만 우리의 뜻대로 되는 것은 아니다. 그럴수록 거시정책의 여력을 유지하는 동시에 그 자율성을 확장하는 데 정치적 판단의 우선순위를 둘 필요가 있다. 지금 한국경제에 절실히 필요한 것 중의 하나가 바로 이것이다.

1. '우리'와 '그들'의 구분 기준

한국의 산업화 세대와 민주화 세대는 세계가 놀랄 만한 성취를 이루었다. 물론 명과 함께 암도 있다. 소통과 통합보다는 갈등과 대립으로 나아갔다. 우리와 그들을 구분하는 기준이 얼마나 합리적인지 검토하기보다는 진영부터 나누었다. 반대 진영으로부터의 비난은 훈장이 되고, 같은 진영 내에서의 비판은 주홍글씨가 되는 분위기가 팽배했다. 이러고서도 기성세대는 청년세대의 개인적 노력과 집단적 연대를 훈계할 자격이 있는가? 진영 간 대화도 중요하지만, 진영 내 토론부터 시작해야 한다. 그래야 '우리'를 편협하게 만들고 '그들'을 부당하게 배제하는 비합리적인 기준을 걸러낼 수 있을 것이다.

2. 통화정책의 자율성

20세기에 통화정책은 국내 경제의 안정을 기할 수 있는 가장 유효한, 또는 사실상 유일한 수단으로 인정받았다. 그러나 21세기 들어, '3중고가 아닌 2중고' 논란에서 보듯이, 개별국가의 통화정책이 갖는 자율성은 크게 제약되었다. '한국은행은 정부로부터는 독립되어 있지만, 미국 중앙은행으로부터는 독립되어 있지 않다'라는 말이 나올 정도다. 어찌해야 하는가? 21세기의 불안정한 거시경제 환경에 대응할 수 있도록 통화정책의 목표와 수단을 재검토·강화할 필요가 있다. 물론 한국은행의 역량 제고를 위한 우리 사회의 전폭적인 신뢰와 지원이 전제되어야 가능한 일이다. 나아가 선진국에서는 이미 일반화된 바와 같이, 통화당국·금융감독당국·재정당국·외환당국 등을 포괄하는 위기관리 컨트롤 타워를 공식 제도화할 필요가 있다. 그래야 권한과 책임을 갖고 선제 대응할 수 있을 것이다.

3. 재정정책의 복원력resilience

통화정책의 자율성이 제약될수록 재정정책의 역할이 커질 수밖에 없다. 특히 불황 때는 취약계층을 지원하고 경기를 부양하는 확장 기조를 유지하다가 호황 때는 장기적 재정여력fiscal space을 확충하는 기조로 돌아설 수 있는, 재정정책의 복원력이 그 어느 때보다 중요해졌다. 팬데믹 위기로 일시 정지되었던 재정준칙을 복구하기 위한 논의를 진행하면서 경제학계와 국제기구가 가장 강조했던 부분이다. 정부지출과 조세 구조는 장기적인 관점에서 설계되어야 하지만, 경직적인 형태의 채무준칙이나 수지준칙만으로는 복원력을 갖출 수 없다. 우리나라의 재정준칙 설계에서도 분명 잊지 말아야 할 요소다.

2장

4차 산업혁명

기술은 세상을 연결하고, 정책은 분열시킨다

"과학에는 국경이 없지만, 과학자에겐 조국이 있다."

- 루이 파스퇴르

1870년 프랑스는 보불전쟁에서 패배했다. 프랑스의 과학자 파스퇴르는 독일 대학으로부터 받은 박사학위를 반납했다. 2차 산업혁명 초기의 제국주의 시대를 산 과학자의 고뇌를 상징한다. 한 세기 전과 마찬가지로, 21세기의 4차 산업혁명도 국경 없이 진행되지만, 그 경로와 결과는 국적을 가진 정부에 의해 왜곡될 가능성이 크다.

4차 산업혁명이 혁명인 이유

3차 산업혁명? 4차 산업혁명?

과학기술이 고도로 발전한 미래 사회의 모습을 그린 소설에는 디스토피아dystopia적인 문제의식을 담은 것이 많다. 올더스 헉슬리Aldous Huxley의 『멋진 신세계Brave New World』(1932)나 조지 오웰George Orwell의 『1984』(1949) 등이 대표적이다. 미래는 정말 그토록 암울하기만 할까? 과학기술의 잠재력을 제한하고 왜곡하는, 인간성의 한계는 극복 불가능한 것일까? 나는 이런 철학적 질문에 답할 능력이 없지만 다른 방향의 고민은 해볼 수 있다. 이 장에서는 4차 산업혁명이 가져올 또 다른 '멋진 신세계'의 시대에 정부가 담당해야 할 역할에 한정하여 살펴보고자 한다. 정부의 역할에 따라 인간성의 한계를 극복하고 유토피아로 가는 길을 열 수도 있고, 반대로 그 한계를 증폭시킴으로써 디스토피아의 암울한 전망을 현실화하는 계기가 될 수도 있기 때문이다.

4차 산업혁명이라는 용어는 세계경제포럼World Economic Forum, WEF 의 창립자 중 한 사람인 클라우스 슈밥Klaus Schwab에 의해 대중화되었다 고 해도 과언이 아니다. 그에 따르면 1960년대 이후의 3차 산업혁명, 즉 컴퓨터 혁명 내지 디지털 혁명과는 질적으로 구분되는 4차 산업혁명의 흐름이 21세기 들어 급진전하고 있다. 물리학 기술, 디지털 기술, 생물 학 기술 등 세 측면의 메가트렌드가 융복합하면서 파괴적 혁신을 촉발 하고 있고, 그에 따른 경제사회 변화의 속도·규모·범위는 과거와 비교 할 수 없다는 것이다. 그럴듯하다. 누구도 쉽게 반박할 수 없는 대중적 호소력을 갖고 있다.

반면 3차 산업혁명과 4차 산업혁명을 구분하기보다는 100년 이상 의 세월에 걸쳐 진행되는 일련의 과정으로 이해하는 것이 더 합리적이 라는 학계 차원의 다수 의견도 있다. 여기에는 18세기 중반 시작된 1차 산업혁명, 19세기 후반의 2차 산업혁명, 그리고 20세기 말 이후 오늘날 까지 이어지고 있는 3차 산업혁명 등 자본주의의 발전 단계라는 관점이 강하게 반영되어 있다.

대표적인 예로 미국의 미래학자 제러미 리프킨Jeremy Rifkin의 주 장을 들 수 있다. 그에 따르면, 무릇 산업혁명이란 동력energy, 통신 communication, 운송mobility 등의 세 측면에서 진행된 기술적 혁신이 경제 사회 질서의 근본적 전환을 초래하는 것을 의미한다. 1차 산업혁명은 석탄(증기기관), 신문·전신, 철도·선박 등으로, 2차 산업혁명은 석유(내 연기관), 전화·방송, 자동차·고속도로 등으로 특징지을 수 있다면, 작 금의 3차 산업혁명은 재생에너지(전동화), 인터넷, 스마트 모빌리티 등 의 혁신적 요소로 인한 변화가 가속화되는 단계라는 것이다. 이 역시 그 럴듯하다.

특히 프랑스의 경제학자 크리스티앙 생테티엔C. Saint-Étienne이 언급한 바와 같이, 각각의 산업혁명은 100년에 걸친 장기적 과정으로서, 그 전반기 50년은 단절과 혁신의 시기로, 후반기 50년은 안정과 강화의 시기로 구분된다고 보는 관점은 중요한 시사점을 준다. 현시점은 여전히 3차 산업혁명의 전반기에 해당하고, 따라서 단절과 혁신의 폭풍 한가운데 있으며, 안정과 강화의 멋진 신세계가 어떤 모습일지는 짐작조차 하기 어렵기 때문이다.

이 책에서는 3차 산업혁명과 4차 산업혁명을 구분하지 않고 혼용하려고 한다. 100년에 걸친 역사적 단계 구분을 강조할 필요가 있을 때는 3차 산업혁명으로 명기하되, 통상적인 서술에서는 이미 대중화된 용어인 4차 산업혁명으로 표현하겠다. 다만, 어느 표현을 쓰든 간에, 산업혁명은 과학기술의 혁신 차원을 넘어 기업 일반의 부가가치 생산방식과 대중의 생활양식이 근본적으로 전환되는 것을 의미함을 강조한다.

수요·공급의 좁은 틀에 갇힌 경제학이 이러한 산업혁명의 본질을 꿰뚫어 보고 미래의 모습을 정확하게 예측하리라 기대하기는 어렵다. 단적인 예로, 알프레드 마샬Alfred Marshall이 저술한 『경제학원론Principles of Economics』(1890)은 1890년 초판 출간 이후 20세기 초까지 베스트셀러로 기록된 경제학 교과서인데, 장장 700페이지가 넘는 이 책에 실업unemployment이라는 단어가 딱 한 번 나온다고 한다. 당시는 2차 산업혁명이 급진전하면서 영세한 가족기업이 대규모 공장 체제로 변모하고, 일자리를 찾아 농촌과 도시를 오가던 계절노동자가 도시에 상주하는 노동자계급으로 변모되는 격변의 시기였다. 그 와중에 당대 경제학의 대가조차도 2차 산업혁명의 가장 큰 후유증인 대규모 실업에 대한 인식이 부족했던 것이다.

또한 2차 산업혁명이 성숙한 이후 새로운 패러다임으로 자리 잡은 대량생산-대량소비의 포드주의Fordism 체제를 가장 정확하게 예견한 사람은 경제학자가 아니라 자본주의 타도를 외친 이탈리아의 혁명가 안토니오 그람시Antonio Gramsci였다는 것도 역사적 아이러니가 아닐 수 없다. 역사적 단계로서 작금의 3차 산업혁명에 대해서도 경제학이 가진 상상력의 빈약함은 별반 나아지지 않은 것 같다.

그렇다고 해서 통상 미래학으로 분류되는 영역에서 쏟아져 나오는 책들의 예측력도 크게 다르진 않다. 2015년에 출간된 「세계경제포럼 보고서」에는 2025년까지 10년 안에 발생할 21가지 티핑 포인트tipping point가 수록되어 있다. 800명이 넘는 각 분야의 경영인과 전문가가 참여하여 선정한 것이다. 그런데 시한이 2년 정도밖에 남지 않은 현시점에서 보면, 3D 프린터, 바이오 기술, 공유경제 등의 활용 속도나 파급 효과에 대해서는 너무 앞서간 것이 아닌가 하는 느낌이 든다. 기술 자체는 놀랄 정도로 발전을 거듭했지만, 그 적용 과정에서 넘어야 할 사회적 제약은 생각보다 훨씬 높기 때문이다. 반면 이 보고서에서 대체불가토큰NFT, 메타버스metaverse, 중앙은행 디지털화폐CBDC 등 최근 각광 받는 새로운 흐름에 대해서는 구체적인 단서를 찾기 어렵다. 그만큼 변화는 빠르고, 예측은 어려운 법이다. 다만 미래학자의 통찰력이 주는 희망과 경고의 양 측면을 모두 시야에 넣어두는 것으로도 충분할 것이다.

4차 산업혁명의 기반 기술

4차 산업혁명과 관련한 정부 정책을 살펴보기 전에, 우선 4차 산업혁명의 기술적 요소에 대해 간략히 살펴본다. 4차 산업혁명은 정보data의 잠재력을 극대화하는 디지털 대전환digital transformation, DX을 근간으로 한다. 이는 사람이 정보를 받아들이고 반응하는 일련의 과정과 흡사하기에, 4차 산업혁명의 핵심 기술을 사람의 몸에 비유해 설명해 보고자 한다.

논리적 순서에 따라 열거하자면, 외부 정보를 수용하는 감각기관으로서 사물인터넷internet of things, IoT→정보를 신속하게 전달하는 신경계로서 5G 이동통신→대량의 정보를 저장하고 분석하는 대뇌로서 클라우드cloud 및 빅데이터big data→정보를 기반으로 문제를 설정하고 솔루션을 찾아가는 소뇌로서 인공지능artificial intelligence, AI→중앙 통제장치의 의식적 개입 없이 정보를 자동 처리하는 자율신경계로서 블록체인block chain 등이 디지털 전환의 '기반 기술'에 해당하며, 21세기 기술 패권경쟁의 핵심을 이룬다.

이상의 기반 기술을 바탕으로 '응용 기술'이 발전한다. 손·발 등의 신체기관이 단순 행동들을 합목적적으로 조합하여 복잡한 성과물을 만들어내듯이 로봇, 자율주행차, 드론, 전자상거래, 증강현실AR·가상현실VR, 핀테크Fin-Tech, 가상자산 등의 다양한 융복합 기술이 4차 산업혁명의 최전선에서 비즈니스 세계의 흐름을 주도한다.

마지막으로, 인체의 세포를 만들고 에너지를 공급하는 신진대사 기능에 비유할 수 있는 것이 반도체, 배터리 등의 기초 소재·부품이다. 4차 산업혁명의 '인프라 기술'로서 그 중요성은 더욱 커지고 있으며, 특히 최근에는 공급망 재편을 둘러싸고 미·중 간에 격돌이 벌어지는 지점이다. 6장에서 자세히 살펴보겠다.

다음으로는 앞서 디지털 전환의 기반 기술이라고 명명한 것에 한정해서 그 잠재력과 위험성을 간단히 알아본다.

① IoT

4차 산업혁명이 창조하는 미래 사회는 사람과 사람, 사물과 사물, 사람과 사물 등 모든 것이 인터넷으로 연결되는 초연결성hyper-connectedness을 특징으로 한다. 이를 위해서는 인간의 조작 없이 모든 것의 정보를 자동적으로 주고받는 시스템이 구축되어야 하는데, 그 출발점이 사물인터넷IoT이다. 2021년에 IoT로 연결된 전자기기 숫자가 이미 세계 인구수를 넘어선 100억 대에 달했다. 2030년에는 무려 250억 대를 넘을 것으로 예상된다. 또한, 2025년에는 IoT로 생성되는 데이터의 양이 73 ZBZettabyte에 이를 것으로 전망된다. 1 ZB가 1조 GBGigabyte임을 감안하면 엄청난 양이다.

IoT는 데이터의 수집→공유→처리→행동으로 이어지는 디지털 전환의 출발점으로서 스마트 홈, 스마트 팩토리, 스마트 모빌리티, 스마트 시티 등 SF 영화 속의 상상을 현실로 만들어가고 있다. 그러나 우려도 없지 않다. 모든 게 연결된다는 건, 누군가가 모든 것을 감시할 수 있음을 뜻한다. '빅 브라더Big Brother'의 공포가 현실화될지도 모른다.

② 5G 이동통신

한편, 인터넷의 등장으로 통신(쌍방향, 일대일)과 방송(일방향, 일대다)의 경계선이 무너졌다. 여기에 대량의 정보를 지연 없이 빠른 속도로 연결하는 5G 이동통신의 시대가 열림으로써 인터넷 환경의 잠재력이 극대화되었다. 불특정 다수가 언제 어디서나 쌍방향으로 연결되어 상호작용하는 것이 가능해졌기 때문이다. 현실세계와 진배없는 또는 그 이상의 가상세계 경험을 공유하고, 그 속에서 새로운 부가가치를 창출하는 혁신적인 비즈니스 모델들이 속출하고 있다. 슘페터Joseph

Schumpeter가 말한 창조적 파괴의 관문을 통과한 혁신기업이 4차 산업혁명을 진정한 혁명으로 승화시키는 주역이 될 것이다. 이제 시작에 불과하다.

2020년대 후반 상용화를 목표로 차세대(6G) 이동통신 기술개발 경쟁도 가속화되고 있다. 특히 이동통신 장비 산업의 주도권을 중국에 넘겨줌으로써 데이터 안보의 측면에서 심각한 위협에 직면한 미국은 중국을 배제한 새로운 인터넷 생태계 구축을 위해 6G 기술개발과 국제표준화에 총력을 기울이고 있다. 기술은 세계를 연결했지만, 사람은 세계를 단절시키고 있다.

③ 클라우드

데이터는 유의미한 정보로 가공·분석되어야 한다. 그런데 처리해야 할 데이터의 양이 폭증함에 따라 그에 필요한 전산시스템을 개개의 사용자가 직접 설치·관리하는 방식은 효율성이 떨어진다. 예컨대, 계절적 변동성이 큰 전자상거래 업체의 경우 최대 수요에 대응할 수 있는 설비를 갖추었다면 1년 중 대부분은 유휴 설비 문제로 골치를 앓을 것이고, 반대로 통상 수요에 맞춘 설비를 운용한다면 성수기에 고객을 놓치거나 시스템이 다운되는 곤경에 처할 것이다. 이에 대규모 설비와 전문 인력을 갖추고서 각 사용자가 필요로 하는 하드웨어와 소프트웨어를 맞춤형으로 제공·관리해주면서 사용료를 징수하는 비즈니스모델, 즉 클라우드가 등장했다. 전산시스템의 개념이 소유에서 서비스로 바뀐 것이다. 제공되는 서비스의 유형에 따라 SaaSSoftware as a Service, PaaSPlatform as a service, IaaSInfrastructure as a Service 등으로 구분하기도 한다.

클라우드 서비스는 효율성을 크게 늘렸지만, 소수의 기업으로 집중되는 경향을 보인다. 아마존, 마이크로소프트, 구글, 알리바바 등 글로벌 플랫폼 기업이 이미 세계시장에서 확고한 위치를 차지하였고, 이에 따라 심각한 논란이 야기되고 있다. 클라우드 서비스 업체가 해킹이나 자연재해 등으로 작동을 멈추면 관련된 모든 서비스가 일시에 정지되는 위험에 봉착한다. 또한, 클라우드에 저장된 민감한 정보가 당사자의 동의나 안전장치 없이 국경을 넘어 이동될 수도 있고, 반대로 데이터센터의 현지화localization를 강제하면 정보의 활용과 표준화에 큰 제약이 발생한다. 이러한 이슈들을 둘러싸고 각국 간에 충돌이 벌어지고 있지만, WTO 등의 다자간 협의를 통해 해결책을 찾을 전망은 낮다. 각자 제 갈 길을 갈 뿐이다.

④ 빅데이터

빅데이터는 단순히 데이터의 양volume이 많다는 것만을 의미하지는 않는다. 기존의 문자 데이터 중심에서 화상·음성 등의 다양한variety 비정형 데이터로 그 범위가 확장되었고, 이를 빠른 속도velocity로 처리하는 것까지를 포괄하는 개념이다. 이상 빅데이터의 3V 개념을 현실화하는 하드웨어·소프트웨어 기술의 눈부신 발전이 이어졌다. 이제 우리는 집계화된 정보로는 알기 어려운 현실세계 구석구석의 모습을 더 빠르고 더 정확하게 이해할 수 있게 되었다.

하지만 곧 딜레마에 봉착했다. 데이터의 활용과 보호 사이의 충돌 문제다. 2018년부터 시행된 EU의 '개인정보 보호 규정General Data Protection Regulation, GDPR'이 일반적 원칙으로 확산하고 있지만, EU 이외의 많은 나라에서는 여전히 편차가 크다. 게다가 GDPR을 전제로 데이터의 공유와 활용을 강화하기 위한 EU의 세부 규정을 둘러싸고 회원국

내에도 논란이 많다. 근본적으로, 정보의 자기결정권이라는 대원칙이 과연 실현 가능한 것이냐는 의문이 남는다. 개인정보의 역설paradox of privacy이 말해주듯이, 각 개인은 플랫폼의 공짜 서비스를 이용하기 위해 개인정보 제공 요구에 너무나 쉽게 동의하는 모습을 보인다.

⑤ AI

영화 「이미테이션 게임」(2015)의 주인공이자 실제 컴퓨터 과학의 선구적 인물이었던 앨런 튜링Alan Turing은 기계가 인지능력을 갖추었는지를 판별하는 기준을 제시하였다. 인공지능을 구현하기 위한 과학자들의 노력은 오랜 기간 좌절을 거듭했지만, 2016년 알파고AlphaGo가 이세돌 9단을 격파하는 충격적인 모습으로 그 존재를 세상에 알렸다. 최근에는 챗GPT를 비롯한 자연어 기반 생성형 AI가 돌풍을 일으켰고, 머신러닝과 딥러닝으로 무장한 AI가 인간의 전문적·창조적 기능까지 대체할 가능성을 보여주었다. 4차 산업혁명의 미래에 디스토피아적 전망이 떠나지 않는 이유가 여기에 있다.

AI는 윤리적이면서도 실제적인 문제를 낳기도 한다. 만약 AI가 학습한 정보가 인간사회에 내재한 편견과 차별로 오염된 것이라면, 그 판단은 얼마나 신뢰할 수 있겠는가? 예컨대 금융회사에 대출을 신청한 사람이 AI의 신용평가 결과 부적격으로 판정되었다면, 그 근거를 합리적으로 설명할 수 있을까? AI의 알고리즘이 공개되지 않는 한 사후적 설명에는 한계가 있다. 일반 공개까지는 어렵더라도, 정부의 감독기관이 사전·사후적으로 알고리즘에 접근할 수 있도록 해야 한다는 의견도 있지만, 이는 또 다른 논란의 대상이 된다. 정부는 어떻게 신뢰하겠는가?

⑥ 블록체인

거래는 신뢰를 기반으로 한다. 그러면 신뢰의 원천은 무엇이고 누가 보장할 것인가? 블록체인으로 통칭되는 분산원장기술distributed ledger technology, DLT에 대해 일각에서 열광적 지지를 보내는 것도 이 문제와 관련된다. 거래에 따른 채권·채무의 발생과 소멸을 기록함으로써 합법적 소유권자를 확인해주는 원장ledger(거래장부)이 신뢰의 원천이라고 한다면, 그 사회에서 가장 믿을 만한 주체에게 원장을 기록하고 관리하는 역할을 맡기는 것이 인류 역사의 보편적 방식이었다. 정부(중앙은행)와 민간은행이 신뢰의 상징으로 인정받았고, 이들에 의한 중앙집중적 원장 시스템이 자본주의를 지탱하는 제도 인프라로 발전해 왔다. 그런데 2008년 글로벌 금융위기를 계기로 그 신뢰에 금이 갔다. 은행이 위기의 진원지였음에도 정부의 구제금융은 은행에 집중되었고, 이후로도 은행은 금리차와 수수료로 막대한 이윤을 챙겼다. 신뢰가 배신당한 것이다.

이때 사토시 나카모토Satoshi Nakamoto라는 익명의 개발자(그룹)가 DLT에 기초한 암호화폐 비트코인bitcoin을 세상에 내놓음으로써 발상의 혁명적 전환을 이끌었다. 원장을 중앙집중화하는 것이 아니라 정반대로 수많은 컴퓨터에 분산 저장함으로써 위·변조가 불가능하고 중개수수료가 없는 새로운 거래시스템이 기술적으로 가능하다는 것을 보여주었다. 이후 개발자 비탈릭 부테린Vitalik Buterin은 사전에 설정된 조건이 충족되면 자동적으로 계약을 체결·집행하는 스마트 콘트랙트smart contract 기능이 추가된 새로운 암호화폐 이더리움ethereum을 발표하였고, 수많은 암호화폐가 봇물 터지듯 출현하였다.

세상은 논란에 휩싸였다. 중앙통제자가 없는 자유롭고 평등하며 효율적인 새로운 세상이 열렸다는 평가가 있는 한편, 암호화폐는 본질적 가치가 없는 허구의 투기 대상일 뿐이라는 정반대의 평가도 있다. 하지만 무한정 논란만 벌일 수는 없기에, 제도화가 필요하다. 최근 각국에서 디지털자산에 대한 일반적·부문별 규제체계 마련 작업이 진행되고 있다. 달러화 등의 법화와 1:1로 교환된다는 이른바 스테이블코인stablecoin을 보완·대체하기 위해 중앙은행 디지털화폐CBDC 도입도 가시권에 들어왔다. 블록체인의 미래는 열려 있다. 그러나 아직은 더 많은 시간과 시행착오가 필요해 보인다.

3차 산업혁명이라고 부르든 아니면 4차 산업혁명이라고 부르든 간에, 작금의 변화가 산업혁명임을 믿어 의심치 않는다. 기업의 효율성이나 소비자의 편리성을 제고하는 차원을 넘어, 기업의 부가가치 생산방식과 대중의 생활양식에 근본적 전환이 진행되고 있다고 확신하기 때문이다. 다만, 미래는 과학기술의 필연적 결과물이 아니다. 인간적 요소에 의해 그 방향과 속도가 달라질 수 있다. 다음으로는 이를 위해 정부가 어떤 역할을 해야하는지 살펴보겠다.

산업의 진흥과 규제: 21세기에 산업정책이 부활했다

4차 산업혁명의 잠재력을 꽃피우기 위해서는 민간(기업 또는 시장)의 자율성을 최대한 보장하면서 정부의 개입은 보조적 차원에 머물러야 한다는 주장이 많다. 정부는 혁신과는 거리가 멀다는 점에서 원론적으로 맞는 말이다. 그러나 현실은 그렇게 단순하지 않다. 4차 산업혁명이 기업 차원을 넘은 국가 간의 치열한 경쟁 양상을 띠고 있고, 기존 제도가 이완·해체되는 와중에 생각지도 못한 시스템 리스크가 발현될 수도 있기 때문이다. 따라서 산업을 진흥하고 규제하는 정부의 이중적 역할이 더욱 강화되었다. 산업 부문에 개입하는 정부 정책의 패러다임이 바뀌었다고 볼 여지도 있다.

이하에서는 산업정책, 경쟁정책, 금융감독정책 등의 세 측면에서 그 패러다임의 변화를 조망해 본다. 특히 미국의 민간독점 기업과 중국의 국가독점 기업이 각축을 벌이는 틈바구니에서 생존을 걱정하지 않을 수 없는 EU의 정책 방향에 주목하고자 한다. 이는 에필로그에서 EU의 '전략적 자율성strategic autonomy'이 한국 사회에 주는 반면교사의 시사점을 검토하는 단초가 되기 때문이다.

산업정책의 부활: 반도체 칩은 감자 칩과 다른가

'산업정책'은 그 경계가 모호한 개념이다. 특정 산업 분야의 육성을 위해 재정·금융상의 혜택을 제공하거나 기초 과학기술 분야의 R&D 활동을 지원하는 것이 협의의 산업정책의 대표적인 예이다. 그 외에 실질적으로 정부 기능을 수행하는 공기업에 대한 보조금 지급, 정부 조달시장에서의 비관세장벽, 수출촉진 및 수입대체를 위한 통상정책, 심지어 외환시장과 노동시장에 대한 규제 등으로까지 산업정책의 범위를 확대할 수 있다. 하지만 이런 광의의 산업정책 영역에 정부가 체계적으로 개입하는 것은 선진국에서 일반화된 모습은 아니었다. 20세기 후반 미국의 경제적 패권이 확고하던 시절, 그리고 이른바 신자유주의가 전 지구적으로 확장하던 시절에 산업정책은 금기에 가까운 단어였다. 산업정책은 자유로운 기업활동과 무역 흐름에 대한 장애물로 인식되었다.

미국에서는 국방과 관련된 R&D 지원 및 정부조달 영역을 제외하고는 정부의 역할이 매우 제한적이었다. 인터넷이나 GPS 등 국방 분야에서 개발된 원천기술이 민간으로 이전되어 혁신의 촉매제가 된 사례들이 자주 언급되지만, 일반적 원칙이었다고 말하기는 어렵다. 오히려 "반도체 칩과 감자 칩이 뭐가 다른가?What's the difference between semi-conductor chips and potato chips?'라는 말이 20세기 후반 미국의 지배적인 분위기를 대변한다. 반도체 칩과 감자 칩은 같은 칩이고, 따라서 둘 다 정부가 개입하기보다는 기업과 시장에 맡기는 것이 수요-공급을 조정하고 미국의 경쟁력을 유지하는 데 훨씬 더 낫다는 믿음 내지 자신감을 나타낸다.

또한 EU는 경제 통합, 즉 상품·자본·노동이 자유롭게 이동하는 단일시장Single Market을 형성한다는 대원칙에 따라 각 회원국의 산업정책적 조치에 엄격한 제한을 부과해왔다. 다른 나라와는 달리 EU에서는 경쟁당국(공정거래위원회)이 보조금 규제 업무를 직접 관장하는데, 자국 기업에 보조금을 지급하는 산업정책은 역내 단일시장에서의 공정한 경쟁질서를 훼손한다는 것이 그 논거다.

그 대신 서방의 선진국은 신흥국의 불공정한 산업정책적 관행에 대해 반덤핑 관세나 상계관세 등의 통상정책 수단으로 대응하였다. 중국을 비롯한 아시아 신흥국들이 주된 타겟이 되었다. 그러나 이상의 모호하고도 소극적인 정책 기조로는 21세기 4차 산업혁명의 치열한 경쟁에서 뒤처질지도 모른다는 선진국의 위기감이 날로 커졌다. WTO의 분쟁해결 절차나 통상규범 창설 기능으로는 중국 등의 불공정 관행을 해결하기 어렵다는 불만도 팽배했다. 이에 따라 산업정책에 대한 태도가 변하기 시작했다.

21세기 초에는 디지털 시대를 선도하는 인프라 구축이 국가적 의제로 부상하였고, 특히 디지털 인재 양성을 위한 교육 투자 확대, 초고속 인터넷 환경 개선, 데이터 개방 및 활용 촉진 등이 각국의 주요 프로젝트로 선정되었다. 10년 내로 미국과의 격차를 해소하겠다는 목표를 내건 2000년 EU의 리스본 전략Lisbon Strategy, 미국 오바마 행정부의 정책에 이론적 토대를 제공한 2006년 브루킹스 연구소의 해밀턴 프로젝트 등이 대표적인 예이다. 해밀턴 프로젝트가 18세기 말 미국 독립 직후 연방정부 주도의 강력한 산업정책을 펼친 초대 재무부 장관 알렉산더 해밀턴Alexander Hamilton의 이름을 딴 것은 상징적 의미를 지닌다. 이제 혁신경제, 지식기반경제, 창조경제 등의 슬로건 아래 4차 산업혁명에 대응하는 산업정책을 시행하는 건 전 세계적으로 공통된 흐름이 되었다.

2010년대 들어서는 인프라 구축 차원을 넘어 자국의 경쟁우위를 강화하기 위한 세부 산업정책으로 한 걸음 더 나아갔다. 미국은 민간기업 주도 기조를 견지하면서도 정부가 ICT 산업과 전통제조업의 융복합, 리쇼오링, 바이 아메리카 등의 조치를 통해 제조업 부흥Manufacturing Renaissance을 이끄는 정책을 시행하였다. 독일은 민관 협력 하의 인더스트리 4.0 전략을 통해 IoT 기반의 스마트 팩토리 선도국가가 되겠다는 목표를 명확히 하였고, 이를 플랫폼 4.0 전략 및 중소기업 4.0 전략으로 발전시켰다. 아베 정부 하의 일본도 전통적인 민관 공조 체계에 따라 로봇 기반의 산업구조 혁신 및 IoT·빅데이터·AI 등 신산업 육성 정책을 폈다.

그러나 각국의 새로운 산업정책은 그 성과가 기대만큼 두드러지지는 않았다. 신기술의 현장 적용에는 여전히 많은 장애물이 있었을 뿐만 아니라, 무엇보다 2008년 위기 이후의 장기침체로 인해 생산성 향상의 잠재력을 실현하기 어려웠기 때문이다. 반면, 이와 대비되는 중국의 놀라운 약진, 특히 2015년 '중국제조 2025'로 상징되는 중국의 대담한 산업발전 전략은 심각한 위협으로 다가왔다. 중국은 도광양회韜光養晦(실력을 숨기고 때를 기다린다는 뜻)의 낮은 자세를 버리고, 산업강국·기술강국으로 부상하겠다는 의지를 만천하에 공공연히 드러냈다. 이제 선진국들의 산업정책은 경제정책의 핵심으로 자리 잡았고, 특히 2018년 트럼프 대통령이 점화한 미·중 간 무역전쟁 및 2020년 팬데믹으로 인한 공급망 충격을 거치면서부터는 국가안보 또는 경제안보 차원으로 격상되었다. 이에 대해서는 이어지는 장들에서 구체적인 세부 영역별로 다룰 것이다.

이러한 관점에서 미국의 싱크탱크인 국제전략문제연구소CSIS가 발간한 보고서는 시사하는 바가 매우 크다. 해당 보고서는 중국을 비롯한 주요국 산업정책의 역사와 함께 2017~2019년간 각국 정부가 동원한 정책자원의 규모를 추산하였다. [그림 2-1]에서 보는 바와 같이 2019년의 경우 시장가격 이하의 헐값 토지 매각, 공기업의 무이자 신용매

그림 2-1 2019년 각국의 산업정책 관련 정부지출 비교

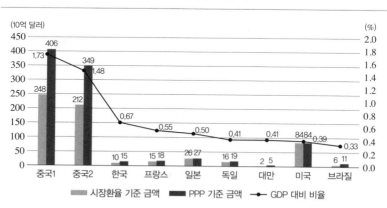

주: '중국1'은 중국 특유의 특혜요소를 포함한 것이고, '중국2'는 이를 제외한 것임
출처: DiPippo 외(2022.5), pp.30-31을 기초로 정리

입 순채무, 공기업의 부실 해소를 위한 출자전환 등 중국 특유의 특혜요소까지 합한 중국 정부의 산업정책 관련 지출은 GDP의 1.73%에 달한다. 시장환율 기준으로는 2,480억 달러, 구매력평가PPP 환율 기준으로는 4,070억 달러로 평가된다. 이는 중국의 2019년 국방비 지출(시장환율 기준 2,400억 달러)에 버금가는 것이다. 중국 특유의 특혜요소를 제외하고 다른 나라와 비교 가능한 부분만 보더라도 GDP 대비 1.48%, 시장환율 기준 2,120억 달러, PPP 환율 기준 3,480억 달러에 달하는데, GDP 대비 비율로 2위인 한국(0.67%)과 금액 기준으로 2위인 미국(840억 달러)의 두 배를 훨씬 넘는 압도적 1위이다.

이 보고서는 중국의 산업정책에 대한 서방국가의 불만과 공포를 대변하는 데 부족함이 없다. 산업정책이 경쟁력 제고에 얼마나 효과적인 수단인지에 대한 오래된 논란과는 무관하게, 각국은 중국 산업정책과의 격차를 줄이고 중국의 불공정한 산업정책을 규제하기 위해 가능한 모든 수단을 동원해야 하는 정치적 압력에 직면하였다. 이제 미국뿐만 아니라 세계 모든 나라가 반도체 칩과 감자 칩은 달라도 너무나 다른 품목으로 인식하게 된 것이다.

특히 EU가 그렇다. 앞서 언급한 바와 같이 EU의 행정부에 해당하는 EU집행위원회European Commission는 전통적으로 산업정책에 대한 소극적 입장을 견지해 왔다. 그러나 각 회원국 및 유럽의회European Parliament로부터의 정치적 압력에서 벗어날 수 없었고, 21세기 들어 점차 실용적인 입장으로 돌아서더니, 최근에는 아예 공세적인 입장으로 전환하였다. 미국과 중국의 전략적 경쟁strategic competition에 대응하여 EU의 전략적 자율성strategic autonomy을 확장해야 한다는 최고 수준의 대외 전략이 수립되었고, 이에 따라 2020년 3월에 '유럽의 새로운 산업전략A New

Industrial Strategy for Europe'을 채택하였는데, 이는 유럽에서 산업정책이 부활했음을 공식 선언한 것이다.

당시 유럽의 분위기 변화를 상징하는 예를 하나 소개한다. 2019년 초에 EU의 경쟁당국은, 중국의 국영 철도회사에 맞설 수 있는 유럽 챔피언European Champion이 필요하다는 여론에도 불구하고, 프랑스와 독일의 고속철도 회사 간의 기업결합(합병)을 불승인하는 결정을 내렸다. 그러자 프랑스와 독일의 경제 장관이 EU의 산업정책 체계를 전면 개편해야 한다는 공동성명을 발표했다. 구체적으로는 첨단기술 분야의 R&D 활동을 지원하는 세제·금융 조치 강화, 경직적인 경쟁제한성 판단 기준에 묶인 EU 경쟁법의 개정, 불법 보조금을 지급하는 역외 국가의 EU 공공 조달시장 참여 제한 등을 주장하였다. 단일시장 형성을 위한 EU의 유구한 역사에 비추어보면 상상하기 어려운 파격적 주장이었지만, 이후 하나씩 현실로 옮겨졌다.

개별 산업 차원에서는 2017년 '배터리 동맹'이 출범하였고 2022년에는 'EU 반도체법'이 유럽의회에 상정되었다. 또한 EU 차원의 R&D 지원 기금으로 'Horizon 2020' 프로그램(2014~2020년)이 종료된 직후 곧바로 총 995억 유로 규모의 'Horizon Europe' 프로그램(2021~2027년)이 가동되고 있다. 역외 기업을 규제하는 법률들도 속속 마무리되고 있다. 사실상 미국의 플랫폼 독점기업을 규제하기 위한 디지털시장법DMA과 디지털서비스법DSA이 2022년 말 입법 절차를 완료했다. 중국 등 역외 국가의 보조금에 힘입어 EU 역내에서 불공정한 경쟁력을 가지는 기업을 규제하는 '역외 보조금 규정Foreign Subsidies Regulation'도 2023년 1월 공표되었다.

결정적으로, 팬데믹 충격으로부터의 회복과 디지털·녹색 전환 촉진을 위해 총 8,070억 유로 규모의 EU 경제회복기금Next Generation EU, NGEU(2021~2026년)이 출범하였다. 이 기금의 총 7개 세부 프로그램 가운데 회복·복원력기금Rescue and Resilience Fund, RRF이 7,240억 유로 규모로 가장 큰 비중을 차지하는데, 그 예산의 절반에 가까운 3,380억 유로는 상환 의무가 없는 무상보조금 형태로 각 회원국에 지원된다. 그 재원의 상당 부분은 사실상 유럽중앙은행ECB의 발권력을 기초로 EU집행위원회 명의의 유로본드를 발행하여 조달한다는 점에서 기존의 EU 재정 운용 및 보조금 규칙을 넘어선 것이다. 기금의 규모, 특히 무상보조금의 규모가 너무 작고 지원 조건도 너무 까다롭다는 볼멘소리가 없지 않으나, 한 번 깨진 금기는 더는 금기가 아니다. 대표적인 예로 최근 EU는 미국의 '반도체 및 과학 법'과 '인플레이션 감축법'에 대응하여 각각 반도체 산업과 청정에너지 산업에 보조금을 지급하는 'EU 반도체법' 및 '탄소중립산업법' 제정을 추진하고 있다. 두 법안 모두 각 회원국의 재정 여력 격차에 따른 갈등과 분열을 방지하기 위해 EU 공동기금을 활용하는 것을 핵심 내용으로 한다.

과거의 제약을 과감하게 벗어던진 EU의 산업정책이 회원국 간의 격차를 좁히고 나아가 G2 패권경쟁에서 EU의 경쟁력을 끌어올리는 역할을 할지, 아니면 한 세기 전 2차 산업혁명 과정에서의 갈등과 불균형 그리고 파국을 재현하는 결과를 초래할지, 지금은 누구도 알 수 없다.

경쟁정책의 전환: 플랫폼 독점은 전통 제조업 독점과 다른가

앞서 살펴본 산업정책이 정치인들의 경제 전쟁터라면, 경쟁정책(반독점정책 또는 공정거래정책)은 전문가들의 이념 전쟁터다. 시장과 정부, 경쟁과 독점, 효율과 형평, 혁신과 남용 등의 추상적 가치를 둘러싸고 밑도 끝도 없는 논쟁이 이어진다. 물론 시대의 흐름에 따라 주류와 비주류가 교체된다.

2차 산업혁명의 폭풍이 몰아치던 19세기 말부터 철강의 카네기Andrew Carnegie, 석유의 록펠러John D. Rockefeller, 철도의 굴드Jason Jay Gould, 금융의 모건J.P. Morgan 등 각 산업에서 제국을 일군 신화적 기업가들이 등장했다. 하지만 이들은 독점력을 남용하고 불법을 자행하는 강도 귀족robber barons으로 비판받기도 했다. 이를 배경으로 미국에서 1890년 셔먼법, 1914년 클레이튼법 및 연방거래위원회법이 제정되면서 경쟁법(반독점법)의 토대가 마련되었다. 1911년 록펠러의 스탠다드 오일Standard Oil을 34개 회사로 분할하고, 같은 해 담배 독점회사인 아메리칸 토바코American Tobaco를 16개 회사로 분할한 것은 경쟁법의 의미와 위력을 상징적으로 보여주었다. 초기 경쟁법 집행을 주도한 것은 당연위법 원칙per se illegal이었다. 법률에서 정한 조건에 해당하면 당연히 위법으로 판단하고 제재를 부과하는 원칙을 말한다. 단적인 예로, 1963년 미국 대법원은 30% 이상의 시장점유율을 초래하는 기업 간 인수합병은 위법하다는 판결을 내리기도 했다.

그러나 2차 산업혁명의 안정기가 끝나고 세계경제가 불안정해지면서 분위기가 변했다. 신자유주의의 대명사로 통하는 시카고학파는 경제학뿐만 아니라 법학에서도 주류의 위치에 올라섰고, 경쟁법은 그 선봉대였다. 시카고대학 교수와 연방항소법원 판사를 지낸 리차드 포스너Richard Posner의 문제제기가 이어졌고, 드디어 1978년 출간된 로버트 보크Robert Bork 교수의 『반독점의 역설The Antitrust Paradox』(1978)은 그 비판론자조차 인정하지 않을 수 없을 정도로 경쟁법 체계를 완전히 뒤바꾸어 놓았다. 경쟁법 집행의 많은 영역에서 당연위법 원칙은 합리 원칙

rule of reason으로 대체되었다. 법률에서 정한 위법 조건에 해당하더라도, 해당 행위에 따른 경제적 비용과 편익을 비교형량하여 후자가 더 크다고 판단되면, 요컨대 소비자 후생을 증진한다는 점이 인정되면 제재하지 않는다는 것이다. 이에 따라 경쟁법 위반으로 제재하는 것은 어려워졌고, 설사 제재하더라도 많은 시간과 비용이 소요되었다. "경쟁법의 목적은 경쟁자를 보호하는 것이 아니라 경쟁 그 자체를 보호하는 것이다"라는 법언은 신자유주의 시대의 경쟁법을 상징하는 원리로 자리 잡았다.

그런데 최근 또 분위기가 바뀌면서 논란이 뜨거워졌다. 4차 산업혁명이 새로운 독점의 시대를 열었기 때문이다. 21세기 들어 전 세계적으로 소수 상위기업으로의 시장집중도가 상승함으로써 시장지배력이 확대되고, 결국 독점적 가격 설정으로 이어졌다는 것은 경제학계에서 주목받고 있는 경험적 사실이다. [그림 2-2]에서 보는 바와 같이, 미

그림 2-2 미국 상장기업의 평균 마크업 추이(1955~2016년)

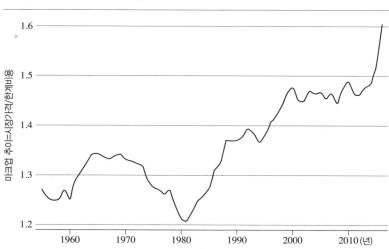

출처: De Loecker · Eechhout · Unger(2020), p.575

국 상장기업 전체의 평균 마크업markup(한계비용 대비 시장가격의 비율)이 1960년대 1.34에서 1980년에는 1.21로 약간 하락했다가, 그 이후 지속 상승하여 2016년에는 1.61에 이르렀다. 경제학에서는 마크업이 1일 때, 즉 한계비용과 시장가격이 같을 때 시장의 효율성이 극대화된다고 평가하는데, 2016년에 미국 상장기업들은 평균적으로 한계비용보다 61%나 높은 가격을 설정했다는 것이다. 특히 미국의 GAFA(구글, 아마존, 페이스북, 애플) 등 플랫폼 기업의 글로벌 독점력이 확연히 드러난 2010년대 이후에 마크업이 크게 상승한 것을 확인할 수 있다. 2020년 코로나19 팬데믹 이후 비대면 경제의 확산으로 독점화 경향은 더 강화되었을 것으로 짐작된다.

21세기의 새로운 독점화 현상은 한 나라의 문제에 그치지 않는다. 4차 산업혁명의 핵심을 이루는 디지털 전환 기술은 국경에 구애받지 않기 때문이다. 이는 미국의 GAFA로 대표되는 글로벌 플랫폼 독점기업에 대한 우려로 집약되었다. 2021년 기준으로 검색엔진 분야에서 구글은 92%, SNS 분야에서 페이스북은 72%, 데스크탑 OS 분야에서 마이크로소프트의 윈도우Window는 75%, 모바일 OS 분야에서 구글의 안드로이드Android는 72%의 글로벌 시장점유율을 기록하고 있다. 여기에 중국의 BAT(바이두, 알리바바, 텐센트)까지 가세하면서 문제는 더욱 복잡해졌다. 디지털 생태계가 미국과 중국의 플랫폼 독점기업들로 양분되었다는 우려가 나온다.

플랫폼은 다수의 수요자와 공급자 등 서로 다른 집단들의 교류가 이루어지는 인프라를 말한다. '플랫폼'은 오랜 역사적 개념이다. '기차역 승강장'을 뜻하던 플랫폼이 21세기에 느닷없이 뜨거운 논란의 대상이 된 것은 디지털 기술의 강력한 네트워크 효과network effect 때문이다. 가령 어떤 검색엔진의 이용자 수가 증가할수록 집적되는 정보의 양과 사회적 연결망이 기하급수적으로 늘어남으로써 그 집단 내의 편익이 증가하고(직접 네트워크 효과), 여기에 광고물을 올리는 기업의 마케팅 효과도 커지는 등 다른 집단의 편익도 증가한다(교차 네트워크 효과). 이런 상호작용이 일정 임계치를 넘으면 다른 검색엔진이 도저히 따라올 수 없는 경쟁력을 갖게 되고, 이용자가 다른 검색엔진으로 옮겨가려면 기존의 정보와 관계망을 상실하는 큰 전환비용을 부담해야 한다. 자연독점과 비슷한 양상을 보이는 것이다.

글로벌 플랫폼 독점기업에 대한 많은 불만과 비판이 쏟아졌다. 시장지배력을 남용할 위험성은 여느 독점기업이나 마찬가지겠지만, 플랫폼 기업의 경우에는 그 수익모델의 특성이 이를 더욱 부추기는 측면이 있다. 우선 가장 대표적인 수익모델이 광고다. 검색엔진이나 SNS 기업들은 이용자에게 무료 또는 무료나 다름없는 낮은 비용으로 서비스를 제공하는 대신 광고물을 올리는 공급자들로부터 수익을 올린다. 막대한 광고 비용은 소비자에게 전가되고, 난무하는 맞춤형 광고는 개인정보의 오남용 우려를 낳는다. 또한 애플이나 구글처럼 생태계의 최상단에 있는 플랫폼 기업은 자신의 장터marketplace 이용자에게 독점적 중개수수료를 부과한다. 단적인 예로, 애플과 구글이 앱 마켓에서 자신의 결제 시스템만을 이용하도록 강제하면서 고율의 수수료를 징수하는 관행(인앱 결제)이 논란이 되었다. 마지막으로 장터의 독점적 중개인으로 활동하면서 이와 관련된 인접 시장에 공급자로 진출하여 이해상충의 문제를 일으킨다. 심판이 선수로 뛰는 격인데, 경쟁사업자에 최저가를 요구하거나, 자신의 상품을 우선판매 또는 끼워파는 불공정거래(갑질)의 양상을 띤다.

결론적으로, 현재 플랫폼 기업의 수익모델은 혁신가로서 새로운 부가가치를 창출(생산)하는 측면도 있지만, 동시에 독점자로서 기존 부가가치를 재분배(약탈)하는 것으로 인식될 소지가 다분하다. 앞서 살펴본 디지털 전환의 기반 기술은 모든 분야에 적용되는 범용성을 갖지만, 이를 융복합하여 실제 비즈니스 세계에서 수익모델로 활용되는 응용 기술은 초과이윤을 추구하는 독점성을 여과 없이 드러낸다. 슘페터는 독점적 초과이윤 추구야말로 창조적 파괴를 통해 자본주의의 발전을 이끄는 원동력이라고 갈파했지만, 현실의 반작용이 만만찮다. 2000년대 중반에 개방·참여·공유의 가치를 내걸고 등장한 web 2.0 시대의 장밋빛 전망이 10년도 채 안돼 독점과 차별의 공포로 돌변하였다. 진정한 산업혁명이 완성되기 위해서는 기업 일반의 부가가치 창출에 혁신이 일어나고, 그 편익이 고용과 소득의 형태로 다수 대중에게 분배되어야 한다. 하지만 4차 산업혁명 전반기의 플랫폼 독점기업에 그런 명예를 부여하기에는 아직 갈 길이 멀다.

그러면 디지털 시대의 경쟁법은 어떤 모습으로 변화할까? 2021년 미국의 바이든 대통령은 30대 초반의 리나 칸Lina M. Khan 교수를 연방거래위원회FTC 위원장으로 임명했다. 리나 칸은 2017년 제출한 박사학위 논문 「아마존의 반독점 역설Amazon's Antitrust Paradox」로 명성을 얻었다. 로버트 보크 교수의 『반독점의 역설』을 정반대로 비튼 이 논문은, 원가 이하의 낮은 가격을 설정하여 경쟁자를 축출하는 '약탈적 가격 설정predatory pricing' 전략 및 유망한 초기 기술기업들을 대거 M&A함으로써 아예 잠재적 경쟁의 싹을 잘라 버리는 '공격적 기업인수killer acquisition' 전략을 대표적 사례로 들어 아마존의 독점력 남용을 비판함과 동시에, 시카고학파의 기존 경쟁법 체계로는 이러한 문제를 해결할 수 없다고 주장하였다.

이어 미국 연방의회의 하원에서는 플랫폼 기업에 대한 광범위한 조사를 거쳐 2020년 보고서를 발표하였다. 이를 기초로 2021년 대규모 플랫폼 기업의 지배력 남용 및 불공정거래 행위에 대한 사전적 규제를 강화하고, 이들의 데이터 독점을 방지하며, 기업인수를 제한하는 내용의 패키지 법안을 상정했다. 다만 2022년 미국 중간선거에 따른 연방의회의 지형 변화를 감안하면, 이 패키지 법안의 의회 통과 여부나 최종 내용을 단정하기는 어렵다.

한편 미국과 중국의 협공에 몰린 EU에서는 2015년 발표된 '유럽 디지털 단일시장 전략A Digital Single Market Strategy for Europe'을 기반으로 다양한 분야에서 체계적으로 대응하고 있다. 디지털 시대에 유럽의 미래가 달린 문제로 인식했기 때문이다. 그 일환으로 2020년에 초안이 발표된 디지털시장법Digital Market Act, DMA과 디지털서비스법Digital Service Act, DSA은 기존의 EU 경쟁법 체계를 대폭 수정한 것으로 평가된다. 많은 논란을 거쳐 2022년 말 입법 절차를 완료하고, 2023년과 2024년에 각각 시행에 들어갈 예정이다.

그중에서도 디지털시장법은 '문지기gatekeeper'라 불리는 초대형 플랫폼 기업을 사전 지정함으로써 이들의 지배력 남용, 불공정거래, 데이터 수집·활용, M&A 등에 대해 엄격한 규제와 감독을 부과하고 있다. 사실상 미국의 GAFA와 중국의 BAT를 규제하고, EU 플랫폼 산업의 경쟁력을 키우기 위한 법률로 평가된다.

최근 미국과 유럽에서 플랫폼 독점에 대한 규제가 강화되는 움직임을 보이는 것은 분명하다. 그렇다고 해서 경쟁법의 시계추가 시카고학파 이전의 당연위법 원칙 시절로 되돌아갔다고 평가할 수는 없다. 다시 한번 강조하지만 경쟁법은 이념의 전쟁터다. 작금의 규제강화 흐름이 혁신을 저해함으로써 결국 효율성과 소비자 후생의 측면에서 막대한 비용을 초래할 것이라는 비판 또는 저항은 쉽게 사라지지 않을 것이다.

게다가 국가·지역 간의 충돌도 무시할 수 없다. EU의 디지털서비스법은 그나마 불법 콘텐츠로부터 이용자를 보호한다는 사회정책적 명분을 내걸고 있지만, 디지털시장법은 경쟁적 시장질서 조성이라는 목표 뒤에 미국과 중국의 플랫폼 독점기업을 규제하겠다는 의도를 공공연히 드러내고 있다. 이러한 산업정책적 의도가 내국민 대우 및 최혜국 대우를 원칙으로 하는 WTO의 통상규범과 양립할 수 있을지 의문이고, 통상분쟁으로 비화할 가능성도 배제할 수 없다. 그러면 이념의 전쟁터는 현실의 전쟁터로 변할 것이다.

금융감독정책의 암중모색: 가상자산은 은행·증권·보험 상품과 다른가

디지털 전환의 성과를 체감할 수 있는 산업 부문이 금융이다. 금융은 저축자와 차입자 간에 자금을 융통하는 행위다. 따라서 금융에서는 거래 상대방에 관한 정보가 가장 중요한 요소이기 때문에, 빅데이터·AI·블록체인 등 디지털 기술의 정보 잠재력이 현실화할 가능성이 크다. 금융의 디지털화는 송금과 환전 등 국내외 지급결제의 편리성을 높이고, 은행·증권·보험의 칸막이를 넘는 융복합 금융서비스를 가능케 한다. 낮은 신용점수의 벽에 막힌 저소득층 및 영세·중소사업자에게 다양한 자금조달 기회를 제공하고, 가상자산 등 새로운 투자 기회를 창출하기도 한다. 디지털 전환으로 금융의 효율성과 포용성은 획기적으로 높아졌다.

그러나 금융의 혁신은 언제나 양면적이다. 언제 어떤 형태로 시스템

리스크, 즉 금융위기가 발생할지 모른다. 따라서 금융의 디지털화에 대응한 감독체계의 개선이 필요하다. 아래에서는 빅테크BigTech라 불리는 대규모 기술기업이 금융활동에 직접 참여하는 현상, 그리고 블록체인 기반의 다양한 가상자산이 지급결제 수단이나 투자상품으로 확산하는 현상에 대한 금융감독 측면의 과제를 살펴본다.

① 빅테크 규제 · 감독

2010년대 들어 유럽을 시발점으로 금융정보의 공개 · 공유 · 활용을 촉진하는 오픈뱅킹 시스템이 구축됐다. 이를 기반으로 다양한 마이데이터 사업과 지급결제서비스 사업을 수행하는 소규모 기술기업인 핀테크FinTech가 출현하였다. 초기의 규제 샌드박스 프로그램이 핀테크 분야에서 활발하게 진행된 배경도 여기에 있다.

그런데 최근 상황이 돌변하였다. 전통적 금융회사를 보조하는 차원의 핀테크를 넘어, 대규모 기술기업, 즉 빅테크가 핀테크와 제휴하거나 아예 M&A함으로써 직접 금융서비스를 제공하는 단계로 나아갔다. 처음에는 지급결제서비스로 시작해서 점차 대출업무 및 보험업무, 그리고 자산관리업무 등으로까지 활동 범위를 확대하고 있다. 첨단기술과 대중적 인지도, 그리고 좁은 의미의 신용정보를 넘어선 방대한 고객정보로 무장한 빅테크의 경쟁력은 유구한 역사의 대형 금융회사를 위협할 정도에 이르렀다. 미국의 GAFA와 중국의 BAT가 금융서비스를 제공하는 것은 상상이 아니라 이미 현실이 되었다. 금융감독기관도 긴장하지 않을 수 없다.

금융은 규제산업regulated industry이다. 감독기관의 인허가를 받은 사업자만이 시장에 진입할 수 있고, 건전성과 영업행위 측면에서 엄격한 사전·사후 감독을 받는 대신 예금보험제도 등 감독기관과 중앙은행이 제공하는 안전망의 혜택을 누린다. 빅테크는 사실상 이 모든 것에서 사각지대에 있다. 금융회사와 빅테크 간의 규제격차 문제, 부실 또는 불법 행위에 따른 예금자·투자자 보호 문제, 기술적·재무적 위험의 전염에 따른 시스템 리스크 문제 등에 대해 기존의 금융감독체계로는 대응하기 어렵다는 주장은 기우가 아니다.

'동일 위험, 동일 규제'의 원칙에 따라 인허가를 받지 않은 빅테크의 금융활동에 대해서도 동일 수준의 규제를 적용해야 한다는 전통 금융업계 측의 볼멘소리가 나온다. 원론적으로는 맞는 말이지만, 현실이 그렇게 단순하지 않다. 그 어떤 산업보다도 엄격한 현행 금융감독 장치를 그대로 적용하는 것은 핀테크 또는 빅테크가 열어놓은 금융혁신의 잠재력을 죽이는 결과를 초래한다는 반론이 만만찮다. 사실 기존 금융업계도 높은 진입장벽의 틀 속에 안주하면서 기득권을 누려왔다는 비판으로부터 자유롭지 못하다.

나아가 국경을 넘어 글로벌 차원에서 활동하는 빅테크의 특성은 조속한 문제 해결을 어렵게 한다. 각 국가·지역 금융감독기관 사이의 긴밀한 공조 관계를 토대로 새로운 국제규범이 만들어져야 하기 때문이다. 쉽지 않은 일이다. 물론 은행 분야의 BCBS, 증권 분야의 IOSCO, 보험 분야의 IAIS 등 세부 업종별 국제기구가 오래전부터 활동해 왔고, 특히 2008년 위기 이후에 감독체계 강화와 국제적 확산에 기여하기도 했다. 그러나 이들 국제기구의 감독규범 제정은 유럽 국가들 주도로 이루어졌고, 금융의 역사적 배경이나 특성이 상당히 다른 미국은 유럽 주도의 흐름에 거리를 유지하려 했다. 또한 금융의 국제화 측면에서 신중한 자세를 견지해 온 중국은 금융의 디지털화 추세에 대해서도 독자적인 길을 모색하고 있다.

결국 점진적이고 단계적인 접근이 불가피해 보인다(이하 Bains 외, 2022 참조). 금융감독체계는 '기관 중심 접근entity-based approach'과 '행위 중심 접근activity-based approach'으로 나눌 수 있다. 전자는 금융회사 조직 자체를 대상으로 하는 것으로, 개별 금융회사 또는 소속 금융그룹 전체의 건전성과 지배구조·위험관리체계에 초점을 맞춘다. 후자는 사업자의 외형과는 무관하게 동일한 성격의 영업행위에 동일한 감독장치를 적용하는 것을 말하는데, 주로 금융소비자 보호에 강조점을 둔다.

최근 국제기구와 학계 차원에서는 빅테크에 대한 감독체계와 관련해서 본점 소재국home country이 기관 중심의 감독에 필요한 법제도와 조직을 정비하고, 금융소비자 소재국host country이 영업행위 중심의 감독으로 이를 보완하는 분업·협업 접근hybrid approach이 바람직하다는 의견이 제시되었다. 물론 많은 시간이 소요될 장기 과제인데, 단기적으로는 빅테크의 금융활동에 대한 공시 규정을 강화하고 모범규준best practice을 확대하는 등 유연한 접근을 통해 현장실무와 국제공조의 경험을 축적하는 과정이 필요하다는 것이 중론이다.

하지만 2020년 11월, 중국이 느닷없이 금융활동의 규모와 범위가 일정 기준을 초과하는 빅테크에 대해 금융지주회사로 조직을 개편하고 중앙은행의 감독을 받도록 강제하는 등 기관 중심 접근 방침을 발표했다. 물론 실제로 이 제도가 어떻게 운용될지는 모호하다. 단적으로 알리바바 그룹 산하의 금융회사인 앤트 그룹이 2021년 4월 금융지주회사 설립 신청서를 제출하였으나 아직 승인 소식은 들려오지 않는다. 알리바바 창업자인 마윈에 대한 길들이기로 해석하는 의견이 많다. 역시 중국의 행보는 한 치 앞도 알 수 없다.

② 가상자산 규제·감독

블록체인으로 통칭되는 분산원장기술DLT의 등장은 금융의 기본 개념을 송두리째 바꾸고 있다. 실재하는 것이든 상상 속의 것이든 모든 것을 디지털 세계의 자산으로 바꾸는 토큰화tokenization가 봇물 터지듯 하였고, 심지어 중앙은행 등 중앙 통제장치의 개입 없이 거래가 체결·종결되는 탈중앙금융de-centralized finance, De-Fi의 혁신적 시도가 진행되고 있다.

그러나 비트코인 등 가상자산 가격의 변동성 확대, 심심찮게 들려오는 거래소 해킹 및 사기 사건 등은 일찍이 경험하지 못했던 형태의 시스템 리스크에 대한 우려를 낳았다. 제도화가 필요하며, 일정한 정도의 규제 또한 불가피하다. 특히 2022년에 알고리즘 스테이블코인의 일종인 루나-테라Luna-Terra가 완전히 가치를 상실하고, 세계 2위의 가상자산 거래소인 FTX가 파산하는 등 많은 피해자를 낳은 일련의 사건이 터지면서 규제강화 논의에 불을 댕기기도 했다.

이 영역에서도 EU가 선도적인 움직임을 보였다. EU는 이미 개인정보 보호 체계GDPR(2018년 시행), 자본시장 규제 체계MiFID Ⅱ(2018년 시행), 지급결제서비스 체계PSD2(2019년 시행) 등을 구축함으로써 디지털 금융의 새로운 제도 인프라를 마련하였다. 이어 2020년 세계 최초로 종합적인 가상자산 규제체계로서 '암호자산시장법Regulation on Markets in Crypto-Assets, MiCA'을 발표하였다. 2022년 입법절차를 완료하면서 2024년부터 시행할 예정이다.

MiCA의 주요 특징은, 암호자산을 몇 가지 유형으로 분류하고, 각각 차별화된 규제를 적용한다는 점이다(이하 한국은행, 2022 참조). 먼저 유틸리티 토큰utility token은 특정 영역 내에서 발행자에 대한 재화·서비스 청구권으로만 사용되는 것으로, 공시 규정 등 소비자 보호를 위한 최소한의 규제만 적용된다. 자산준거 토큰asset-referenced token은 발행액의 100%에 상당하는 안전자산을 보유함으로써 가치의 안정을 기하고자 하는 이른바 스테이블코인을 말하는데, 감독기관으로부터 사전 인가를 받은 사업자만 발행할 수 있다. 전자화폐 토큰e-money token은 블록체인 기반으로 발행된다는 점 이외에 기능 면에서는 기존의 전자화폐와 동일한 것으로, 법화와 1:1 교환성을 가지면서 대중적 지급결제 수단으로 사용되기 때문에 발행자를 은행 및 전자화폐기관으로 엄격하게 제한하고 있다. 특히 자산준거 토큰이나 전자화폐 토큰 중에서 발행 규모 및 이용자 수가 일정 기준을 초과하는 경우에는 훨씬 엄격한 규제가 적용된다. 마지막으로 증권형 토큰securities token은 미국 판례에 기원을 둔 호위 테스트Howey test* 등의 조건을 충족함으로써 금융투자상품으로 인정되는 것을 말하는데, 기존의 증권 관련 법령의 규제를 받는다. 전반적으로 규제가 너무 강한 거 아니냐는 불만도 있다. 하지만 이상 EU의 암호자산 분류체계와 관련 규제의 기본 방향은 다른 나라의 입법에도 중요한 지침으로 작용할 것이다. 미국에서도 최근 들어 전문가그룹이나 감독기관들이 스테이블코인 및 증권형 토큰 등의 규제 방향과 관련한 다양한 제안을 내놓으면서 제도화에 본격적인 시동을 걸었다.

이상의 내용 중 지급결제 제도와 관련된 부분만 간단히 부연하고자 한다. 다양한 신속 결제 수단의 도입은 일상행활에서 체감할 수 있는 디지털 전환의 가장 중요한 성과물이기 때문이다. 현금→은행 계좌이체

* 미국 대법원에서 네 가지 기준에 해당할 경우 투자로 보고 증권법을 적용하도록 하는 테스트다. 가상자산에 대해서도 미국 금융감독 당국인 증권거래위원회SEC가 증권성 여부를 판단하는 기준으로 쓰인다.

—신용카드로 요약되는 기존의 지급결제 제도에 혁명적 변화가 일어나고 있다. 빠르고 편리하고 저렴한 지급·송금·환전 서비스는 제도 금융권에 접근하기 어려웠던 소외계층까지 포괄하는 금융 포용성의 상징이 되었다.

더 나아가 블록체인 기반의 새로운 지급결제 수단은 중앙은행의 개입 없이 작동하는 새로운 금융 생태계가 적어도 기술적으로는 가능함을 보여주었다. 이는 간단한 문제가 아니다. 중앙은행이 독점 발행하는 법화에 기초하지 않는 민간화폐, 또는 법화와 연계되지만 중앙은행이 직접 통제할 수는 없는 민간화폐가 광범위하게 유통되는 세상이 어떤 모습일지 지금으로서는 상상조차 하기 어렵다. 독재자 없는 자유의 세상일까 아니면 최종 안전장치조차 없는 혼돈의 세상일까? 18세기의 스코틀랜드나 19세기 중반의 미국에서 목격했던 자유은행 시대Free Banking Era에 다수의 민간화폐가 경쟁적으로 발행·유통되었던 경험이 21세기의 미래를 예측하는 데 과연 도움이 될지는 의문이다.

물론 각국의 중앙은행도 손 놓고 있는 건 아니다. EU의 MiCA처럼 자산준거 토큰이나 전자화폐 토큰을 제도권 내에 포섭하면서 일정한 규제를 부과하는 것은 물론이고, 중앙은행이 직접 디지털 화폐central bank digital currency, CBDC를 발행하여 민간화폐를 보완하거나 대체하려는 단계로 나아가고 있다. 많은 나라의 중앙은행들이 CBDC의 개념설계 연구 및 파일럿 실험을 진행하고 있다. 초기에는 상당히 회의적인 태도를 보였던 미국의 중앙은행도 2022년 초에 CBDS 도입을 적극 검토할 방침임을 공식 발표했다. 심지어 중국은 이미 다수의 도시에서 디지털 위안화의 시범 시행에 들어갔다. CBDC는 이제 돌이킬 수 없는 흐름이 되고 있다.

결론적으로 EU, 미국, 중국 등 주요 국가들은 블록체인 기반의 민간 화폐에 대해 적극적으로 개입하는 움직임을 보인다. 암호화폐, 스테이블코인, 디지털 화폐 등 그 이름을 무엇으로 부르든 간에, 이는 개별국가 차원의 문제가 아니기 때문이다. 4장에서 자세히 살펴보겠지만 국제통화체제는 패권경쟁의 핵심이다. 단적인 예로 2022년 6월 미국 중앙은행은 '미국 달러화의 국제적 역할에 관한 연방준비위원회의 첫 번째 콘퍼런스The Fed's Inaugural Conference on the International Roles of the U.S. Dollar'를 주관하였다. 그 공식 타이틀에서 보는 바와 같이 미국 중앙은행 차원에서 이러한 유형의 회의를 개최한 것은 역사상 처음 있는 일이다. 중국이 위안화의 국제화를 추진하는 것과 함께 블록체인 기반의 민간화폐가 확산하는 것을 달러화의 패권에 대한 심각한 도전으로 인식한 것이다. 물론 패권국가가 기축통화의 특권을 포기하는 일은 결단코 없다. 블록체인이 새로운 국제화폐의 가능성을 보여주었지만, 그 미래는 매우 불투명하다. 반대로 비교환성 통화를 가진 나라는 21세기에도 원죄의 재림에서 벗어나지 못할 가능성이 크다.

일자리와 소득 보장

일자리의 미래: 불확실한 총량, 심화하는 양극화

산업혁명은 산업의 문제이면서 동시에 노동의 문제다. 노동은 부가가치 생산에 참여하고, 그 대가로 소득을 획득하고, 이를 소비하고 저축함으로써 삶을 이어간다. 이러한 과정이 과거와는 전혀 다른 모습으로 확대 재생산될 때 산업혁명은 진정한 혁명으로 완성된다. 물론 안정과 강화의 후반기가 도래하기 전에 단절과 혁신의 전반기가 먼저 들이닥친다. 일자리와 소득을 보장하는 정부의 정책이 필요한 이유가 여기에 있다.

4차 산업혁명이 일자리를 파괴할 것이라는 디스토피아적 전망이 널리 퍼져 있지만, 그 반론도 만만찮다. 1차 산업혁명의 한 가운데에서 일어났던 기계파괴운동Luddite Movement(1811~1817년)이나 2차 산업혁명 초기의 붉은 깃발법Red Flag Law(1865~1896년)*이 희대의 오류였다는 평가가 지금은 정설로 통용된다. 컴퓨터와 로봇, 나아가 AI를 활용한 자동화automation가 일자리에 어떤 영향을 미칠 것인가는 노동경제학계의 뜨거운 연구 주제다. 그중에서 연구방법론과 결론의 측면에서 선명하게 대비되면서 후속 연구에 큰 영향을 미친 대표적인 두 연구를 소개한다.

먼저 Frey & Osborne(2013)은 임의로 선정한 70개 직업이 자동화 기술에 의해 대체될 가능성을 관련 전문가들에게 물어보는 델파이 조사Delphi method를 시행한 다음, 그 정보를 바탕으로 구축한 머신러닝 분석 모델로 미국의 702개 전체 직업의 대체 가능성을 추산하였다. 그 결과 미국 일자리의 47%가 언젠가는 사라질 위험에 처해 있다는 분석을 내놓으면서 큰 파장을 불러일으켰다.

그런데 이 연구는 개개의 직업을 분석단위로 설정한 직업 대체job substitution 모델로서, 자동화 기술의 일자리 파괴 효과를 과대추정하였다는 비판에 직면하였다. 하나의 직업도 다양한 직무의 조합으로 이루어져 있는데, 나라마다 또는 기업마다 동일한 직업이라도 직무의 구성이 다를 뿐만 아니라, 기술 변화에 따라 각 직무의 구체적 내용이 변할

---

* 1865년 영국에서 제정됐던 세계 최초의 도로교통법. 마차 사업의 이익을 보호하기 위해 자동차의 속도를 제한하는 내용이 담겼다.

수 있다는 것이다. 이에 Arntz, Gregory, and Zierahn(2016)은 세부 직무에 초점을 맞춘 직무 대체task substitution 모델을 통해 21개 OECD 국가를 분석하였다. 그 결과 자동화로 인해 사라지는 일자리는 21개국 평균 9%로 추산되어, 앞서 언급한 직업 대체 모델에 비해 상당히 작은 것으로 나타났다. 다만, 최소치에 해당하는 한국의 6%와 최대치에 해당하는 오스트리아의 12% 등 국가별로는 꽤 큰 차이가 확인되었다.

기술발전과 일자리의 상관관계는 영원한 논쟁거리일 것이다. 상기 두 개의 선구적인 연구를 이은 수많은 후속 연구들도 분석 방법, 자료, 지역, 시기 등에 따라 다양한 결론을 도출하고 있다. 어쩌면 당연한 것인지도 모르겠다. 신기술의 실제 적용 여부는 기술 자체의 특성만이 아니라 노동시장의 수급 상황 및 임금 수준 등을 반영한 총체적 경제성 여부에 달려 있고, 나아가 노사 관계와 정부 정책 등의 다양한 요인에 의해 영향을 받기 때문이다.

사라지는 일자리가 있으면 새로 생겨나는 일자리도 있기 마련이라는 것이 기술발전의 역사적 경험칙이지만, 많은 연구가 공통적으로 지적하는 우려 사항이 있다. 자동화 기술의 노동절약 효과는 저소득층에 집중된 비숙련노동을 넘어 중산층의 기반이 되는 숙련노동으로 점차 확산하는 반면, 새로 생겨나는 일자리는 고소득의 안정적인 전문 직종과 저소득의 불안정한 직종으로 나누어지는 경향을 보인다. 사라지는 일자리와 새로 생겨나는 일자리 중 어느 쪽이 더 많냐는 일자리 총량의 문제와는 별개로, 일자리의 양극화가 심화되는 것이다.

특히 플랫폼 노동자의 확산이 초미의 관심 대상으로 떠올랐다. 긱 노동자gig worker라고도 불리는 이들은 온라인 중개 플랫폼을 통해 일회성 노무를 제공하고 보수를 받는다. 일의 성격은 전통적인 노동자와 별반 다르지 않지만, 법적으로는 사업자로 분류된다. 이로 인해 고용보험과 의료보험 등 사회보장제도의 사각지대에 놓이는 경우가 많다. 일부 고소득 전문직을 제외하면 대부분이 불안정한 저소득 일자리라는 것도 문제다. 2차 산업혁명의 안정화 시기에 자리 잡았던 정규직 위주의 고용구조가 뿌리째 흔들리고 있다.

새로운 형태의 일자리 확산에 대한 각국의 정책적 대응도 아직까지는 제각각이다. 일부에서는 전통적인 고용계약하의 노동자laborer와는 구분되는 새로운 유형으로서 노무제공자worker 개념을 창설하고 그 권리와 의무를 법제도화하려는 시도도 나타나고 있다. 하지만 대개는 기존의 노동관계법 틀 내에서 법원의 판결 및 정부의 유권해석을 통해 개개의 직종별로 노동자성 판단 기준을 확장하면서, 사각지대를 메워가는 접근 방법을 택하고 있다. 법제도화하기에는 현실이 너무 빨리 변하는 측면도 없지 않다. 물론 그럴수록 개개인의 고통과 사회 전체의 비용은 커질 수밖에 없다.

4차 산업혁명의 최종 도달점이 유토피아일지 디스토피아일지는 모르겠으나, 그 긴 과도기 동안 다수의 사람은 혁신의 성과보다는 단절의 고통을 맛볼 가능성이 크다. 한 국가 내에서도 그렇고, 국가 간에도 마찬가지다. 국경 없는 4차 산업혁명의 시대에 국민국가의 정부가 담당해야 할 역할이 지대한 이유다. 물론 대다수 정부는 실패하고 있지만 말이다.

소득보장체계의 미래: 단기 조세 전쟁에 달린 장기 개혁의 성패

4차 산업혁명의 시대를 맞아 모든 나라의 정부가 일자리 창출을 위한 산업정책, 디지털 역량 제고를 위한 교육정책 및 직업훈련정책에 열을 올린다. 그러나 일할 능력과 의지를 갖고 있음에도 일자리를 찾지 못하거나 충분한 소득을 올리지 못해 빈곤에 허덕이는 사람, 즉 근로빈곤층working poor은 늘어만 간다. 취약계층의 부족한 시장소득을 공적이전소득으로 보충하는 사회복지정책이 확대되어야 할 필요성이 커졌다. 이는 근로 계층의 재원 부담을 토대로 근로 무능력 계층을 지원한다는 개념에 따라 설계된 20세기의 전통적 사회복지체계의 사각지대가 확대되었음을 의미한다. 그 결과 4차 산업혁명 시대의 환경에 부합하는 새로운 시스템을 도입해야 한다는 주장이 지속적으로 제기되었다.

영국 사회복지체계의 현실을 그린 영화「나, 다니엘 블레이크」(2016)가 이러한 요구를 대표한다. 기존 사회복지체계의 수급 범위에 광범위한 사각지대가 존재하고, 수급 금액이 최소한의 인간적 생활을 보장하기에는 턱없이 부족하다는 일반적인 문제의식 외에도, 이 영화는 한층 근본적인 문제를 제기한다. 수급자가 자신의 적격성(무능력)을 증명하고, 노동시장에 복귀하기 위한 노력(구직 활동)을 증명하는 과정에서 인간의 존엄성이 크게 훼손된다는 것이다. 이는 그 자체로 철학적이고 도덕적인 물음이 된다. 한 인간에게 자신의 생계를 자기 스스로 해결할 능력이 없음을 다른 사람 앞에서 증명하라는 요구는 정당한가? 자신의 희망과는 별 관계가 없어 보이는 저소득 일자리를 위해 구직 신청을 하거나 직업훈련 프로그램에 임할 것을 요구하는 현행 체계는 정당한가? 사회복지체계의 전달 과정에서 필연적으로 나타나는 행정기관의 관료주의와 비효율성이 이러한 문제제기에 힘을 실어준다. 국민을 잠재적 부정수급자로 전제하는 현행 행정체계가 '낙인찍기의 깊은 상흔'을 남기고 결과적으로 '자기 계발을 포기한 의존증'을 심화시킨다는 것이다.

① 근본적 대안: 기본소득 논의 및 일자리 보장 논의

어떻게 해결할 것인가? 4차 산업혁명의 디지털 전환이 문제 해결의 기술적 단초를 제공해 줄 거라는 희망적인 전망도 있다. 정부 각 부처의 칸막이에 가로막혀 있던 방대한 공공 데이터를 공공부문 내에서 통합 활용하고, 개인정보 보호장치를 전제조건으로 민간부문에도 공개 활용 하려는 정책적 노력이 꽤 오래전부터 미국과 EU를 비롯한 많은 나라에 서 추진되었다. 조세정보, 금융정보, 고용정보, 보건의료정보, 교육정보 등을 아우르는 디지털 플랫폼 정부 또는 AI 정부를 구축함으로써 '증거 기반 정책 결정evidence-based policy making'의 원칙에 접근하는 것이 기술 적으로 불가능한 일은 아니다.

영국과 북유럽 등의 여러 나라에서는 이미 모든 국민의 소득을 큰 시차 없이 파악할 수 있는 시스템이 활용되고 있으며, 우리나라도 '전 국민 고용보험'의 시행을 위해 임금노동자뿐 아니라 특수형태근로종사 자(특고), 플랫폼 노동자, 그리고 궁극적으로는 자영업자까지 포괄하는 '실시간 소득정보 파악 체계' 구축 작업을 단계적으로 추진하고 있다. 여기에 각 개인이 처한 특수한 상황을 신속하게 포착할 수 있는 다양한 비정형 정보까지를 결합한다면, 수급 대상자 선별 과정에서 나타나는 사각지대 및 낙인찍기 등 기존 사회복지체계의 문제점을 해소하는 데 크게 기여할 것으로 기대된다. 코로나19 팬데믹 위기에 대응하기 위해 각국 정부가 적극적인 긴급구제 정책을 펴는 과정에서 디지털 기술을 이용한 새로운 행정체계 구축의 필요성을 절감했고 또 그 가능성을 확 인한 바 있다.

그러나 이러한 노력은 미봉책에 그칠 뿐이고 보다 근본적인 대안이 필요하다는 주장이 점점 목소리를 높이고 있다. 가장 대표적인 것으로

'보편적 기본소득universal basic income' 논의와 '일자리 보장job guarantee' 논의를 들 수 있다.

기본소득 논의는 누구에게나 차별 없이(보편성), 사전적인 소득·자산 심사 및 사후적인 구직 활동 의무 부과 없이(무조건성), 가구주가 아닌 각 개인을 대상으로(개인성), 현물이 아닌 현금을(현금성), 정기적으로(정기성), 기본생활을 보장하기에 충분한 수준으로(충분성) 지급할 것을 제안한다. 그럼으로써 기존 사회복지체계의 문제점을 해소하는 것은 물론이고 개개인의 창의성과 자발성을 고양함으로써 경제 전체의 성장과 인류 문명의 발전에도 기여할 수 있다고 주장한다.

기본소득 논의는 계몽주의 시대에서부터 그 연원을 찾을 수 있을 정도로 오랜 역사를 갖고 있고, 20세기의 대표적 자유주의 경제학자인 밀턴 프리드먼Milton Friedman이 '음의 소득세negative income tax' 도입을 주장했을 정도로 그 철학적 기반도 다양하다. 공동체주의적 흐름은 사회 전체의 소유라 할 수 있는 공동 부common wealth에 토대를 두면서 그 구성원의 천부적 권리임을 강조하는 반면, 자유주의적 흐름은 개인의 삶에 간섭하는 국가 개입주의에 반대하면서 지나치게 확장된 기존 사회복지체계를 효율적으로 정비하거나 심지어 대체할 것을 주장한다.

현실적으로 미국 알래스카주가 석유 등 천연자원 수입을 재원으로 영구기금배당Permanant Fund Dividend을 실시한 것이 기본소득의 개념에 부합하는 가장 대표적인 사례로 일컬어지며, 핀란드, 독일, 스페인, 나미비아 등에서 제한된 범위의 정책 실험이 진행되었다. 우리나라에서도 지방자치단체 차원에서 관련 정책을 부분적으로 시행한 바 있다. 최근 코로나19 팬데믹의 긴박한 상황이 기본소득 논의에 동력을 더해준 것은 분명하지만, 국가 전체 차원에서 항구적인 제도로 기본소득을 도입한 예는 아직까지 없다. 넘어야 할 난관이 많기 때문이다.

기본소득 논의와는 일정한 선을 그으면서 노동운동 기반의 전통적 좌파 진영을 중심으로 제기된 것이 일자리 보장 논의이다. 요약하자면 사회적 가치를 갖는 일자리를 언제든지, 원하는 사람에게, 정부 예산으로, 최저임금 수준의 고용기회를 보장하는 것이다. 국립공원 등 환경을 보호하고, 도시공원·도서관 등의 사회기반시설을 관리하며, 노인·아동·장애인 등 사회적 약자의 활동을 지원하는 일자리가 대표적이다. 한 세기 전 대공황 당시 미국 루스벨트 행정부가 뉴딜 정책의 일환으로 다양한 고용 프로그램을 시행했던 것에서 영감을 얻었다고 볼 수 있다.

모든 사람에게 현금을 직접 지급하자는 기본소득 논의와는 달리, 일자리 보장 논의는 원하는 사람에게 일자리를 제공하는 것에 초점을 맞춘다. 노동이 소득의 원천일 뿐만 아니라 자기실현의 장이라는 점을 강조하는 것이다. 다만 정부가 상시 제공하는 일자리는 최저임금 수준의 사회적 일자리로 한정함으로써 재정 부담이나 시장기구의 왜곡을 최소화할 수 있다고 주장한다.

일자리 보장 논의는 정치적으로 버니 샌더스Bernie Sanders 등 미국의 민주당 좌파 그룹에 강한 영향을 미쳤고, 이론적으로는 현대화폐이론 MMT과도 연결된다. 재정건전성 신화에 구애받지 말고 적극적인 재정정책으로 일자리를 창출해야 하며, 필요하다면 중앙은행과의 공조 하에 재정적자 국채를 소화하는 '재정의 화폐화monetization of public finance'도 마다할 이유가 없다는 것이다. 유례없는 장기침체 및 저금리 추세, 그리고 이에 따른 전통적 통화정책의 무력화 등으로 요약할 수 있는 21세기의 거시경제 환경에서 이런 파격적인 주장은 주목 대상이 되었다. 하지만 반대로 최근 인플레이션 및 금리 상승 등의 거시 환경 변화와 비교환성 통화를 가진 나라의 근원적 한계(원죄의 재림)를 감안하면, 통화 증발로 귀결될 위험이 있는 일자리 보장 논의에 대해서는 많은 이론적 비판과 정책적 우려가 제기되는 것도 부정할 수 없다.

4차 산업혁명이 안정기에 들어선 21세기의 어느 시점에서는 이러한 근본적 대안 중의 하나가 많은 나라에서 현실 제도로 안착할지도 모른다. 하지만 이를 미리 예측하는 일은 쉽지 않다. 19세기 말 독일 비스마르크의 조합주의적 사회보험체계도, 20세기 초 영국 베버리지 보고서의 국민 최저선national minimum 복지체계도, 20세기 중반 북구의 보편적 복지체계도 경제적·사회적 위기 국면에서 태동하여 기나긴 진화의 과정을 거쳤기 때문이다.

문제는 새로운 소득보장체계가 장기균형에 도달하기 전에, 단기적으로 막대한 소요 재원을 어떻게 조달할 것이냐를 둘러싼 치열한 이념 전쟁이 기다리고 있다는 것이다. 20세기에는 노동 문제가 진보와 보수를 가르는 기준선이었다면, 21세기에는 그 최전선이 조세·재정 문제로 이동했다는 것은 앞에서도 여러 차례 언급했다. 진보 정당의 증세 주장과 보수 정당의 감세 주장은 세계 모든 나라의 선거에서 가장 뜨거운 쟁점이 되었다. 조세·재정 문제는 때로는 국가부채의 지속가능성 차원으로, 때로는 세계화 시대의 국가경쟁력 강화 차원으로 비화하면서, 경제정책을 넘어선 이념 논쟁의 대상이 되었다.

미래의 새로운 소득보장체계 모색 논의도 마찬가지다. 기본소득 주창자들이 그 개념의 핵심 요소 중에서 다른 것은 절대 양보하지 않으면서도 '기본생활을 보장하기에 충분한 수준으로'라는 뜻의 충분성 요건은 사실상 후퇴하면서 단계적·점진적 접근을 수용한 것도 재원 조달 문제에 근본 원인이 있다. 또한 미국 바이든 대통령이 버니 샌더스 상원의원 등 민주당 좌파 그룹과의 정치적 합의를 토대로 2021년 집권 초기에 1조 9,000억 달러 긴급구제 플랜American Rescue Plan, 2조 2,000억 달러 인프라투자·일자리 플랜American Jobs Plan, 1조 8,000억 달러 사회복지 확충 플랜American Families Plan 등 일자리 보장 논의의 맥을 잇는 정책들을 대거 내놓았지만, 뒤의 두 개 플랜이 의회의 벽에 부딪혀 결국 그 규모가 대폭 축소된 것도 증세·감세를 둘러싼 이념 전쟁의 결과라고 할 수 있다. 단기 조세 전쟁에서 이기지 못하면 장기 개혁 전쟁에서의 승리도 장담하기 어렵다. 장기는 단기의 연속이다.

② 새로운 세원 발굴 논의

마지막으로 대규모 재원을 확보할 수 있는 새로운 조세 도입과 관련된 논의를 살펴보고자 한다. 지난 10여 년 동안에는 일찍이 볼 수 없었던 과감한 조세 개혁 방안들이 쏟아져 나왔고, 그중 일부는 제도화 단계에 들어섰다.

2021년 10월, 136개국의 참여하에 이른바 디지털세 도입과 관련한 최종 합의안이 도출되었다. 다국적기업이 본사와 자회사의 이익을 세율이 낮은 나라로 옮김으로써 조세를 회피하는 행위Base Erosion and Profit Shifting, BEPS를 규제하기 위한 국제적 노력이 10여 년 만에 결실을 맺은 것이다. 이를 '디지털세' 또는 '구글세'라고 부르는데, 디지털 플랫폼 기업은 그 기술적 특성상 실제 수익이 발생하는 나라에 고정사업장을 두지 않고서도 영업을 할 수 있어서 조세 회피 행위가 만연했기 때문이다. 디지털세는 두 가지 핵심 기둥pillar으로 구성된다. 첫 번째는 고정사업장이 없는 나라에도 시장 매출액에 따라 일정 정도 과세권을 부여하는 것이고, 두 번째는 실효세율이 최소 15% 이상이 되도록 하는 글로벌 최저

한세를 도입함으로써 국가 간 세율 인하 경쟁을 방지하는 것이다. 이는 기존 법인세 체계의 근간을 바꾼 혁명적인 성과로 평가되기도 한다. 물론 난관이 남아 있다. 과세권의 배분 및 세수 정보의 취합 등 세부 사항을 둘러싼 각국 간의 이견을 조정하기도 쉽지 않지만, 자국 기업의 경쟁력 훼손을 우려하는 국내 여론 때문에 각국 의회에서의 세법 개정이 제대로 진행되지 않을 수도 있다. 특히 미국 의회의 사정은 매우 불투명하며, 따라서 EU와 미국 간의 분쟁 가능성도 배제할 수는 없다. 애초 디지털세는 2023년 시행을 목표로 하였으나, 2024년으로 연기되었고, 그마저도 장담키 어렵다.

온실가스 배출을 감축하기 위한 탄소세 도입 논의도 활발하게 진행되었다. 그 구체적인 형태는 내국세인 탄소세와 관세인 탄소국경세로 나눌 수 있는데, 이와 밀접히 관련된 것으로 배출권거래제ETS도 있다. 최근 EU는 탄소국경조정제도CBAM의 도입을 확정하였는데, 배출권거래제의 형식을 이용하여 실질적으로는 탄소국경세를 도입한 것이다. 이에 대해서는 다음 3장에서 보다 자세하게 살펴보겠지만, 모든 관세가 갖는 보호무역주의적 특성으로 인해 이 역시 관련 국가 간의 통상분쟁 가능성을 안고 있다.

또한 코로나19 팬데믹이나 러시아-우크라이나 전쟁 등과 같은 특수한 상황에서 횡재에 가까운 이익을 얻은 기업 또는 개인에게 한시적으로 세금을 부과하는 횡재세windfall profit tax도 많은 논란 속에 최근 상당수 나라가 도입했다. 2020년 위기 이후의 재정적자 확대 및 국가부채 누적에 따른 불가피한 대응이라고 볼 수 있다.

제도화와는 아직 거리가 먼 논의들도 많다. 4차 산업혁명 시대에 사람의 일자리를 빼앗아가는 로봇에 세금을 매기자는 로봇세, 각 개인의 소유물이라 할 수 있는 개인정보를 사실상 무상으로 수집·활용하는 플랫폼 기업에 과세하는 데이터세, 공동체의 공유재산인 토지를 사적으로 점유·사용하는 것에 대한 토지보유세 등이 그것이다.

하지만 앞서 언급한 다양한 세금들은 특정한 시대적·이론적 배경 하에 등장하였으며, 세수의 특정한 사용 용도를 염두에 둔 경우가 많다는 점을 기억할 필요가 있다. 즉, 새로운 보편적 소득보장체계를 작동시키는데 필요한 일반적 재원 마련이라는 목적과는 명시적 관련성을 찾기 어렵다. 각각의 세금이 어느 정도의 세수를 안정적으로 확보할 잠재력이 있는지도 분명치 않다. 따라서 미래의 소득보장체계 논의를 특정 세원·세목에 직접 연계시키는 것은 자칫 장기 개혁 과제를 왜곡하고 단기 세금 논쟁 및 이념 논쟁에 매몰될 위험을 안고 있음을 언제나 주의해야 한다.

1. 국경 없는 4차 산업혁명 vs 산업정책의 부활

신자유주의가 위세를 떨친 20세기 후반에는 산업정책 무용론이 팽배했다. 기업과 시장의 자유가 지고지순의 원리였다. 하지만 4차 산업혁명의 물결이 휩쓸고 있는 21세기에는 오히려 산업정책이 부활했으며, 국가경쟁력 제고를 위해 정부가 시장에 개입하는 게 당연시된다. 어느 쪽이 옳은가? 그때그때 상황에 따라 달라지는 것일까? 다른 건 몰라도 역사가 알려주는 교훈이 있다. 1차 산업혁명의 승자인 영국이 자유무역 흐름을 주도했던 19세기 구舊자유주의 시대나, 2차 산업혁명의 폭풍 속에 각국이 보호주의적 산업정책을 펼쳤던 20세기 초반 혼돈의 시대나, 당시 대다수 사람에게는 고통을 안겨주었으며, 그 성과가 널리 확산한 것은 한참 뒤였다는 사실이다. 21세기라고 크게 다를 것 같지는 않다.

2. 플랫폼 독점기업과 한국의 재벌

대기업과 중소·신생기업 중 어느 쪽이 자본주의적 혁신의 원천인가라는 문제는 경제학계의 영원한 논쟁거리다. 대기업은 독점적 기득권을 지키기 위해 혁신을 저해하기도 하지만, 월등한 인적·물적 자원을 동원하여 혁신의 주체가 되기도 한다. 미국의 GAFA(구글, 아마존, 페이스북, 애플)와 중국의 BAT(바이두, 알리바바, 텐센트) 등 21세기의 플랫폼 독점기업은 어느 쪽으로 향할 것인가?

　　한국의 독점기업에게도 같은 질문을 던질 수 있다. 새로운 플랫폼기업이 공정거래법상 대규모기업집단으로 발돋움하는 한편, 제조업을 기반으로 성장한 전통적 의미의 재벌도 디지털 기업으로 변신 중이다. 이들 한국의 신구新舊 재벌은 산업정책의 지원대상인가 아니면 재벌정책의 규제대상인가? 물론 어느 한 측면만을 강조할 수는 없다. 우리의 대표기업들이 4차 산업혁명을 선도할 수 있도록 지원하는 정책이 필요하다면, 그만큼 기업지배구조를 개선하고 대-중소기업 상생협력을 강화하는 정책도 필요하다. 그래야 국민이 기업을 신뢰할 수 있다.

3. 사회계약의 파기와 충돌 위험

조지 W. 부시 대통령의 경제특별보좌관으로 일했던 피파 맘그렌Pippa Malmgren이 쓴 『시그널』(2019)에 흥미로운 대목이 있다. 혼돈의 시기에는 정부에 더 많은 역할이 요구되고, 그럴수록 재원의 한계는 더 심해진다. 따라서 각국 정부가 자국민에게 약속한 사회계약이 파기될 위험, 그리고 각국의 사회계약 간에 충돌이 빚어질 위험이 증폭된다는 것이다.

원래 이 책은 2008년 글로벌 금융위기와 2011년 남유럽 재정위기 당시의 양적완화 정책이 가져올 인플레이션 충격을 예고했다. 당시에는 인플레이션이 없었지만, 이 책의 내용은 현재에 더 큰 함의를 가진다. 2020년 팬데믹 위기 이후 밀어닥친 인플레이션의 공포 속에 정부가 할 일은 더 많아졌고, 재원의 한계는 더욱 분명해졌으며, 국내의 사회계약 파기 위험과 각국 간 사회계약의 충돌 위험은 한층 고조되었기 때문이다.

4차 산업혁명은 기술발전에 걸맞은 새로운 사회계약을 요구한다. 일자리와 소득보장체계의 디스토피아적 전망을 극복하기 위해서는, 대다수 국민이 동의하면서 국제적 정합성도 갖춘 새로운 사회계약이 논의되어야 한다. 불행히도, 국내적으로나 국제적으로 이념 갈등이 격화되는 상황에서 새로운 사회계약이 형성될 가능성은 크지 않다.

3장

기후변화

공정한 녹색 전환은 실현 가능한가?

회사법 개혁 작업은

"재계와의 사회적 합의를 재작성하는 것과 같다."

the programme of company law reform was

"rewriting the settlement between business and society"

– 영국 통상산업장관, 퍼트리샤 휴윗

토니 블레어Tony Blair 정부는 구래의 관습법에 의존하던 영국의 기업 지배구조 규범을 21세기에 걸맞게 성문화 · 현대화하는 작업을 추진한 바 있다. 하지만 10년 가까운 노력의 결과는 실망스러웠다. 그만큼 어려운 일이다. 게다가 지금은 지배구조Governance만이 아니라 환경Environment과 사회Social 관련 규범까지 재작성해야 하는 ESG의 시대다. 그것도 한 나라를 넘어 글로벌 차원에서 합의를 끌어내야 하니, 그 어려움은 이루 말할 수 없다. 하지만 여기에 인류의 미래가 달려 있다.

인간이 자초한 여섯 번째 대멸종 위기

기후 위기: 모두를 위한 행동에 모두가 기꺼이 나서지는 않는다

피터 브래넌Peter Brannen의 저서 『대멸종 연대기』(2019)에 따르면 지구의 역사에는 4억 4,000만 년 전 고생대 오르도비스기를 기점으로 총 다섯 번의 대멸종이 있었다. 생물종의 70~90% 정도가 순식간에 멸종한 엄청난 사건이다. 지질학의 기준으로는 '순식간'이라 표현하지만, 인간의 시간 개념으로는 최소한 수백만 년에서 천만년이 넘는 장구한 세월에 걸쳐 진행되었다. 지질학자들 간에도 대멸종의 원인을 둘러싸고 격렬한 논쟁이 벌어진다. 특히 공룡의 멸종으로 유명한 6,600만 년 전 다섯 번째 백악기 대멸종에 대해서는 소행성 충돌설이 대중적으로 잘 알려져 있으나, 대규모 화산 폭발을 원인으로 주장하는 소수설도 존재한다. 하지만 대멸종의 방아쇠를 당긴 직접적 충격이 무엇이었든 간에, 탄소순환의 생태계가 붕괴하여 지구의 기온이 크게 상승 또는 하락한 것이 궁극적 원인이라는 데에는 이견이 없다.

지금 여섯 번째 대멸종의 경고음이 요란하게 울리고 있다. 이번에는 자연 현상 때문이 아니라 인간이 만들어낸 위기다. IPCC의 제6차 평가 보고서를 준비하는 과정에서 발표된 제1실무그룹 보고서(2021)에 따르면, 2011~2020년 지구 표면의 기온은 1850~1900년에 비해 평균 1.09°C 상승했다. 그중에서도 육지 기온(평균 1.59°C 상승)이 바다(평균 0.88°C 상승)보다 더 올랐다. 이러한 기온상승은 석탄, 석유, 가스 등 화석연료를 주된 에너지원으로 사용하는 인간 활동의 결과로 대기 중의 온실가스 농도가 올라간 것에 기인한다. 수천만 년에서 수억 년에 걸쳐 생성된 화석연료의 매장량 중 절반 정도를 1차 산업혁명 이후 200년도 안 되는 짧은 기간에 태워버린 것이다. 그야말로 '순식간'이다.

이 추세를 그대로 방치한다면, 금세기 말의 지구 평균 기온은 산업화 이전 시기와 비교해 3~5°C 정도 상승할 것으로 예상된다. 그 과정에서 북극·남극의 빙하와 시베리아의 동토가 녹아내린다. 해수면이 상승하면서 남태평양 섬들과 전 세계의 해변 저지대가 지도에서 사라진다. 적도 지역의 열대우림이 파괴되는 한편 중위도 지역의 사막화는 더욱 빨라진다. 더위와 추위, 홍수와 가뭄, 태풍과 산불 등의 극심한 이상 기후가 반복되고, 그 끝에는 인간을 포함하여 지구상의 생물종 대다수가 생존을 이어가기 어려운 대멸종이 기다리고 있다는 것은 이제 초등학생들도 다 아는 시나리오다. 온실가스 감축을 비롯한 기후변화 대응은 생존을 위한 당위적 과제다. 산업화 이전 대비 금세기 말의 평균 기온 상승을 2°C 이내로, 나아가 1.5°C 이내로 억제하기 위해서는 2050년까지 탄소중립net zero 목표를 달성해야 한다. 생존보다 더 중요한 것이 어디 있겠는가?

그림 3-1 지구 기후변화의 역사 및 최근 온난화의 원인

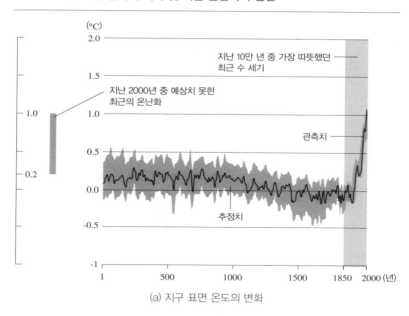

(a) 지구 표면 온도의 변화

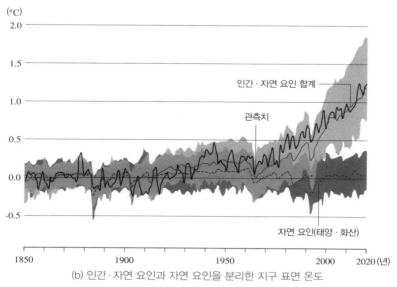

(b) 인간 · 자연 요인과 자연 요인을 분리한 지구 표면 온도

출처: Working Group Ⅰ (2021.8), p.6

그러나 모두를 위한 행동에 모두가 기꺼이 나서는 것은 아니다. 동서고금을 막론한 인간사회의 근본적 한계다. 우선 근시안myopia 또는 단견short-termism의 문제가 있다. 대멸종 시나리오의 종점인 2100년을 너무나 먼 미래의 일로 생각하는 사람이 많다. 탄소중립의 목표 시한인 2050년도 그렇지만, 중간목표 시점인 2030년까지는 10년도 남지 않았는데 말이다. 그들은 지금 당장 집중해야 할 다른 중요한 문제가 있다고 생각한다.

무임승차 문제free-rider problem 또는 집합행동의 문제collective action problem도 있다. 함께 행동할 필요성은 인정하더라도, 그 편익은 누리되 비용은 부담하지 않으려는 것이다. 다급한 사람이 먼저 나설 거라고 믿으며 비용을 떠넘긴다. 온실가스의 기후변화 효과와 관련한 과학적 증거를 애써 부정하려는 태도, 또는 미래의 새로운 기술이 문제를 해결해 줄 터이니 오늘 과잉대응하지 말라며 짐짓 나무라는 듯한 태도는 무임승차와 별반 다르지 않다.

경제학에서는 근시안과 무임승차의 문제가 시장의 실패를 유발하는 대표적인 원인이라고 지적한다. 즉, 기후변화 대응의 당위적 과제가 시장원리만으로는 해결되기 어렵다. 시장은 원래 눈앞의 이익에만 충실하게끔 되어 있다. 따라서 시야를 먼 미래로 확장하면서 그에 따른 비용을 공정하게 배분하는 시스템을 도입하고, 이것이 시장원리에 내부화되도록 하는 작업이 필요하다. 나아가 각국의 시스템을 조율하여 단일한 국제규범으로 발전시켜야 한다. 정부가 앞장서야 할 일이다.

그러나 정부가 이를 잘 수행할 거라고 믿을 수는 없다. 각국 정부의 전략적 의사결정을 내리는 사람 대부분이 근시안과 무임승차 성향을 보여왔기 때문이다. 따라서 인류 공통의 장기 목표보다는 각국의 특수한 단기 이익을 우선시할 가능성이 크다. 공연한 걱정은 아니다. 실제로 각국 정부의 기후변화 대응 및 국제공조 과정은 지속적으로 불안한 모습을 보였다.

국제 기후체제의 현실: 험난한 탄소중립의 길, 아득한 공정전환의 길

환경운동은 오래전에 다양한 연원을 갖는 시민사회 운동으로 출발하였다. 초기에는 반전반핵에 초점을 맞춘 흐름과 생태적 가치를 지향하는 흐름 사이에서 갈등도 있었지만, 점차 과학계의 전문가그룹으로 지평을 확대했다. 각국의 제도정치권 내에서는 통칭 '녹색당'이라는 이름으로 발언권을 확보하였으며, 국제 차원의 연대·공조 활동으로 강화되었다.

결정적인 계기는 1988년 유엔환경계획ENEP과 세계기상기구WMO의 공동주관으로 출범한 '기후변화에 관한 정부 간 협의체Intergovernmental Panel on Climate Change, IPCC'이다. IPCC는 각국의 관료와 과학자들의 참여하에 기후변화와 관련한 과학적 증거 및 정책적 대안을 제시하는 보고서를 작성하는 중요한 역할을 담당한다. IPCC는 3개 실무그룹의 보고서와 특별보고서, 그리고 이를 종합한 평가보고서를 발간해 왔는데, 2023년에는 제6차 평가보고서가 발간되었다. 그간의 성과물 중에서 제1차 평가보고서(1990)는 1992년 발족한 유엔기후변화협약United Nations Framework Convention on Climate Change, UNFCCC에서, 제2차 평가보고서(1995)는 1997년 교토의정서, 제5차 평가보고서(2014)는 2015년 파리기후변화협약에서 각각 공식 채택됨으로써 기후변화와 관련한 국제공조 활동의 과학적·정책적 근거가 되었다. 2018년 우리나라에서 개최된 제48차 IPCC 총회가 공식 승인한 「1.5°C 특별보고서」는 기온상승 역제 목표를 애초의 2°C에서 1.5°C 이내로 강화하고, 이를 위해 2030년 온실가스 배출량을 2010년 대비 45% 줄이고, 2050년까지는 탄소중립을 달성해야 한다는 제안을 담았다.

이처럼 기후변화 관련 과학적 증거를 토대로 국제적 공동대응의 필요성에 대한 인식은 확산하였으나, 실제 각국 간의 조율 과정은 많은 우여곡절을 겪었다. 몇 가지 사례를 살펴본다.

1992년 브라질 리우에서 개최된 지구정상회의(UN환경개발회의)에서 앞서 언급한 UNFCCC가 발족했고, 참가국의 비준을 거쳐 1994년에 발효되었다. 동 협약에 따라 이른바 '부속서 1 국가'로 분류된 선진국은 여러 지표를 고려하여 설정된 온실가스 감축 의무를 부담하고, '부속서 2 국가'인 개도국은 자발적으로 국가보고서를 제출·이행하는 체계가 마련되었다. 우리나라는 1993년에 가입하면서 부속서 2 국가로 분류되었으나, OECD 가입 이후에는 자발적으로 선진국 수준의 의무를 부담할 것을 요구받았다.

이러한 국제 기후체제가 1997년 UNFCCC의 제3차 당사국총회 Conference of Parties, COP에서 교토의정서로 공식 채택되었다. 38개 선진국에는 2020년까지 온실가스 배출량을 1990년 대비 평균 5.2% 감축하는 의무가 부과되었다. 그런데 55개국 이상이 비준해야 한다는 조건은 일찌감치 충족되었으나, 전 세계 배출량의 55% 이상을 차지하는 나라들에서 비준되어야 한다는 또 다른 조건이 충족되지 않아 교토의정서의 발효가 계속 지연되었다. 주요 배출국인 미국과 호주가 비준을 거부하였기 때문이다. 교토의정서 체결을 주도한 미국 클린턴 행정부가 의회의 벽을 넘지 못했고, 그 뒤를 이은 부시 행정부가 아예 불참을 선언한 것이 결정타였다. 러시아가 신규 가입하면서 간신히 55% 조건을 충족하여 2005년 공식 발효되었으나, 교토의정서는 상당 부분 동력을 상실하였고, 2020년 이후의 포스트 교토의정서 논의도 난항을 거듭하였다.

접근법을 바꿀 수밖에 없었다. 교토의정서가 38개 선진국만을 대상으로 온실가스 감축의무를 강제 할당하는 하향식top-down 접근법이었다면, 2015년 체결된 파리기후변화협약은 195개 참가국 모두에게 적용하되 감축 목표와 일정은 자율적으로 결정하도록 하는 상향식bottom-up 접근법을 채택하였다. 다만 이행을 담보하기 위해 5년마다 10년 후의 '국가 온실가스 감축 목표nationally determined contribution, NDC'를 제출·점검하도록 하고, 기발표된 목표치는 후퇴할 수 없도록 했다. 그리고 강제력은 없지만 2050년 탄소중립 목표 달성을 위한 '장기 저탄소 발전전략long-term low greenhouse gas emission development strategy, LEDS'도 제출하도록 하였다. 개도국의 기후변화 대응 사업을 지원하기 위해 매년 1,000억 달러를 지원한다는 내용도 포함되었다.

그러나 파리기후변화협약도 굴곡을 겪기는 마찬가지였다. 협약 체결을 주도한 미국 오바마 행정부의 퇴임 이후 들어선 트럼프 행정부가 협약에서 탈퇴했기 때문이다. 비록 바이든 대통령 취임 직후 미국이 다시 협약에 복귀했지만, 교토의정서에 이어 파리기후변화협약에서도 핵심 국가의 전략적 판단에 따라 국제공조 체제가 흔들린 경험은 미래의 불확실성을 심화시키는 요인으로 작용할 수밖에 없다.

한편 UNFCCC 출범 이후 매년 정기적으로 당사국총회가 개최되었는데, 2020년은 코로나19 팬데믹으로 건너뛰고, 2021년 11월 영국 글래스고에서 제26차 당사국총회COP26가 열렸다. 파리기후변화협약에 따른 신기후체제의 원년이라는 중요한 시점에 열린 이 회의에서는 글래스고 기후합의Glasgow Climate Pact가 채택되었고, 2030년 목표 NDC의 상향 재제출, 기후변화 적응 재원 확대 및 개도국 지원 강화, 국제 탄소 시장 관련 지침의 타결 등 중요한 성과가 있었다. 그리고 석탄 발전의 점진적 감축, 메탄가스 감축, 지속가능한 산림·토지 이용, 무공해차로 의 전환 등과 관련한 각국 정상들의 선언과 민간부문의 논의가 활발히 전개되었다.

무엇보다 많은 나라가 탄소중립 목표에 동참하였다. 영국의 비영리 연구기관 ECIUEnergy & Climate Intelligence Unit에 따르면, 2022년 말 현재 17개국 및 EU가 의회의 법제화in law 수준으로, 37개국이 정부의 공식 정책 문서in policy document 형태로, 그리고 17개국이 정부의 정책 선언declaration/pledge을 통해 탄소중립 목표를 발표하였으며, 51개국이 UN과 협의proposed/in discussion 중이다. 우리나라는 2021년 9월 탄소중립·녹색성장기본법 제정을 통해 2050년 탄소중립 달성을 법제화했다.

특히 2020년 기준으로 전 세계 온실가스 배출량의 32.5%를 차지하며 압도적 1위를 기록한 중국이 2030년 정점을 지나 2060년에 온실가스 중립을 달성하겠다는 계획을 밝힌 것에서부터, 미국(12.6%)에 이어 세계 3위의 배출국인 인도(6.7%)는 2070년, 세계 4위 배출국인 러시아(4.7%)는 2060년을 탄소중립 목표 시점으로 발표한 것이 주효하다. 이들 나라가 목표 시점을 2050년보다 뒤로 잡은 것이 아쉽기는 하지만, 온실가스 배출 최상위국들이 모두 국제공조 체제에 합류한 것만으로도 충분히 희망적이다.

물론 우려의 목소리도 없지 않다. 각국이 제출한 2030년 시한의 NDC와 2050년 시한의 LEDS를 종합점검한 결과, 온전히 이행된다고 하더라도 1.5°C 목표는 달성하기 어렵다는 비관적 전망이 나오기 때문이다. 그렇다고 각국의 온실가스 감축 목표를 대폭 상향하기도 현실적으로 쉽지 않다. 중국의 시진핑 주석과 러시아의 푸틴 대통령이 COP26 정상회의에 참석하지 않은 사실에서 알 수 있듯이, 주요 강대국 정상들이 한자리에 앉기도 어려운 작금의 국제정세가 탄소중립을 향한 국제 공조 노력을 방해하는 가장 본질적인 문제라고 할 수 있다. 2022년 초 발발한 러시아–우크라이나 전쟁 이후의 상황을 감안하면 더욱 그렇다. 인류의 생존을 좌우할 탄소중립의 목표 역시 미국·중국 등 주요 강대국의 독자적 전략에 의존할 수밖에 없는 것이 현실이다.

탄소중립이 실현되기 어려운 이유에는, 출발점이 다른 데에서 비롯되는 각국 간 이해충돌의 문제도 있다. [표 3-1]은 주요국이 제출한 2030년 시한의 NDC를 여러 각도에서 비교한 것이다. 대부분의 나라가 온실가스 배출의 정점이나 그 인접 시점을 기준연도로 하여 2030년까지의 감축 목표를 제출하였다. 기준연도부터 2030년까지의 기간에 상당한 차이가 나는 만큼 각국의 기준연도 대비 또는 정점연도 대비 연평균 감축률에도 큰 격차가 있음을 알 수 있다. 정점에 늦게 도달한 나라일수록 2030년 및 2050년 목표를 향해 더 빠른 속도로 감축해야 한다.

표 3-1 주요국의 2030년 NDC 상향 수준 및 연평균 감축률 비교

국가명	기준연도 대비			정점연도 대비		2018년 대비
	기준 연도	2030년 감축 목표	연평균 감축률	정점 연도	연평균 감축률	연평균 감축률
EU	1990년	55%	1.98%	1990년	1.98%	4.15%
영국	1990년	68%	2.81%	1991년	2.91%	4.89%
캐나다	2005년	40~45%	2.19%	2007년	2.45%	4.50%
미국	2005년	50~52%	2.81%	2007년	3.07%	4.97%
일본	2013년	46%	3.56%	2013년	3.56%	3.98%
한국	2018년	40%	4.17%	2018년	4.17%	4.17%

주: 캐나다와 미국은 감축 목표의 중간값으로 연평균 감축률 계산
출처: 관계부처 합동(2021.10.18.)에서 재정리

2018년에 정점을 지난 우리나라도 그렇지만, 아직 정점에 이르지도 못한 개도국의 부담은 상당할 것이다. 나아가 그동안의 온실가스 감축 관련 기술개발, 법제도 정비, 국민 수용성 등의 차이를 고려하면, 각국이 느끼는 실제 부담의 정도는 연평균 감축률의 숫자 차이보다 훨씬 클 것이 분명하다.

따라서 [표 3-1]의 마지막 열에서 보듯이, 주요국의 2018년 실제 배출량 대비 2030년까지의 연평균 감축률이 4~5% 수준으로 엇비슷하게 맞추어져 있는 것이 오히려 불공정하다고 볼 여지도 있다. 예를 들어 2018년 배출량 기준으로 2030년까지 EU가 연 4.15%씩 줄이는 것과 우리나라가 연 4.17%씩 줄이는 것의 경제·사회적 부담이 같다고 볼 수 없다는 것이다. 공정은 원래 주관적인 개념이다. 각국의 자국중심적 전략도 여기서 비롯된다. 출발점이 다른 데서 오는 각국 간의 상대적 격차를 어떻게 조율할 것이냐, 특히 선진국이 얼마나 적극적으로 개도국의 탄소중립 전환을 지원할 것이냐가 국제공조의 앞날을 결정하는 또 다른 핵심 요인이 될 것이다.

1750년 이래 이산화탄소 누적 배출량의 각 지역별 기여도를 나타낸 [그림 3-2]에서 알 수 있듯이, 유럽과 미국 등 선진국들이 지난 200여 년간 화석연료를 펑펑 태우면서 경제발전을 한 결과 오늘날의 기후위기를 초래했다. 중국 등 아시아 후발국들의 기여도가 급증한 것은 20세기 말 이후 최근 들어서이다. 참고로 동 자료에 따르면, 2021년 기준으로 우리나라의 기여도는 전 세계 누적 배출량의 1.1%로 세계 17위, 당해연도 순 배출량의 1.7%로 10위를 기록했다.

문제는 기후변화의 피해가 개도국, 특히 저소득국에 집중된다는 것이다. 이를 어떻게 지원 또는 보상할 것이냐가 중요한 쟁점으로 부상했

그림 3-2 이산화탄소 누적 배출량의 각 지역별 기여도 추이(1750~2021년)

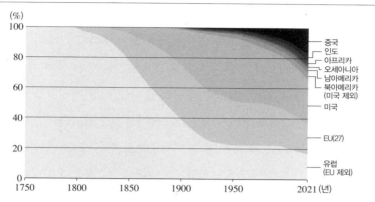

주: 이산화탄소 배출량은 화석연료 연소 및 직접적 산업 활동에 기인한 것만 포함. 토지 이용 변경, 숲 파괴, 작물 재배 등의 요인은 포함하지 않음.
출처: Our World in Data, ourworldindata.org/contributed-most-global-co2

다. 2010년 COP16에서는 선진국이 2020년까지 매년 1,000억 달러를 개도국에 지원한다는 데 합의하였고, 2015년 COP21에서는 이를 2025년까지 연장하면서 관련 내용을 파리기후변화협약에 반영하였다. 그런데 2021년 COP26이 열리던 중에 발표된 자료에 따르면, 2019년의 지원 규모는 796억 달러에 불과한 것으로 드러났다. 선진국의 약속이 지켜지지 않는 것에 대한 비판이 쏟아졌다. 2020년 코로나19 팬데믹 이후의 세계경제 상황을 고려할 때 향후 선진국의 약속 이행을 담보할 수 있을지, 또는 매년 1,000억 달러의 지원 규모가 충분한 것인지를 둘러싼 논란은 여전히 뜨겁다.

한편 1년 후인 2022년 이집트 샤름엘셰이크에서 열린 COP27에서는 창세기 '노아의 방주' 이래 최악의 홍수 피해를 입었다는 파키스탄을 위시한 다수의 기후변화 취약국들이 제기한 '손실과 피해loss and damage' 의제가 최대 쟁점으로 떠올랐다. 회의 기간을 연장하는 진통 끝에 선진국들이 기금을 조성하기로 원칙 합의하는 성과를 거두었지만, 구체적인 내용은 선진국 10인과 개도국 14인으로 구성된 준비위원회를 설립하여 계속 협의하기로 했다. 논쟁은 이제 시작일 뿐이다.

탄소중립 사회로의 전환 과정은 온실가스 감축 등을 통해 기후변화 압력을 줄이는 '완화mitigation', 기후변화 충격에 대한 복원력을 높이는 '적응adaptation', 그리고 취약계층·지역·국가를 보호하고 녹색전환을 지원하는 '공정전환just transition' 등을 핵심축으로 한다. 2021년의 COP26와 2022년의 COP27에서 확인되었듯이, 최근 들어 적응과 공정전환 의제에 관한 관심이 크게 높아졌다. 하지만 그동안의 논의는 주로 완화 중심으로 진행되어 온 것이 사실이다. 이에 공정전환의 당위적 필요성과 현실적 어려움에 대해서는 앞서 언급한 것으로 갈음하고, 다음에서는 온실가스 감축과 관련한 정부 정책에 대해서, 그리고 보다 폭넓은 의미의 ESG 또는 지속가능성Sustainability 차원에서 새로운 사회를 향한 적응의 과제를 살펴본다.

온실가스 감축 정책

온실가스 감축: 몬트리올 의정서, 비관적 상황에서의 작은 희망

1997년 교토의정서는 지구 온난화의 주범으로 일컬어지는 대표적인 온실가스 여섯 종류를 지정하였다. 이산화탄소(CO_2), 메탄(CH_4), 아산화질소(N_2O), 그리고 세 종류의 F가스F-Gases(NFCs, PFSs, SF_6) 등이 그것이다. 온실가스 종류별로 지구 온난화에 미치는 영향이 다른데, 메탄은 같은 양의 이산화탄소보다 21배, 아산화질소는 310배, F가스는 1,300~23,900배의 온난화 효과를 갖는 것으로 알려져 있다.

IPCC의 제6차 평가보고서를 준비하는 과정에서 발표된 제3실무그룹 보고서(2022)에 따르면 [그림 3-3]에서 보듯이, 2010~2019년의 10년간 인간 활동에 의한 온실가스 누적 배출량을 이산화탄소 기준으로 환산하면 410±30기가톤(GtCO_2-eq)에 달하는 것으로 추산된다. 이는 1850년 이후 170년 동안 배출한 온실가스 총량의 17%에 해당한다. 2020년에는 코로나19의 영향으로 온실가스 배출이 줄었으나, 2021년 경기회복에 따라 다시 사상 최고치를 경신했다. 2021년 COP26에 제출된 각국의 NDC로는 1.5°C 목표를 달성하기 어렵다는 비관적인 전망이 나오는 이유다.

　　그렇다고 포기할 수는 없다. 인간이 만든 문제는 인간의 노력으로 해결할 수 있다는 희망을 발견하기도 한다. 단적인 예로, 최근 세계기상기구 등이 공동 발표한 보고서 「오존층 감소에 대한 과학적 평가: 2022」는 프레온 가스 사용을 금지한 1989년 몬트리올 의정서의 성과가 나타나면서 오존층이 서서히 회복되고 있고, 세계 대부분 지역에서 2040년까지는 오존층이 1980년대 수준으로 회복될 것으로 예측하였다. 이 보

그림 3-3 인간 활동에 의한 온실가스 배출 추이(1990~2019년)

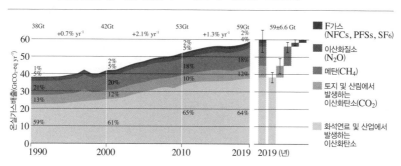

출처: Working Group Ⅲ (2022.4), p.7

고서는 강력한 온실가스 효과를 가진 프레온 가스의 사용이 금지되지 않았다면, 지구 기온이 지금보다 1°C는 더 상승하였을 것으로 추정하였다.

온실가스 감축 노력은 다음 세부 부문으로 나눌 수 있다. '에너지 전환' 부문은 온실가스 배출의 주범이라 할 수 있는 석탄·석유·가스 등의 화석연료를 재생에너지로 대체하는 것을 말하는데, 특히 모든 것이 전동화되는 디지털 시대에 발맞추어 태양광·풍력·수소 등을 이용하여 친환경 전기를 생산하는 것이 그 핵심이다. '산업' 부문은 철강·알루미늄·시멘트·정유·석유화학·반도체 등 탄소 집약도가 높은 산업에 저탄소 기술개발 및 시설개선 투자를 촉진하고, 탄소 배출에 따른 사회적 비용이 원가에 반영되도록 하는 탄소 가격제 도입이 중요한 과제다. '건물·도시' 부문은 신축 또는 기존 건물의 에너지 효율을 높이는 투자를 지원하고, 개별 건축물 단위를 넘어 도시·국토 차원의 온실가스 관리 체계를 확립하고자 하는 것이다. '수송' 부문은 화석연료에 의존하는 수송 수단을 대체하는 것이다. 내연기관 자동차를 전기차·수소차 등으로 전환하는 것은 물론, 자율주행 자동차·선박을 상용화하는 최근의 흐름은 각국 산업구조의 일대 전환을 촉발할 것으로 예측된다. '순환' 부문은 생산→소비→폐기의 단선 경제에서 벗어나 폐기물을 줄이고reduce 재사용하고reuse 재활용하는recycle 순환 경제circular economy로의 전환을 뜻한다. 특히 해양폐기물의 80%를 차지하는 플라스틱을 규제하기 위해 2024년 말을 목표로 구속력 있는 국제협약 체결이 추진되고 있다. '토지 및 숲' 부문은 토지 사용 및 용도 변경에 따른 탄소 배출을 줄이고, 탄소의 자연 흡수원인 숲을 보전·확장하는 것이다. 그 외에 '탄소 포집·활용·저장carbon capture, usage, storage, CCUS' 부문은 지금 당장은 여러

난관에 부딪히고 있지만, 장기적 관점에서 기술개발 지원이 절실히 필요한 영역이다.

이상 열거한 내용이 온실가스 감축 노력의 전부를 포괄하는 것은 아니다. 하지만 그 하나하나가 기업의 생산방식에서부터 개인의 생활양식에 이르기까지 경제 흐름을 근본적으로 바꿀 잠재력이 있다. 이 책에서 모든 것을 다 세세히 살펴볼 수는 없지만 재생에너지 확대, 탄소 가격제 도입, 그리고 국제규범화를 추진하고 있는 EU의 최근 동향을 중심으로 온실가스 감축 관련 정부 정책의 논쟁점들을 짚어보고자 한다.

재생에너지 전환 정책: 전통 에너지 분야의 지정학적 리스크

먼저 화석연료를 재생에너지로 전환하는 정책이다. 에너지 보존의 법칙에 따라 에너지 총량은 불변이지만 다양한 형태로 전환할 수 있다. 화석연료의 연소는 탄소에 내재한 화학 에너지를 열 에너지로 전환하는 것인데, 그 과정에서 이산화탄소를 비롯한 온실가스가 대량 배출된다. 반면 재생에너지의 대명사 격인 태양광 발전은 빛의 광자 에너지를, 풍력 발전은 바람의 운동 에너지를 전기 에너지로 전환하는 것으로 지구가 존재하는 한 무한히 이용 가능하다고 할 수 있다.

세계에너지기구IEA가 2022년 3월 발표한 보고서(Global Energy Review: CO$_2$ Emission in 2021)에 따르면, 2021년 전 세계 에너지 부문의 이산화탄소 배출량은 총 363억 톤에 달한다. 이는 코로나19 팬데믹으로 인해 배출량이 급감했던 2020년은 물론 그 이전인 2019년보다도 더 늘어나 역대 최고치이다. 재생에너지 발전량이 증가했지만, 경기회복 과정에서의 전기 수요를 충당하기 위해 석탄 사용량이 그보다 더 증가했기 때문이다. 2021년의 배출량의 대부분이 석탄(42%), 석유(29%), 천연가스(21%)로 인해 발생했으며, 그 외는 바이오매스 및 폐기물(1%), 연료 생산·처리 공정(7%)에서 생겨났다. 결국 화석연료 의존도를 줄이는 것이 탄소중립 달성의 핵심임을 확인할 수 있다.

재생에너지 확대를 위해서는 다양한 영역에서 정부의 적극적인 개입이 필요하다. 무엇보다, 초기의 생산원가 격차를 상쇄하는 보조금 지급이 불가피하다. 독일이 선도적 모범 사례라고 할 수 있다. 2000년 재생에너지법EEG 제정을 통해 미리 고시된 가격으로 전기를 매입하는 '발전차액 지원제도feed in tariff, FIT'를 시행함으로써 재생에너지 확대에 결정적인 계기를 마련하였다. 독일은 이미 재생에너지가 화력발전에 대해 원가 경쟁력을 갖는 '그리드 패러티grid parity'를 달성하였고, 2021년 전체 에너지 소비의 16.1%(2020년 19.2%), 총 전력 생산의 40.9%(2020년 44.1%)를 담당한다. 하지만 고정가격 형태의 FIT는 재생에너지 사업자에게 안정적인 수익을 보장해줄 수 있지만, 막대한 정부 재정이 소요된다는 부담이 있다. 독일도 2017년부터는 경쟁입찰 가격 방식으로 FIT를 수정하였다.

기존 발전사업자에게 일정 비율의 재생에너지 생산을 의무할당renewable portfolio standard, RPS하고, 이에 미달하는 부분은 재생에너지인증서renewable energy certificate, REC를 매입하도록 하는 나라도 있다. 미국이 대표적이다. RPS는 정부가 의무 부과를 통해 재생에너지 시장을 창출하되 REC 가격은 시장원리에 따라 조정되도록 하는 의미가 있다. 우리나라는 2002년 FIT를 도입하였다가 2012년 RPS로 대체하였고, 2018년부터는 30kW급 이하의 소규모 사업자를 대상으로 이른바 '한국형 FIT'를 병행 시행하고 있다.

한편 재생에너지는 햇빛이 비치고 바람이 불 때만 발전이 가능한 간

혈성, 넓은 지역에 소규모 사업자 형태로 나누어진 분산성 등의 근본적 문제를 안고 있다. 재생에너지 확대를 위해서는 개별 발전사업자에 대한 지원을 넘어 그때그때의 상황에 따라 잉여 전기를 저장하고, 분산된 공급자-수요자를 체계적으로 연결하는 계통 시스템, 즉 스마트 그리드 smart grid를 구축하는 것이 필수적이다. 그렇지 않으면 대규모 정전사태를 불러올 수도 있다. 송배전 설비, 전기저장 설비ESS, 중앙통제 설비 등을 구축하는 데 막대한 투자가 이루어져야 하고, 정부의 직간접적 지원이 뒷받침되어야만 한다. 한 나라의 국경을 넘어 다수 국가를 연결하는 슈퍼 그리드Super grid를 구축하는 목표를 세울 수도 있다. 이를 위해서는 국제공조 체제의 안정적 유지가 필수적이다. 우리나라는 삼면이 바다로 둘러싸인 반도 국가이면서 남북한으로 분단된 사실상의 '에너지 섬'이기 때문에 매우 불리한 상황이다.

모든 나라가 재생에너지 확대를 위해 노력하지만, 각국 간의 격차는 계속 벌어지는 추세다. 입지 조건의 차이가 가장 크다. 태양광 발전의 경우 국토의 넓이와 하루 일조량으로 대변되는 자연적 제약을 벗어나기가 쉽지 않기 때문이다. 단위면적당 발전량(kWh/M^2)으로 측정한 하루 일조량의 최대치를 비교하면, 수단 6.67, 호주 6.37, 미국 5.97, 중국 5.93, 인도 5.64, 베트남 5.52, 한국 4.20, 독일 3.34 등으로 상당한 차이를 보인다. 풍력 발전, 특히 최근 들어 그 중요성이 커지고 있는 해상풍력에서도 입지 조건의 중요성은 두말할 필요가 없다.

물론 독일처럼 입지 조건의 불리함을 기술개발로 극복한 예도 있다. 하지만 이 역시 격차를 좁히기보다는 확대하는 요인으로 작용하는 것이 일반적이다. 특히 태양광 발전의 가치사슬 중 업스트림 분야의 원재료인 잉곳과 웨이퍼 생산에서 중국 기업이 세계시장의 90% 이상을 점하는 압도적인 경쟁력을 보이는 것은 물론, 태양광 전지와 모듈 등의 미드스트림 분야로까지 확대하고 있다. 풍력 발전의 경우 경쟁력의 핵심에 해당하는 대규모 회전날개 및 터빈 제작 기술에서 유럽과 미국의 몇몇 기업이 이미 독보적인 위치에 올랐다. 생존을 위한 여정에 모든 인류가 같은 배에 올라탔다고는 하지만, 그 배 안에서도 각국은 치열한 경쟁을 벌이고 있다.

장기적인 관점에서 볼 때 새로운 대안으로 떠오른 것이 수소 에너지다. 수소연료전지는 연료에 내재한 화학 에너지를 곧바로 전기 에너지로 전환하는 것으로, 수소와 산소의 화학 반응에서 전기 이외의 부산물로는 물만 생성되기 때문에 그야말로 청정에너지라고 할 수 있다. 문제는 수소를 대량으로 생산하기 어렵다는 점이다. 화석연료의 처리 과정에 얻어지는 그레이 수소나 브라운 수소, 여기에 탄소 포집 기술을 적용한 블루 수소 등으로는 생산량은 물론 온실가스 저감 측면에서도 한계가 있다. 따라서 호주처럼 태양광 발전에 큰 잠재력을 가진 나라에서 물을 전기분해하여 얻은 그린 수소가 미래의 대안인데, 수소의 생산→저장→운송→사용에 이르는 생태계 전체를 새롭게 구축해야 하는 국가적 또는 글로벌 차원의 프로젝트다. 요소요소의 기술개발과 함께 대규모 인프라 건설, 그리고 국제공조 체제의 확립이 필요하다. 쉬운 것이 하나도 없고, 이 역시 협조 못지않게 국가적 경쟁의 대상이다.

그런데 태양광, 풍력, 수소 등의 재생에너지로 전환하는 과정에서 가장 큰 문제는 기존 에너지 부문과 관련된 지정학적 리스크다. 사용량을 줄여간다고 해도 많은 국가가 상당 기간 화석연료에 의존할 수밖에 없다. 재생에너지로 전환하는 과정에서 화석연료 산업의 경제적 이해관계, 이를 둘러싼 강대국의 전략적 이해관계의 충돌은 쉽게 예상할 수 있다. 1970년대 석유파동 당시 미국과 사우디아라비아 간의 비밀협약으로 형성된 국제 석유거래의 달러 결제 시스템이 오늘날까지도 건재하면서, 중국 위안화 또는 러시아 루블화로의 대체결제를 절대 허용하지 않으려 하는 것은 에너지 안보와 패권경쟁의 결합을 상징적으로 보여준다. 미국의 부시 행정부와 트럼프 행정부가 교토의정서와 파리기후변화협약을 거부했던 것도, 자국의 셰일 석유·가스 산업의 이해관계 및 에너지 안보 전략과 무관하지 않다. 최근 중국과 호주 간의 석탄 분쟁, 그리고 러시아-우크라이나 전쟁 이후의 천연가스 공급망 충격 등 화석연료를 둘러싼 지정학적·지경학적 충돌 사례는 널려 있고, 앞으로도 계속될 것이다.

원자력의 상업적 활용 문제 역시 마찬가지다. 핵확산금지조약NPT에 따라 공식 핵무기 보유 인정 5개국(미국, 러시아, 중국, 프랑스, 영국) 외에는 핵무기 개발에 엄격한 제한이 있다. 하지만 NPT 체계 밖의 비공식적 핵무기 보유국이 엄연히 존재하며, 원자력의 군사적 활용과 상업적 활용 사이의 경계가 모호하다는 사실은 언제나 국제적 긴장 관계의 원인이 되었다. 또한 핵연료의 채굴·가공 과정에서의 온실가스 배출, 원자력 발전소의 안전, 방사선 폐기물 처리에 수반되는 장구한 시간과 천문학적 비용, 소형모듈원자로SMR을 비롯한 차세대 원전 기술의 개발 및 상용화 등을 둘러싼 논란은 과학의 영역을 넘어 신념의 대상이 됐다.

최근 EU는 녹색 분류체계Green Taxonomy의 세부 지침을 제정하는 과정에서 우여곡절 끝에 2050년까지 고준위 방사성 폐기물 처리시설 확보 및 운용 계획 마련, 2025년까지 사고 저항성 핵연료 기술 적용 등의 지극히 까다로운 조건을 붙인 과도기적 조치로 원자력 발전을 녹색 활동에 포함했다. 하지만 온실가스 감축에 가장 적극적인 EU 회원국들조차 에너지 안보 문제에서만큼은 자국의 현실적 이익에서 벗어나기 어렵다는 사실을 여실히 보여주었다. 우리나라에서는 이상에서 언급한 모든 문제가 중첩되면서 원자력 발전은 극단적인 진영 간 갈등의 원천이 되고 있다.

앞서 2장에서 살펴본 4차 산업혁명의 과제와 마찬가지로 기후변화 대응 역시 글로벌 차원의 과제다. 하지만 세계정부가 없는 상황에서 그 현실적 대응 주체는 국민국가의 정부일 수밖에 없다. 특히 주요 강대국의 자국중심적 단기 전략에 따라 요동치는 상황은 앞으로도 계속 이어질 것이다.

탄소 가격제: 시장 기능 활용을 위해 풀어야 할 숙제

앞에서는 온실가스 감축을 위한 정부의 직접적 개입 또는 지원 정책과 관련된 내용을 살펴보았다. 그런데 온실가스 대부분은 민간 경제주체의 생산과 소비 활동에서 배출된다. 따라서 온실가스 배출에 따른 외부효과externalties를 시장 메커니즘에 내부화internalization함으로써 민간 경제활동을 조정하는 것이 탄소중립을 위한 가장 효율적이면서 지속가능한 방법이라는 것이 경제학자들의 공통된 주장이다. 탄소 가격제carbon pricing 도입이 바로 그것이다(이하 Elkerbout 외, 2022 참조).

전통적으로 경제학에는 외부효과를 내부화하는 두 가지 접근방법이 있다. 따라서 탄소 가격제의 유형도 크게 두 가지로 나눌 수 있다. 하나는 외부불경제를 일으킨 주체에게 세금을 부과함으로써 해당 활동을 사회적 최적 수준으로 줄이자는 피구Arthur Cecil Pigou의 주장에 따른 접근법으로, 탄소세carbon tax가 여기에 해당한다. 다른 하나는 당사자의 재산권을 명확히 설정하고 시장 거래를 허용하는 것이 정부의 세금 부과

보다는 더 효율적이라는 코즈Ronald Coase의 재산권 이론에 따른 접근법으로, 사업자별로 온실가스 배출권을 유상 또는 무상으로 할당하고 거래소에서 자유롭게 거래되도록 하는 배출권거래제emissions trading system, ETS가 그 현실적 형태다.

이론적 측면에서 탄소세와 배출권거래제는 명확하게 대비되는 장단점을 갖고 있다. 탄소세는 가격에 일정 세금이 더해지는 형태를 취하기 때문에 가격의 상승 폭에 대한 예측가능성이 큰 반면, 실제로 온실가스 배출을 어느 정도나 줄일 수 있을지는 불확실하다. 이에 비해 배출권거래제는 배출 가능한 온실가스 총량을 사전에 할당하는 것이기 때문에 감축 목표 달성에는 더 효과적이지만, 그때그때의 수급 상황에 따라 배출권 가격이 큰 폭의 변동성을 보일 수 있다.

어떤 접근방법을 택하든지 간에 실행가능성과 효과성을 높이기 위해 다양한 보완 장치를 덧붙이게 마련이다. 탄소세의 경우 각국의 조세 체계에 따라 내국세로 할지 국경세로 할지를 선택하고, 그 부과 대상 품목과 세율, 환급장치 등을 탄력적으로 조정할 수 있다. 또한 배출권거래제는 수급 상황에 따라 배출권의 양을 조절하거나 배출권 가격의 상·하한을 설정할 수 있고, 자본시장에서 다양한 금융파생상품으로 거래될 수 있도록 유도한다.

세계은행World Bank이 공개한 자료(2022)에 따르면, 2022년 4월 현재 탄소세를 시행하는 국가·지역은 37개, 배출권거래제를 시행하는 국가·지역은 34개이다. 이들 탄소 가격제의 적용 범위는 전 세계 온실가스 배출량의 약 23%에 해당한다. [표 3-2]에 정리한 바와 같이, 탄소세와 배출권거래제를 둘 다 병행하는 나라도 있다. EU는 2005년부터 배출권 거래제를 채택하면서 단계적으로 확대 발전시켜 왔고, 중국은 8개 지역

표 3-2 각국의 탄소세 및 배출권거래제 도입 현황(2022.4월 기준)

단일 탄소 가격제 시행(확정)	ETS	EU ETS	오스트리아, 벨기에, 불가리아, 키프로스, 체코, 독일, 그리스, 헝가리, 이탈리아, 리투아니아, 몰타, 루마니아, 슬로바키아
		국가 ETS	중국, 카자흐스탄, 한국, 뉴질랜드
		지역 ETS	미국
	탄소세		아르헨티나, 싱가포르, 남아공, 우루과이; (ETS 추가 도입 검토) 칠레, 콜롬비아, 인도네시아, 우크라이나
복수 탄소 가격제 시행(확정)	EU ETS & 탄소세		덴마크, 에스토니아, 프랑스, 아이슬란드, 아일랜드, 라트비아, 리히텐슈타인, 룩셈부르크, 네덜란드, 노르웨이, 핀란드, 폴란드, 포르투갈, 슬로베니아, 스페인, 스웨덴
	국가 ETS & 탄소세		멕시코, 이스라엘, 스위스, 튀르키예, 영국
	지역 ETS & 탄소세		캐나다, 일본
ETS 또는 탄소세 도입 검토			보츠와나, 브라질, 브루나이, 코트디부아르, 말레이시아, 몬테네그로, 모로코, 파키스탄, 세네갈, 세르비아, 대만, 태국, 베트남

출처: World Bank(2022)를 토대로 재정리

으로 나누어 시범 운영하던 거래소를 2021년에 전국 거래소로 통합했다. 탄소세를 시행 중인 나라에서도 추가로 배출권거래제 도입을 검토하는 등 배출권거래제가 확산하는 추세에 있고, 여기에 각국의 특수한 사정에 따라 탄소세를 보완·병행하는 양상을 보이는 것으로 판단된다.

한편 탄소 가격제 도입은 다양한 문제를 파생시키기도 한다. 탄소세의 세수 또는 배출권의 유상판매 수입을 어떤 용도로 사용할 것인가를 둘러싼 논란이 대표적이다. 전 세계 탄소 가격제 관련 수입은 2021년 총 840억 달러에 달한다. 450억 달러였던 2019년과 530억 달러였던 2020년에 비해 크게 늘어난 금액이다. 이는 주로 배출권의 가격 상승과 함께 유상판매 비중 증가에 기인한 것으로, 그 결과 2021년에는 사상 처음으로 배출권거래제 수입이 탄소세 수입을 넘어서게 되었다.

이러한 탄소 가격제 관련 수입 규모는 결코 작은 액수가 아니며 앞으로 더 늘어날 것이다. 하지만 온실가스 감축과 적응, 낙후지역과 개도국 지원 등의 공정전환을 위한 막대한 자금 소요에 비하면 여전히 턱없이 부족하다. 여기에 재정적자와 국가부채 압력에 시달리고 있는 각국 정부의 일반 재정수입 목적도 무시할 수 없다. 서민층의 에너지 비용 부담에 대한 선별적 지원 또는 기본소득 지급과 같은 보편적 복지재원 마련 등의 다양한 의견이 제시되고 있지만, 가보지 않고서는 정답을 알 수 없는 문제다.

탄소 누출carbon leakage 방지 문제도 있다. 탄소 누출은 온실가스 관련 규제가 강한 나라에서 규제가 약한 나라로 경제활동을 이동(생산기지 이전, 아웃소싱 확대, 수입선 전환 등)함으로써 결국 온실가스 감축이라는 목적 달성을 훼손하는 것을 말한다. 탄소 누출을 방지하기 위해서는 규제가 강한 나라의 국내 사업자에게는 탄소세 감면 또는 배출권 무상할당의 혜택을 주고, 반대로 규제가 약한 나라의 해외 사업자로부터 수입하는 물품에는 관세 부과 등의 부담을 강화할 수밖에 없다. 이는 온실가스 감축 정책의 실효성 제고 측면에서도 중요한 문제이지만, 산업정책·통상정책 차원에서 각국 간에 첨예한 갈등의 소지를 안고 있다. 온실가스 배출 관련 규제의 격차가 낳은 산업경쟁력의 왜곡을 시정하는 과정에서 또 다른 왜곡이 발생할 수 있기 때문이다. 인류의 생존을 위한 노력이 각국 정부의 전략적 고려에 따라 오히려 분쟁의 씨앗이 되는 또 다른 예라 할 수 있다.

이와 관련하여 EU의 탄소국경조정제도Carbon Border Adjustment

Mechanism, CBAM 도입이 전 세계적 주목을 받았다. 2022년 말 EU는 CBAM에 대해 원칙적 합의를 이루었는데, 핵심 내용은 다음과 같다. 첫째, 2023년 10월부터 수입 제품의 탄소 배출량을 측정·보고하는 시범 시행에 들어간다. 둘째, 2026~2034년간 배출권 무상할당의 단계적 폐지 일정과 연계하여 탄소 배출량에 따른 인증서 구매 의무를 수입품에 부과한다. 셋째, 탄소집약적 산업과 직접 배출원을 우선적 부과 대상으로 하되 향후 그 범위를 확대해 나간다.

EU의 CBAM은 실질적으로는 탄소 국경세이지만 형식적으로는 배출권거래제를 이용한다. 즉, EU보다 탄소 규제가 약한 나라에서 수입하는 품목에 대해 그 차이에 해당하는 EU ETS의 배출권 매입 비용을 부담금으로 부과하는 것이다. EU가 이런 절충적 방식을 택한 것은 오랜 기간 배출권거래제 운영 경험을 통해 구축된 관련 시스템 덕분이기도 하지만, 근본적으로 탄소국경세(관세) 방식을 택할 경우 WTO의 내국민 대우 및 최혜국 대우 원칙에 위배되어 통상분쟁으로 비화할 수 있다는 우려 때문이었다. WTO 문제에 대해서는 다음 4장에서 보다 폭넓게 살펴보겠다.

통상분쟁을 피하기 위한 EU의 제도 설계에도 불구하고, EU의 CBAM에 대해 많은 나라가 우려와 불만을 나타내고 있다. 나라마다 탄소 가격제의 운행 실태가 제각각인 상황에서 각국의 현행 제도가 어느 정도 EU의 제도에 상응하는 것인지를 비교·평가하는 복잡한 절차가 필요하기 때문이다. 특히 아직까지 전국 단위의 탄소세나 배출권거래제를 도입하지 않은 미국의 불만이 상당하다. 나아가 EU집행위원회의 초안을 유럽의회가 검토하는 과정에서 적용대상 산업의 범위, 탄소의 직접 배출원(scope 1) 외에 간접 배출원(scope 2, 3)의 포함 여부 및 조건, 배출권 무상할당의 감축·폐지 일정, 암묵적 탄소 규제의 인정 여부 등과 같은 핵심 규제의 수위가 강화되는 쪽으로 수정되면서 보복관세 부과 등의 분쟁으로 이어질 가능성도 생겼다.

이처럼 각국 간의 이해관계가 복잡하게 얽히는 상황에서 최근 독일을 비롯한 EU 회원국을 중심으로 '기후 클럽climate club' 제안이 검토되고 있다. 클럽 회원국 간에는 협력을 강화하면서 비회원국에 대해서는 제재의 공조 체계를 유지하겠다는 발상이다. 이는 모든 나라가 자발적으로 2030년 NDC 및 2050년 LEDS를 제출·이행한다는 상향식 접근의 파리기후변화협약이 탄소중립 목표 달성에서도 현실적 한계에 봉착했을 뿐만 아니라, 탄소 누출 등 각국 간 산업경쟁력의 왜곡을 해소하는 데도 도움이 되지 못한다는 인식을 반영하는 것으로 보인다. 어떤 내용으로든 기후 클럽이 현실화한다면, 파리기후변화협약의 기본 원칙에 중대한 수정이 가해진 것이다. 클럽 접근방식은 무임승차 문제를 해결하는 데에는 효과적이지만, 결국 그들만의 클럽으로 퇴행할 우려가 있다. 역사적으로도 그런 사례는 많다. 클럽 접근법은 지역주의 또는 블록화의 또 다른 이름이기 때문이다.

유럽 그린 딜: 국제규범화를 추구하는 EU의 전략적 자율성

서유럽 및 북유럽 국가들 대부분은 1990년대 초에 탄소 배출의 정점을 지났을 정도로 오래전부터 기후변화에 적극 대응해 왔다. 최근 들어서는 EU 차원의 법제화를 통해 역내의 추진 동력을 강화함은 물론 역외로의 확장, 즉 국제규범화 의지를 여실히 드러내고 있다.

EU집행위원회는 폰 데어 라이엔Ursula von der Leyen 집행부 출범 직후인 2019년 12월 '유럽 그린 딜European Green Deal'을 발표하면서 2050년 탄소중립 목표를 공식화하고, 2030년의 중기 목표를 1990년 대비 40% 감축에서 55% 감축으로 상향하였다. 이러한 내용을 담은 기본법으로서 '유럽 기후법European Climate Law' 초안이 2020년 1월 발표되었고, 빠른 속도로 논의가 진행되어 2021년 6월 입법이 완료되었다. 곧 이은 2021년 7월에는 2030년 온실가스 55% 감축 목표를 실현하기 위한 패키지 법안(Fit for 55)이 발표되었다.

[표 3-3]에서 보는 바와 같이 이 패키지 법안은 탄소 가격 관련 입법안 4개, 감축 목표 설정 관련 입법안 4개, 규정 강화 관련 입법안 4개를 포함하여 총 12개의 규정Regulation 및 지침Directive 제 · 개정안으로 이루어졌다.

탄소 가격 관련 입법안은 앞서 언급한 CBAM 도입과 함께 기존 배출권거래제 기준 강화 및 적용 범위 확대, 화석연료에 대한 세제 혜택 폐지 등을 골자로 한다. 감축 목표 설정 관련 입법안은 기존 배출권거래제 적용 제외 분야, 토지 · 산림 분야, 재생에너지 분야, 에너지 효율 분야 등의 온실가스 감축 목표를 상향 재설정하는 내용을 담고 있다. 마지막

표 3-3 2021년 7월 EU의 'Fit for 55' 패키지 법안 주요 내용

가격 설정	목표 설정	규정 강화
1. 항공 분야 배출권거래 강화 2. 해운, 육상운송, 건축물 분야 배출권거래제 확대 3. 에너지 조세 지침 개정 4. 탄소국경조정제도 도입	5. 감축 노력 규정 개정 6. 토지이용, 토지이용 변경 및 산림 규정 개정 7. 재생에너지 지침 개정 8. 에너지효율 지침 개정	9. 승용차 및 승합차 탄소배출 기준 강화 10. 대체연료 인프라 개선 11. 항공 연료 기준 개선 12. 해상 연료 기준 개선
지원 조치		
13. 사회기후기금 신설 및 현대화 · 혁신기금 강화		

출처: European Commission(2021.7.14.), COM(2021) 550 final, p.3에서 정리

으로 규정 강화 입법안은 2035년 이후 내연기관 신차의 역내 판매를 금지하고, 충전소 등의 친환경 인프라를 확대하고, 항공·해운 분야의 연료 기준을 신설하는 등의 관련 규정을 강화했다.

또한 온실가스 감축 과정에서 피해를 보는 노동자·산업·지역을 지원하는 사회기후기금Social Climate Fund과 EU 저소득국가를 지원하는 현대화기금Modernization Fund 등 공정전환 관련 기금 설립안도 포함되었다.

요컨대, EU는 2030년까지 55% 감축 목표를 달성하기 위해 모든 영역에 걸쳐 가장 높은 수준의 실행계획을 제시한 것으로 볼 수 있다. 각 회원국 간의 조율 과정과 유럽의회와의 협의 과정에서 각각의 구체적인 내용은 계속 변하겠지만, CBAM의 예에서 보듯이 EU집행위원회의 초안보다 강화될 소지도 없지 않다.

앞서 2장에서 살펴본 4차 산업혁명 관련 정책과 마찬가지로, EU는 탄소중립 관련 정책에서도 역내 규범을 선제적으로 제·개정함으로써 국제규범의 가이드라인으로 만들려는 의도를 가진 것으로 보인다. 다음에 살펴볼 ESG 관련 규범도 마찬가지다. 기후 클럽 제안이 EU 규범의 국제규범화를 위한 압력 수단으로 작용할 수도 있다. 에필로그에서 보다 자세히 살펴보겠지만, 세계 패권을 노리는 미국과 중국 간 전략적 경쟁의 틈바구니에서 필연적으로 발생할 국제규범의 사각지대를 선제적으로 메워감으로써 외교 협상력과 산업경쟁력을 강화하려는 EU의 전략적 자율성이 발현된 대표적인 예라 할 수 있다. 미국 GDP와 맞먹는 규모의 단일시장을 구축한 EU의 경제력, 그리고 과거 인류 문명을 이끌어 왔다는 EU의 경험과 자부심 등을 감안하면 결코 무모한 시도는 아닐 것이다.

ESG 규범의 국제화

기업의 주인은 누구인가? : ESG 또는 지속가능발전 개념의 진화 과정

지금까지는 탄소중립 목표와 관련한 정부의 역할, 특히 온실가스 감축을 위한 직접적 개입 및 탄소 가격제 도입 등의 간접적 개입에 대해 살펴보았다. 그러나 인류의 과제는 기후변화 대응에만 국한되지는 않는다. 보다 넓은 의미의 환경보호 내지 지속가능발전을 위한 다양한 과제들이 산적해 있다. 이러한 난관들을 극복하기 위해서는 정부의 역할도 중요하지만, 궁극적으로는 기업의 조직 형태 및 경영 원리가 바뀌어야 한다는 요구가 오래전부터 제기되었다. 자본주의 경제체제에서 자원 사용의 양과 방향을 결정하는 근본 주체는 결국 기업이기 때문이다.

이러한 논의를 위해서는 먼저 '기업의 목적은 무엇인가?' 또는 '기업의 주인은 누구인가'라는 근원적 질문이 필요할 것이다. 이해를 돕고자 주주 자본주의shareholder capitalism와 이해관계자 자본주의stakeholder capitalism 사이의 논쟁을 소개한다.

경제학원론 교과서에는 '기업은 이윤극대화를 추구하는 생산의 주체'라고 기술되어 있다. 과연 그럴까? 우선 기업은 '단일한' 의사결정 주체인가? 상식적으로 생각해봐도 그렇지 않다. 기업은 주주, 경영진, 노동자, 채권자, 협력업체, 소비자, 지역주민 등 서로 다른 목적을 가진 다양한 이해관계자들이 복잡하게 얽힌 시끌벅적한 연결체nexus다. 하루도 조용할 날이 없다.

그렇다면 이윤극대화가 기업의 '유일한' 목적인가? 장기적으로 이윤 확보에 실패한 기업은 시장에서 도태될 수밖에 없겠지만, 그것이 유일한 목적이라는 주장에는 동의하지 않는 사람이 많다. 최근에는 매출 또는 시장점유율 극대화, 사회적 책임, 지속가능성 등의 다양한 대안적 설명도 등장했다. 영원한 논쟁거리일 것이다.

20세기 후반 이래 주류의 위치를 차지하였던 주주 자본주의적 관점의 논거는 다음과 같다. 기업을 구성하는 다양한 이해관계자는 그 권리의 성격에 따라 두 가지 유형으로 나눌 수 있다. 하나는 계약을 통해 사전에 확정된 권리를 가지는 '확정 청구권자fixed claimant'이고, 다른 하나는 확정 청구권자들의 권리가 모두 충족된 이후 남는 것을 가지는 '잉여 청구권자residual claimant'이다. 이 분류에 따르면 주주를 제외한 나머지 이해관계자는 확정 청구권자로서 임금채권, 금융채권, 상거래채권, 소비채권 등의 안정적 권리를 가진다. 대신 주주는 잉여 청구권자로서 기업의 경영성과에 따른 위험을 부담하면서 최종의 잉여, 즉 이윤을 가져간다는 것이다.

이러한 논리의 귀결은 간명하고도 직관적이다. 위험을 부담하는 주주가 경영성과를 올려 자신의 몫인 이윤을 극대화하려는 강한 유인을 가지므로 주주에게 기업의 의사 결정권을 부여하는 방식이 가장 효율적이라는 것이다. 그래서 '기업의 주인은 주주'라는 말로 주주 자본주의를 요약하기도 한다. 20세기 자유주의의 태두라 할 수 있는 밀턴 프리드먼Milton Friedman은 1970년 「뉴욕 타임즈」에 기고한 글에서 "기업의 사회적 책임은 이윤을 증대하는 것The social responsibility of business is to increase its profits"이라고 선언했다.

물론 세상은 그렇게 단순하지도 아름답지도 않다는 비판은 늘상 있었다. 소유와 경영의 분리에 따른 대리인 문제agency problem 때문에 효율성 내지 이윤극대화에도 심각한 일탈 현상이 발생한다는 주류 경제·경영학계 내의 연구는 그 단편에 불과하다. 기존 법제도의 한계로 인해 노동자, 채권자, 협력업체, 소비자 등 이른바 확정 청구권자의 권리가 침해되는 사례가 늘어남에 따라 노동조합과 시민사회를 주축으로 각 영역별 개혁 운동이 전개되었다. 근본적으로 아동노동 착취, 성·인종 차별, 불평등 심화, 환경 파괴, 민주주의 훼손 등 인류 문명적 가치 차원의 문제를 극복하기 위해서는 주주 자본주의와는 다른 대안적 접근이 필요하다는 주장이 목소리를 높였다. 이해관계자 자본주의, 포용적 자본주의, 기업의 사회적 책임 등의 다양한 이름으로 전개된 이러한 논의가 최근 들어 ESG Environment, Social, Governance 또는 지속가능성 sustainability 개념으로 수렴하는 양상을 보인다. 두 개념은 유사한 뜻으로 혼용되기도 하지만, 뒤에서 보는 바와 같이 문제 인식이나 해법에서 일정한 긴장 관계를 내포하고 있는 것도 사실이다. 여기서는 특별히 구분할 필요가 없을 때는 ESG로 통칭하겠다.

각 영역별, 지역별로 분산되어 진행되던 ESG 관련 논의는 UN 등의 국제기구로 지평을 확대하면서 국제규범으로 체계화되는 진화의 모습을 보였다(이하 한상범 외, 2021 참조).

초기에는 환경 문제가 중심이 되었다. 1983년 UN은 세계환경개발위원회 WCED를 설립하고 환경 문제에 대한 국제적 논의의 장을 열었는데, 위원장의 이름을 딴 1987년 「브룬트란트 보고서 Our Common Future」에서 환경정책의 목표로써 "미래세대의 수요를 충족시키는 능력을 훼손하지 않으면서 현재의 수요를 충당한다"는 의미의 지속가능발전 개념을 최초로 제시하였다. 이어 1992년에 개최된 UN환경개발회의 UNCED(리우 지구정상회의)에서는 당시 개념상의 혼란을 야기하던 환경보호와 지속가능발전의 두 목표를 동시에 추구하기로 하면서, 「리우 선언」과 함께 세부 행동강령인 「의제 21 Agenda 21」을 채택하였다. 다양한 사회적 과제가 포괄되기는 했지만, 여전히 환경 이슈가 중심을 이루었다.

그러다가 코피 아난Kofi Annan UN 사무총장이 1999년 다보스포럼에서 기업의 사회적 책임 이행을 촉구하면서, 이를 실천하기 위해 UN글로벌컴팩트UNGC를 설립하였다. 여기에 인권, 노동, 환경, 반부패 등의 4개 범주에 걸쳐 기업이 지켜야 할 10개 원칙이 규정됨으로써 환경 분야를 넘어 본격적으로 의제의 확대가 이루어졌다. 때마침 자본시장의 투자자들이 중심이 되어 기업의 사회적 책임 이행을 촉구하는 책임투자원칙principles of responsible investment, PRI 논의가 활발히 전개되었는데, 2005년 코피 아난 UN 사무총장의 요청을 계기로 PRI에 참여한 기관투자자 수가 큰 폭으로 증가하였다. 이러한 흐름 속에 각각 별개로 진행되던 환경(E)과 지배구조(G) 의제가 결합되고 사회(S) 이슈까지 통합되면서 점차 ESG로 체계화되었다.

2000년 UN 총회에서 2015년까지를 이행시한으로 한 밀레니엄개발목표Millennium Development Goals, MDGs를 채택하면서 절대빈곤, 교육, 양성평등, 아동, 모성보건, 질병, 환경, 개발 파트너십 등 8개 분야의 목표와 21개 세부 목표를 설정하였다. 리우 지구정상회의 20주년을 맞은 2012년에는 MDGs를 승계하는 새로운 발전 목표를 수립하기 위해 UN지속가능발전회의(리우+20 정상회의)가 열렸다. 이 회의에서 설정된 지속가능발전목표Sustainable Development Goals, SDGs는 사람People, 지구Planet, 번영Prosperity, 평화Peace, 파트너십Partnership 등 5개 분야의 17개 목표로 구성되었고, 2015년 UN 총회에서 공식 채택되어 2030년까지 실행하기로 하였다.

이상의 과정을 거치면서 ESG와 SDGs는 상호 배타적인 개념이 아닌 것으로 이해되고는 있으나, ESG는 기업의 핵심 이해관계자 관점에서 시장의 다양한 수단을 활용하여 경영전략 개선에 초점을 맞추는 반면, SDGs는 시민사회 및 정부의 역할을 강조하면서 시장 외부에서 기업의 변화를 견인하는 대안적 접근방식에 중요한 의미를 부여한다.

다른 한편 국제기구 차원의 협의와 공감대가 확산한 것을 배경으로 최근에는 민간부문의 자발적인 움직임도 강화되고 있다. 특히 주목할 만한 것으로, 미국의 주요 기업 CEO 모임인 비즈니스 라운드테이블 Business Roundtable이 2019년 「기업의 목적에 관한 성명서Statement on the Purpose of a Corporation」를 통해 "기업은 주주에게만 봉사해서는 안 되며, 고객에게 가치를 전달하고, 직원에게 투자하고, 공급자를 공정하게 대우하고, 공동체를 지원하여야 한다"라고 선언하였다. 밀턴 프리드먼의 주주 자본주의 원칙 선언 이후 50년 만에 미국의 CEO들이 이해관계자 자본주의적 관점을 수용한 것은 상징적인 의미가 있다.

이러한 기류 변화 속에 2020년 세계 최대의 자산운용사 블랙록 BlackRock의 CEO 래리 핑크Larry Fink는 투자자들에게 보낸 연례 서한에서 지속가능성을 최우선 투자 기준으로 삼을 것을 천명했다. 2021년 정기 주주총회 시즌부터는 투자대상 기업들에게 탄소중립 계획을 공개하고 ESG 경영에 적극 동참할 것을 요구하는 주주 관여 활동shareholder engagement을 전개하였다.

ESG 규범의 국제화: 필요성만큼이나 큰 어려움

기업을 둘러싼 경영환경은 빠르게 변하고 있다. ESG의 국제적 흐름에 뒤처진 기업은 존속을 장담하기 어렵게 되었다. 그러나 선언과 구호만으로 세상은 변하지 않고, 올바른 방향으로 나아가지도 않는다. ESG 원칙을 예측가능한 규범으로 정립하고 국제적으로도 정합성을 갖추어야 한다. 매우 어려운 작업이다. 계층·산업·국가 간 이해관계가 충돌할 수밖에 없기 때문이다. 단적인 예로, 1970년대에 스웨덴·노르웨이·핀란드·덴마크 등 북구 4개국은 10여 년의 긴밀한 협의를 거쳐 계약법(민법)과 회사법(상법)을 통합 개정하는 작업을 추진하였다. 계약법 통합 작업은 성공적으로 마무리되었으나, 회사법은 그렇지 못했다. 이른바 바이킹 민족의 역사와 문화를 공유한 나라 사이에서도 기업의 지배구조와 관련한 회사법 개정은 경제적 이해관계 충돌의 장벽을 넘기 어려웠던 것이다. 21세기 초 영국의 회사법 개정도 10년간의 노력에 비하면 그 성과가 매우 미흡했다는 사실은 이 장의 첫머리에서 이미 언급하였다. ESG 규범화 작업의 어려움은 더 말할 필요도 없다. 세 차원의 국제적 합의를 동시에 끌어내야 하기에 충돌의 필연성도 훨씬 커졌다.

지배구조 분야는 이미 1990년대 말 이래 국제규범화가 꾸준히 추진되었고, 기업의 재무적 성과를 나타내는 국제회계기준IFRS에 상당 부분 포섭되었다. 때문에 관련 항목들을 추가하고 기준을 강화하는 것이 중요한 과제로 인식된다. 지금은 환경 분야의 국제규범화가 가장 뜨거운 이슈로 진행 중이며, 사회 분야는 이제 막 논의가 시작된 정도로 볼 수 있다. 따라서 다음으로는 환경 분야를 중심으로 살펴보되, 필요한 경우 여타 분야를 보완 설명하기로 한다.

현실적으로 ESG의 국제규범화는 금융의 원리, 특히 자본시장의 운행 틀 내에 결합하는 방향으로 진행되고 있다(이하 IOSCO, 2021 참조). 기업의 조직형태나 경영전략을 바꾸고자 한다면, 가장 효과적인 수단은 금융 부문일 것이다. 자본주의 경제체제에서 단기 운영자금과 장기 설비자금을 모두 자기 돈으로 충당할 수 있는 기업은 많지 않기 때문이다. 고객과의 일대일 관계를 기본으로 하는 은행 등의 간접금융시장이 여전히 양적인 측면에서 금융의 큰 비중을 차지하지만, 불특정 다수의 투자자를 대상으로 주식과 채권, 파생상품 등을 발행·유통하는 직접금융시장(자본시장)이 정교한 체계를 구축한 것이 현대 금융산업의 특징이다.

환경 분야의 국제규범화를 구성하는 주요 요소는 기업의 사업 활동을 녹색과 비녹색으로 구분하는 일반적 기준으로서 녹색 분류체계green taxonomy, 개개 기업의 사업 활동에 관한 중요 정보를 외부에 드러내는 공시체계disclosure와 그 적실성을 점검하는 내외부 감사체계audit, 기업의 복잡다단한 사업 내용을 간단한 지표로 요약하여 투자자에게 제공하는 평가체계assess, 금융회사의 영업활동과 건전성에 내재한 위험을 환경적 관점에서 규제·감독하는 녹색 금융체계green finance 등이 있다. 물론 환경보호 또는 지속가능발전 개념에 내재된 비경제적 가치를 자본주의의 꽃이라 불리는 금융시장, 특히 자본시장의 틀 내에 얼마나 잘 포섭할 수 있을지, 그것이 과연 정당한지를 둘러싼 논란은 쉽게 해소될 수 있는 게 아니다. 그 이유는 후술하는 바와 같다.

먼저, 녹색 분류체계다. 녹색이 아닌 것이 녹색인 양 포장하는 이른바 '그린워싱green washing' 문제를 극복하는 데 필수적인 요소다. EU가 선도적인 움직임을 보였고 2022년 1월 본격 시행에 들어갔다. 녹색 활동으로 분류되기 위해서는 6대 환경목표(기후변화 완화, 기후변화 적응, 수자원·해양자원 보호, 순환경제 전환, 오염방지, 생물다양성 보호) 중의 어느 하나에 실질적으로 기여하면서, 다른 목표에 중대 피해를 주지 않아야 하고, 인권·노동 등과 관련한 최소한의 국제기준을 준수하고, EU집행위원회의 기술심사기준을 충족하여야 한다. 앞서 언급했듯이 기술심사기준을 구체화하는 과정에서 원자력 발전의 녹색 활동 포함 여부를 둘러싸고 회원국 간에 우여곡절을 겪었고, 결국 필요악적 과도기 조치로 봉합하기도 했다.

기업의 사업 내용이 매우 복잡하고 또한 빠르게 변화한다는 점을 고려하면, 녹색 활동과 비녹색 활동으로 이분법적으로 구분하는 것은 말처럼 쉬운 일이 아니다. 그렇기에 각국의 녹색 분류체계는 구분 기준이나 적용 범위 및 일정 등에 일정 정도 유연성을 반영할 수밖에 없다. 특히 조직적 대응 역량이 부족한 중소기업에 대해서는 유예 조치를 포함하는 것이 일반적이다. 말레이시아의 예처럼, 녹색과 비녹색 사이에 중간 영역을 잠정적으로 설정하는 신흥국들도 있다. 환경 분야의 분류체계가 자리를 잡아감에 따라 제품 안전성 기준, 최소한의 근로조건, 아동노동 근절, 성·인종 차별 금지, 인권 보호 등 사회 분야의 분류체계social taxonomy를 조속히 도입해야 한다는 논의도 확산하고 있다.

한편 재무제표로 대표되는 일반 재무정보 공시체계와 이제 한창 논의가 진행 중인 ESG 정보 공시체계 사이에는 커다란 간극이 존재한다. 최근 들어서는 공시체계의 통합 및 국제화 흐름이 급진전하면서 논란이 뜨거워지고 있다. 차입기업에 관한 세세한 정보는 해당 기업의 영업기밀이면서 동시에 은행 등 금융회사 경쟁력의 원천이다. 따라서 모든 정보를 공개하도록 강제할 수는 없다. 다만, 불특정 다수의 투자자를 대상으로 하는 자본시장에서는 투자자의 의사결정에 영향을 미치는 중요 정보material information는 빠짐없이 적시에 공시하도록 요구하면서, 이러한 조건이 충족되는 것을 전제로 투자 결과에 대해서는 투자자가 책임지도록 하고 있다. 이것이 공시주의 철학에 기초한 투자자의 자기책임 원칙이다. 따라서 특정 정보의 공시 여부를 판단하는 중요성 기준

materiality을 어떻게 설정하느냐가 공시체계 구축의 출발점이다.

하지만 대부분의 정보가 계량화되어 있는 재무 공시와는 달리, ESG 분야는 계량화하기 어려운 정성적 정보가 많을 뿐 아니라 계량정보도 시계열적 일관성이나 다른 부문과의 비교가능성 측면에서 상당히 미흡한 것이 현실이다. 예컨대, 계량화가 상당히 진전된 온실가스 배출 정보의 경우에도, 해당 기업의 자체 사업장에서 직접 발생하는 것(scope 1)과 외부에서 생산된 에너지를 구입하여 사업장 내에서 사용하는 과정에서 간접 발생하는 것(scope 2)을 정확히 측정하기도 쉽지 않지만, 원자재의 생산 과정이나 제품의 물류 및 소비 과정 등 해당 기업의 통제력이 미치지 못하는 영역에서 간접 발생하는 것(scope 3)을 어느 범위까지 어떻게 측정 공시해야 하는가는 일률적으로 기준을 정하기 어려운 문제다. 나아가 최근 EU에서는 본사는 물론 자회사, 직·간접 공급자, 하도급업자 등 일정 기간 지속되는 유의미한 비즈니스 관계established business relationship를 맺고 있는 모든 공급자를 대상으로 인권 및 환경 측면의 위험요인을 식별하고 관리할 책임을 부여하는 '공급망 실사 지침 Directive on Corporate Sustainability Due Diligence'을 발표하면서 2025년 시행을 목표로 하고 있는데, 그 포괄 범위나 집행 기준의 측면에서 상당한 불확실성을 안겨주고 있다.

이상의 기술적인 차원을 넘어 보다 근본적인 철학의 차이도 있다. 전통적인 재무 공시에서는 외부 환경이 기업의 가치에 영향을 미치는 방향의 중요 정보inbound materiality만을 공시하게 되어 있는데 반해, ESG 공시에서는 기업활동이 외부 환경에 영향을 미치는 반대 방향의 중요 정보outbound materiality를 생략하기 어렵고 오히려 더 중요할 수도 있다. 그래서 지금까지는 기존의 재무보고서 관련 규정과는 별개로 ESG보고서(비재무보고서 또는 지속가능보고서) 공시에 관한 논의가 진행되었고, 현실적으로 기업은 두 개의 공시보고서를 각각 작성해야 하는 부담을 지게 되었다. 이들 두 보고서에 담긴 세부 정보를 확인·비교하기 어렵고 비용도 많이 든다는 점에서 정보 제공 기업이나 정보 분석 투자자나 모두 개선을 요구하는 목소리가 높아졌다. 최근 재무정보와 ESG 정보를 하나의 보고서로 통합하고 국제적으로 일관성을 갖춘 공시체계로 이행하려는 움직임이 가시화된 배경이 여기에 있다.

하지만 통합보고서 체계 논의 과정에서 기존의 재무보고서처럼 한 방향의 중요 정보만을 담는 단일 기준single materiality을 채택할 것인지 아니면 양방향의 중요 정보를 모두 포괄하는 이중 기준double materiality을 채택할 것인지를 둘러싼 갈등은 여전하다. 일단은 자본시장 투자자의 관점에서 단일 기준에 근거한 통합보고서 체계를 먼저 구축한 이후에 점차 기업과 환경 사이의 상호작용을 모두 고려하는 이중 기준의 체계로 발전시킨다는 암묵적 타협이 이루어졌지만, 과연 이것이 무난하게 하나의 국제규범으로 수렴할지는 더 지켜봐야 한다.

실제로 관련 기구와 단체들이 두 개의 흐름으로 나누어지는 모습이 나타났다. 그중 한 흐름으로서, 자본시장 감독기구의 국제연합체인 IOSCO의 후원에 힘입어 2021년에 국제회계기준재단IFRS Foundation이 설립을 주도한 국제지속가능성기준제정위원회ISSB가 IASB·CDSB·TCFD·VRF(SASB와 IIRC가 합병)·WEF* 등 주요 단체와

* ESG 공시체계와 관련된 주요 단체들은 다음과 같다. IOSCOInternational Organization of Securities Commission, CDSBClimate Disclosure Standards Board, TCFDTask Force on Climate-related Financial Disclosure, VRFValue Reporting Foundation, SASBSustainability Accounting Standard Board, IIRCInternational Integrated Reporting Council, GRIGlobal Reporting Initiative

의 협력 네트워크를 구성하고 단일 기준에 초점을 맞춘 통합보고서 체계 구축에 박차를 가하고 있다. 2022년 3월에 지속가능성 전반에 걸친 공시 원칙을 정한 IFRS S1과 환경과 관련한 세부 공시 원칙을 정한 IFRS S2 각각의 초안을 발표했고, 의견수렴 과정을 거쳐 조만간 최종안을 확정·시행할 예정이다. 기업회계기준 제정의 주도권을 둘러싸고 오랜 기간 갈등 관계를 보였던 유럽과 미국의 관련 기구들이 이번에는 협력 관계를 이룬 것이 특기할 만하다. 반면, 또 다른 흐름으로서, EU는 기존의 비재무보고서지침NFRD을 대체·강화하는 기업지속가능성보고서지침 CSRD 초안을 발표하면서 이중 기준을 채택할 것임을 분명히 했고, UN의 협력기관인 GRI와 긴밀한 협업 작업을 진행 중이다.

실무적으로 전 세계의 주요 기업들이 ESG보고서 또는 지속가능보고서를 발간할 때 가장 많이 활용하는 것이 SASB와 GRI의 공시기준인데, 전자는 투자업계과 회계업계의 자본시장적 관점에 강조점을 두고, 후자는 UN의 지속가능발전목표SDGs 개념에 반영된 시민사회적 관점에 뿌리를 두고 있다. 철학과 이해관계의 차이가 결합하면서 공시체계의 국제규범화 과정에서도 그 간극이 여과 없이 드러난 셈이다. 2022년 3월에 ISSB와 GRI가 상호 협력을 위한 MOU를 체결함으로써 일단 갈등은 봉합되었는데, 두 흐름의 근본적 차이를 넘어설 수 있을지는 두고 볼 일이다.

ESG 정보 공시의 적실성 여부를 검증하는 감사체계는 전문가의 영역으로서 일반인에게는 잘 알려지지 않았지만, 회계업계에는 새로운 수익 창출 영역으로 초미의 관심 대상이 된 지 오래다.

또한 다양한 ESG 정보를 비교적 단순한 지표로 요약하고 그 종합결과를 등급 형태로 제공하는 평가체계는 S&P·무디스·피치 레이팅스 등 기존 신용평가회사의 기능에 비유할 수 있다. 그런데 평가기관마다 등급 체계의 구성과 의미도 다르고, 동일 기업에 대한 평가 결과도 크게 차이가 날 뿐 아니라, 평가등급과 기업가치 간의 상관관계도 높지 않은 것이 현실이다. 아직 가야 할 길이 멀다.

분류체계와 공시체계 구축 등의 시장 인프라 개선 노력은 결국은 민간 금융 자금의 양과 방향을 바꾸기 위한 것이다. 그런데 녹색금융의 거래 규모가 빠르게 늘어나고 있다고는 하지만, 전체 금융시장 규모에 비하면 여전히 작은 비중에 머무르고 있다. 특히 녹색금융의 대부분이 온실가스 감축 분야에 집중되고 적응과 공정전환 분야는 미흡한 것이 문제로 지적된다. 그래서 많은 나라에서 정부의 재정지출과 연계된 정책금융 채널을 신설하거나 확대함으로써 녹색금융의 단기 공백을 메우고 민간금융에 자극을 주려는 정책적 노력이 나타나고 있다.

EU집행위원회가 EU 차원의 정책금융기관인 유럽투자은행European Investment Bank을 유럽 기후은행EU Climate Bank으로 재정립하는 계획을 발표한 것이 대표적인 예다. 영국이 인프라은행UK Infrastructure Bank 설립 구상을 밝힌 것이나 미국에서 지방정부 차원의 녹색은행green bank 설립이 추진되는 것도 마찬가지다. 심지어 유럽중앙은행ECB은 자산매입 프로그램을 녹색금융 채권에 집중하는 이른바 녹색 양적완화Green QE의 필요성도 제안했다. 이와 같은 정책금융의 강화 추세가 녹색금융의 미시적 효율성과 거시적 안정성에 어떤 영향을 미칠지 예측하기는 어렵고 우려의 목소리도 없지 않지만, 그만큼 민간금융의 구조 변화가 쉽지 않은 과제임을 반영하는 것으로 볼 수 있다. 나아가 금융회사의 그린워싱에 따른 금융소비자 피해도 간과할 수 없는 문제로, EU와 미국 등에서는 금융감독 기준을 강화하는 정책적 노력도 이어지고 있다. 다만, 과거에 지배구조 분야에서 연기금 등 기관투자자의 관여 활동engagement을 강화하는 스튜어드십 코드stewardship code 도입 등을 비롯한 많은 노력이 있었음에도 아직까지는 그 실질적 성과가 기대에 미치지 못하는 만큼, 녹색금융 또는 지속가능금융의 확산을 위해서도 장기적 관점에서 일관된 노력을 기울일 필요가 있다는 점은 아무리 강조해도 지나치지 않을 것이다.

마지막으로 환경·사회·지배구조 분야의 산적한 과제들이 결국은 근시안과 무임승차라는 시장의 실패에서 기원한 것인데, 시장의 힘을 통해 이러한 문제를 해결하겠다는 접근방식이 과연 근본적 해결책이 될 것이냐는 물음에 대해 끊임없는 성찰이 필요하다. 시장의 실패를 교정하겠다는 정부도 결국은 근시안과 무임승차 문제의 포로임을 잊지 말아야 한다. 21세기도 크게 다르지 않다.

1. 스웨덴 소녀 그레타 툰베리Greta Thunberg의 행동

그레타 툰베리는 2019년 UN 본부에서 열린 기후 행동 정상회의에서 미래세대의 생존을 위협하는 기성세대의 무책임함을 질타하였다. 말뿐만이 아니라, 온실가스를 내뿜는 비행기 대신 친환경 돛단배를 타고 대서양을 건너는 행동을 보여주었다. 그러나 이 장의 처음부터 끝까지 내내 강조했듯이, 근시안 및 무임승차 함정에 매몰된 기성세대의 의사결정은 자국중심적 환경정책·산업정책·통상정책의 틀을 크게 벗어나지 못하고 있다. 그것도 미래세대를 위한 결정이라고 강변하면서 말이다. 부끄러운 일이다. 우리와 그들을 구분하는 잘못된 기준을 넘어 새로운 시대정신을 만드는 집단적 행동이 필요하다. 한국 청년세대의 행동에 기대를 건다.

2. 완화를 넘어 적응과 공정전환의 길로

2018년에야 온실가스 배출의 정점을 지난 우리나라로서는 2030년 NDC(40% 감축)를 달성하는 것도 여간 부담스러운 일이 아니다. 재생에너지와 원자력 발전을 둘러싼 진영 간 갈등도 한층 격화하고 있다. 그러나 GDP 규모로나 온실가스 배출량으로나 세계 10위권의 한국이 NDC 목표 채우기에만 급급해서는 안 된다. 녹색 전환 과정을 선도함과 동시에 그 과정에서 피해를 보고 뒤처지는 취약계층을 지원하는 노력이 한층 더 강화되어야 한다. 국내는 물론 국제 차원에서도 그렇다. 그것이 한국의 국제적 위상에 걸맞은 일이다.

3. 시장원리로 기후위기를 극복할 수 있을까?

온실가스 감축 방안으로서 탄소세와 배출권거래제 등의 탄소 가격제 도입이 국제적으로 확산하고 있다. 또한 ESG 공시의 확산은 물론 기존 재무 공시와의 통합을 위한 국제적 논의가 급물살을 타고 있다. 이 모두가 시장원리를 십분 활용한 것이다. 경제학자의 한 사람으로서 이러한 국제규범화 노력에 적극 동조한다. 하지만 그 한계도 잊지 말아야 한다. 자본주의 경제체제에서 시장은 가장 중요한 자원 배분 메커니즘이지만, 결코 완전하지 않다. 시장이 보다 효율적이고 공정하게 작동하기 위해서는 정부의 역할도 필요하며, 무엇보다 시장과 정부를 감시하고 추동하는 시민사회의 행동이 중요하다.

4장

G2
패권경쟁

안보 논리가 지배하는 21세기 세계경제질서

"사상, 지식, 예술, 사고, 여행 등은 그 본질상 국제적이어야 한다.
제조품은 크게 불편하지 않다면 국산을 쓰는 게 좋겠다.
무엇보다, 금융은 기본적으로 국내에 뿌리를 두어야 한다."

– 존 메이너드 케인스

1930년대 대공황의 한 가운데에서 노쇠제국 영국의 미래를 염려하
며 케인스가 한 말이다. 21세기의 패권을 놓고 다투는 미국과 중국
도 비슷하지 않은가? 자신의 가치체계는 국경 밖으로 확산하고, 제
조업 공급망은 가급적 국경 안으로 불러들이고, 화폐와 금융은 철
저히 자신의 통제하에 두려 한다. 20세기의 영국은 실패했다. 21세
기의 미국과 중국은 어떨까? G2의 승패와는 관계없이 세계경제는
큰 비용을 치를 것이다.

팍스 아메리카나의 동요

21세기의 투키디데스 함정: 린이푸 교수와 퍼거슨 교수의 내기

기원전 5세기 말 그리스의 도시국가들은 각각 스파르타와 아테네를 맹주로 하는 두 동맹으로 나누어졌고, 결국 30년에 걸친 펠로폰네소스 전쟁으로 치달았다. 그리스의 역사가 투키디데스는 급부상하는 신흥 세력 아테네와 이에 위협을 느낀 기존 강자 스파르타 사이의 갈등 관계가 전쟁 발발의 근본 배경이었다고 지적했는데, 후대의 학자들은 패권을 둘러싼 신구 세력의 충돌을 '투키디데스 함정'이라고 부른다.

펠로폰네소스 전쟁은 스파르타의 승리로 끝났지만, 국력을 소진한 두 도시국가 모두 쇠퇴하였고, 그리스의 패권은 알렉산더 대왕의 마케도니아로 넘어갔다. 19세기 말 영국의 패권에 독일이 도전했지만, 20세기 전반기 두 차례 세계대전을 거치며 세계의 중심은 대서양 건너 미국으로 넘어갔다. 21세기는 또 다른 투키디데스 함정을 목도하고 있다. 동구 사회주의 국가들의 붕괴 이후 영원할 것 같았던 미국 중심의 단극 체제가 중국의 급부상으로 흔들리고 있다. 바야흐로 G2의 시대다. 21세기 패권경쟁의 결과는 어찌 될 것인가?

세계경제질서world economic order라는 말을 자주 쓰지만 이처럼 불완전한 표현도 없다. '세계'를 온전히 포괄하기보다는 지역과 블록으로 나누어지고, '경제' 못지않게 정치적 요소가 더 중요하게 작용하기도 하며, '질서'와는 거리가 먼 혼돈 상황이 더 일상적이기 때문이다.

패권국가에는 특권과 함께 비용이 수반된다. 패권국가는 자신의 가치체계를 보편적 정당성을 가진 것으로 전 세계에 확산하고, 자신의 경제적 이익에 부합하는 방향으로 세계경제질서를 형성하는 등의 특권을 누린다. 동시에 패권국가는 다른 나라들이 이러한 질서를 받아들이도록 물리적으로 강제하거나 경제적으로 유인하는 데 필요한 막대한 비용을 감당해야 한다. 결국 패권국가의 지배는 다른 나라를 압도할 수 있는 경제력을 필수 전제조건으로 한다.

각국의 거시경제통계를 체계적으로 편재하는 기준으로서 UN 등 국제기구가 제정한 국민계정체계System of National Accounts, SNA가 있다. 국민소득통계, 국제수지표, 자금순환표, 산업연관표, 국민대차대조표 등과 같은 핵심 거시통계들의 시계열적 일관성과 국제적 비교가능성을 확보하기 위한 것이다. UN의 관련 사이트에는 2008년 개편된 SNA 기준에 맞추어 업데이트된 각국의 거시통계(1970~2021년)가 수록되어 있다. 이를 통해 지난 반세기에 걸친 대륙별·국가별 경제력의 변화를 살펴본다.

먼저 [그림 4-1]은 전 세계의 실질GDP에서 북미, 유럽, 아시아 등 주요 대륙별 점유 비중 추이를 나타낸 것이다. 한눈에 확인할 수 있듯이, 지난 반세기 동안 유럽 대륙의 비중은 지속해서 하락하였다. 북미 대륙

그림 4-1 대륙별 실질GDP 비중 추이(2015년 불변가격 기준)

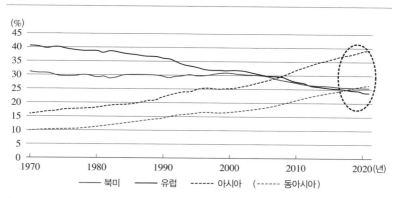

출처: UN, https://unstats.un.org/unsd/snaama/index

의 경우 2000년대 초반까지는 30% 전후의 비중을 안정적으로 유지하다가 2008년 글로벌 금융위기 이후 하락세를 보인다. 반면 아시아 대륙의 비중은 1970년대 10% 수준에서 꾸준히 상승하여 2008년 위기 전후한 시점에 유럽과 북미를 추월하였고, 최근에는 그 격차가 약 15%p 정도로 확대되었다. 가히 21세기는 아시아의 시대라 할 만하다.

그런데 아시아 대륙에는 중동, 중앙아시아, 남아시아, 동남아시아, 동아시아 등 특성이 다른 지역들이 포함되어 있으므로, 한국·중국·일본·대만·홍콩 등으로 이루어진 동아시아 지역만의 점유 비중을 따로 표시하였다. 흥미로운 사실은, 최근 들어 북미(2021년 25.6%), 유럽(23.9%), 동아시아(26.5%)의 실질GDP가 거의 같은 비중을 보인다는 점이다. 조지 오웰은 소설 『1984』에서 세계가 오세아니아, 유라시아, 동아시아로 삼등분되면서 영구 전쟁perpetual war에 돌입했다고 묘사했는데, 경제력 비중으로만 본다면 정확한 예언이다. 다만 다른 지역과 달리 동아시아는 정치적으로 분열되었다는 점이 조지 오웰의 소설과는 확연히 다르다.

다음은 국가별로 살펴보자. [그림 4-2]는 미국, 중국, 일본, 독일, 영국 등 주요 5개국의 경제력 추이를 나타낸 것이다. 그중 (a)는 전 세계 실질GDP에서 각국의 점유 비중 추이를, (b)는 미국 대비 다른 나라의 상대적 규모 추이를 표시했다.

(a)에서 보는 바와 같이, 1970년대 이후 미국은 전 세계 실질GDP에서 27~28%의 점유 비중을 안정적으로 유지했다. 오히려 1990년대에는 동구 사회주의가 무너지고 일본 경제도 장기 침체에 빠지면서 미국 중심의 단극 체제가 더 강화되는 모습을 보이기도 했다. 그러나 21세기 들어 경제적 힘의 균형이 무너지기 시작했다. 중국은 고도성장을 지속한 데 비해 다른 나라들은 금융위기와 재정위기의 충격에서 벗어나지 못했다.

그 결과 (b)에서 보는 바와 같이, 1970년에 미국 대비 5%에도 미치지 못하던 중국의 실질GDP가 1988년에 10%, 2006년에 30%, 2012년에 50%, 2019년에 70%를 넘었고, 2021년에는 77%에 이를 정도로 그 격차가 빠르게 축소되었다. 참고로, 물가수준의 차이를 감안한 구매력평가PPP 기준으로는 2016년에 이미 중국의 GDP가 미국을 넘어섰고, 2021년에는 미국 100 대 중국 117.2로 격차가 확대되었다.

미국에 필적할 만한 경제 규모를 가진 나라가 등장한 것은 2차 세계대전 이후 처음 있는 일이다. 냉전 시대에 소련이 미국과 체제경쟁을 했다고는 하나, 경제적으로 철저하게 고립되어 있었다. 서방 진영에서는 일본과 독일이 비약적인 성장을 이루었지만, 인구, 천연자원, 과학기술, 군사력 등의 측면에서 결코 미국의 패권에 도전할 정도는 아니었다. 일본의 실질GDP는 1991년에 미국 대비 37.2%로 정점에 이르렀다가

그림 4-2 주요 5개국의 경제력 추이(2015년 불변가격 기준)

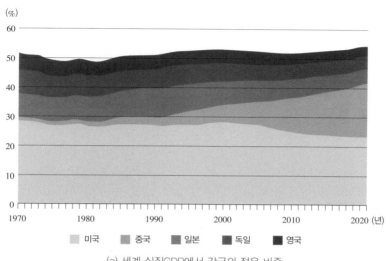

(a) 세계 실질GDP에서 각국의 점유 비중

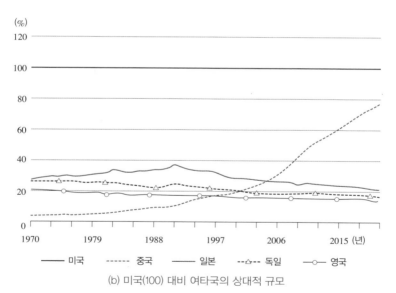

(b) 미국(100) 대비 여타국의 상대적 규모

출처: [그림 4-1]과 동일

2021년에는 21.6%로 축소되었다. 그러나 21세기의 중국은 다르다. 모든 면에서 미국과 경쟁할 잠재력을 갖추었다. 21세기에 투키디데스 함정이 다시 언급되는 배경이 여기에 있다.

신흥 세력의 등장은 기존 강국의 우려와 견제를 낳기 마련이다. 중국이 1978년 개혁·개방을 선언하고 2001년에 WTO에 가입함으로써 시장경제 체제의 일원이 되었다. 하지만 이념·정치·문화 등의 측면에서 매우 이질적인 나라다. 그 이질성을 거시경제 통계에서도 확인할 수 있다. [그림 4-3]에서는 미국과 중국에 초점을 맞추어 살펴보았다.

먼저 (a)의 투자율 추이를 보면, 중국은 개혁·개방을 선언한 1970년대 말 이래 평균 30% 수준의 투자율을 보이다가 2000년대에는 35% 수준으로 상승하였다. 2008년 위기 이후에는 무려 40%를 넘는 투자율을 꾸준히 유지하고 있다. 세계 어디에도 이런 나라는 없다. 투자율이 높다고 하는 일본이나 아시아 신흥국도 과거 고도성장기에조차 이렇게 오랜 기간 이렇게 높은 투자율을 유지하지는 못했다. 미국의 투자율은 20%를 넘은 적이 별로 없다. 그런데 중국은 세계 2위의 경제대국으로 올라선 이후에도 자국 GDP의 40% 이상을 총고정자본형성, 즉 건설투자·설비투자·R&D투자 등에 쏟아붓고 있다.

그 결과 (b)에서 전 세계 2차산업 부가가치 생산액에서의 점유 비중 추이를 보면, 미국과 중국의 위상이 완전히 역전되었음을 알 수 있다. 경제성장에 따라 산업구조의 중심이 1차산업→2차산업→3차산업으로 고도화하는 것이 일반적이기는 하지만, 그래도 경제력의 기반은 제조업을 중심으로 한 2차산업임을 잊지 말아야 한다. 미국은 1970년에 세계 2차산업 부가가치 생산의 4분의 1을 차지하였으나 이후 하락세를 이어간 끝에 2021년에는 16% 선에 머물렀다. 반면 1970년 전 세계

그림 4-3 G2의 투자율 및 2차산업 부가가치 점유 비중 추이(2015년 불변가격 기준)

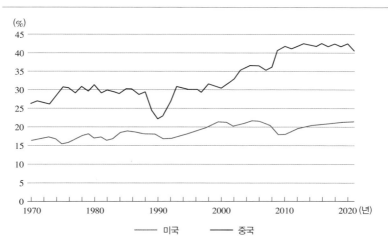

(a) 투자율(= 총고정자본형성/GDP)

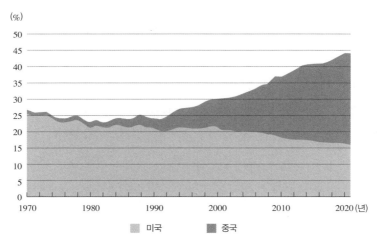

(b) 2차산업 부가가치 점유 비중

출처: [그림 4-1]과 동일

의 1%에도 미치지 못하던 중국의 2차산업은 놀라운 성장을 거듭하여 2010년에 미국을 넘어섰고, 2021년에는 28%를 상회하는 비중으로 미국을 압도하고 있다. 1990년대에 저임금 경쟁력에 기초해 세계의 공장으로 발돋움한 중국은, 이제 생산액뿐만 아니라 고위·첨단 분야의 기술력에서도 명실상부한 제조업 강국으로 부상했다.

이처럼 상상을 초월하는 중국의 높은 투자율 및 제조업 성장은 전 세계적으로 과잉설비와 과잉생산 압력을 유발했고, 경쟁력에서 밀린 미국에서 중국이 일자리를 빼앗아간다는 정치적 비난이 비등한 것은 당연한 귀결이라고 할 수 있다. 특히 미국의 대중 수입액이 폭증하면서 2010년대 중반에는 미국의 무역적자 중 대중 적자가 거의 절반을 차지할 정도로 불균형이 누적됐다. 이는 곧바로 무역분쟁의 씨앗이 되었다.

세계은행 부총재 겸 수석 이코노미스트를 역임했던 린이푸林毅夫 중국 베이징대 교수는 2030년에 중국의 경제 규모가 미국을 추월하여 세계 1위가 될 것이라고 주장한다. 과거에 비해 중국의 성장률이 낮아지고, 코로나19 팬데믹의 충격도 있지만, 당분간 6% 수준의 중속 성장을 이어갈 잠재력이 충분하다는 것이다. 그런데 2019년 서울에서 열린 '세계지식포럼' 토론에서 니얼 퍼거슨Niall Ferguson 미국 하버드대 교수는 중국의 현 정치체제로는 세계 1위 국가가 될 수 없다며 강하게 반박했다. 거친 논쟁 끝에 20년 후 누구 말이 맞는가를 놓고 2만 위안 내기까지 걸었다. 그것도 처음에는 린이푸 교수가 200만 달러의 내기를 제안했으나, 퍼거슨 교수가 판돈이 너무 크다며 난색을 표해 2만 위안으로 조정한 것이다.

과거의 추세가 그대로 이어진다면 린이푸 교수가 내기에서 이길 것이다. 그러나 이런 종류의 문제에서 과거 추세를 그대로 연장하여 미래를 예측하는 것은 별 의미가 없다. 상대방의 대응 전략에 따라 결과가 달라지는 전략 게임, 즉 패권경쟁의 문제이기 때문이다. 6장에서 자세히 살펴보겠지만, 공급망 재편을 둘러싸고 G2 패권경쟁은 이제 본격화되었다.

과거 역사를 보면, 투키디데스 함정은 결국 두 강대국 간의 물리적 충돌, 즉 전쟁으로 귀결되는 경우가 많았다. 21세기의 투키디데스 함정은 지금까지는 경제전쟁의 양상을 띤다. 작금의 경제전쟁이 물리적 충돌을 대체하는 예방 전쟁preventive war에 그칠 것인지, 아니면 본격적인 물리적 충돌로 넘어가는 과도기적 단계에 불과한 것인지는 현재로서는 알 길이 없다. 게임의 양상과 결과가 어떠하든 간에, 이 전략 게임은 수십 년에 걸친 장기전이 될 공산이 크다.

세계질서를 뒤흔든 2001년의 세 사건: 필연이 되는 우연들

사후적 해석이기는 하지만, 21세기의 원년인 2001년에 우연히도 이후의 세계질서를 뒤흔든 세 개의 큰 사건이 동시다발적으로 터졌다. 9.11 테러, 닷컴 버블 붕괴, 그리고 중국의 WTO 가입 등이 그것이다. 전혀 무관한 사건들로 보이지만, 21세기 G2 패권경쟁을 촉발한 필연적 원인일지도 모른다. 그 전후 맥락을 살펴본다.

① 9.11 테러

9.11 테러는 미국인의 관점에서는 미국 본토가 외부로부터 공격을 받은 최초의 사건이라는 점에서 큰 충격이었지만, 세계사적으로는 문명의 충돌로 이해된다. 1990년 동구 사회주의의 붕괴 이후 미국의 가치체계와 경제질서가 전 지구적 차원으로 확산하였는데, 그것이 오히려

문명·문화 간의 이질성을 부각시키고 그로 인한 갈등을 심화시켰다는 것이다. 특히 1991년 걸프전, 1995년 보스니아, 1996년 대만해협, 1999년 조지아 등 압도적 군사력을 앞세운 미국의 일방주의적 개입이 관철되는 가운데 오히려 미국이 공격을 받는 9.11 테러가 발생했다. 그 직후 2003년에는 대량살상무기WMD 개발을 빌미로 이라크를 침공하였다. 하지만 전쟁의 승리가 무색하게, 대량살상무기의 존재는 확인하지 못함으로써 미국의 도덕적 정당성과 국제적 리더십에 회복할 수 없는 큰 상처를 입었다.

이후 미국은 이라크, 이란, 아프카니스탄, 팔레스타인 등 중동 문제에 계속 발목이 붙잡혔다. 이로 인해 미국이 중국의 부상에 위협을 느끼면서도 초기에 공세적으로 대응하지 못하고 '협력적 경쟁'이라는 어정쩡한 태도를 보이는 전략적 오류의 배경이 되었다는 해석도 있다. 결과적으로, 중국이 경제적으로 성장하면 서구식 민주주의 체제로 점차 이행할 것이라는 미국의 희망은 물거품이 되었다. 서구식 민주주의는 애당초 중국의 선택지에 올라 있지도 않았다.

② 닷컴 버블 붕괴

다음으로 닷컴 버블 붕괴이다. 1995~2000년에 미국 나스닥 지수가 400% 상승하는 버블이 발생했다. ICT 관련 기술기업의 주가가 천정부지로 올랐다. 그러나 당시 느린 속도의 유선 인터넷망 환경에서는 새로운 기술의 잠재력을 현실화하기 어려웠고, 더구나 엔론·월드콤 등의 대규모 회계부정 사건이 터지면서 주가는 폭락했다. 2002년 10월에 나스닥 지수는 정점 대비 78%나 하락했다. 이때 죽음의 계곡death valley을 건넌 아마존·구글 등의 기술기업이 오늘날 4차 산업혁명을 이끄는 선두주자로 성장했다.

그런데 당시 미국 중앙은행의 앨런 그린스펀Alan Greenspan 의장은 닷컴 버블 붕괴가 경제 전반의 공황으로 치닫지 않도록 금리 인하를 통한 적극적 완화정책을 장기간 이어갔다. 그로 인한 과잉 유동성의 불꽃이 주식시장은 물론 부동산시장으로까지 옮겨붙음으로써 2008년 글로벌 금융위기의 원인root cause이 되었다는 것이 통설이다. 세계 경제 대통령이라 불리던 그린스펀의 권위는 한순간에 추락했다. 자본주의의 중심부에서 터진 2008년 위기는 미국과 중국 간의 경제력 격차를 좁혔을 뿐만 아니라, 중국이 자신의 경제체제에 자신감을 갖는 결정적 계기가 되었다. 중국은 '도광양회'의 낮은 자세를 버리고 '대국굴기'의 꿈을 현실로 옮기기 시작했다.

③ 중국의 WTO 가입

마지막으로 중국의 WTO 가입이다. 국민당 정부의 중국은 1947년 GATT 체제의 창설국 중 하나였지만 1949년 공산당 정부가 수립되면서 축출되었고, 이후 오랜 기간 중국은 국제무역질서에서 배제되었다. 1986년 중국은 GATT 복귀를 신청했으나, 더 많은 개혁과 개방을 요구하는 서방측의 반대로 성사되지 못했다. 결국 15년간의 지루한 협상 끝에 2001년 WTO의 정회원국으로 승인되었다. 다만 15년의 유예기간 동안 중국이 WTO 규범에 부합하는 시장경제체제를 확립하도록 하고 그 이행 과정을 점검한다는 조건이 부과되었다. 이로써 중국은 외국의 기술과 자본을 도입하고 최혜국 대우 조건으로 외국 시장에 접근할 수 있게 되는 등 기존의 걸림돌을 제거함으로써 성장에 가속도를 붙일 수 있게 되었다. 미국의 소비자가 값싼 수입 상품의 혜택을 누리는 대신 중산층의 숙련노동 일자리가 사라지는 이른바 월마트 효과Wal-Mart effect는 중국 효과China effect와 동전의 앞뒷면을 이룬다고 해도 과언이 아니다.

한편 중국도 WTO 가입 조건을 충족하기 위해 회사법·파산법·경쟁법·지적재산권법 등의 법제도 정비, 수입 관세율 인하, 서비스시장과 금융시장의 단계적 개방을 추진하였다. 그러나 이러한 법제도가 현실에서 제대로 작동하는지, 그리고 그것을 다른 나라가 어떻게 평가하는지는 전혀 별개의 문제였다. 유예기간이 만료된 2016년 이후에도 미국 등은 중국을 여전히 WTO 규범에 부합하지 않는 비시장경제 국가로 간주하면서 압력과 제재를 가하고 있다. 그러나 중국은 더는 과거의 중국이 아니다. 미국에 필적하는 경제력을 갖추었을 뿐만 아니라, 세계 각국이 너무나 많은 것을 중국에 의존하게 되었다. 이런 상황에서 중국이 자신의 경제체제를 포기할 리가 없다. WTO 가입은 중국의 성장에 기폭제가 되었으나, 중국의 성장은 WTO 체제의 위기를 초래했다. 다자주의에 기초한 자유무역질서는 후퇴하고, 자국중심적 보호무역 조치가 횡행하고 있다.

미국과 중국 간의 패권경쟁은 이념경쟁이자 체제경쟁이다. 경제 영역을 넘어 전방위적으로 확산하고 있다. 우선 티베트 자치구와 신장-위구르 자치구, 그리고 홍콩 및 대만 등을 둘러싼 갈등이 격화되고 있다. 중국의 입장에서는 하나의 중국One China이라는 핵심 이익의 측면에서, 미국의 입장에서는 인권과 민주주의라는 근본 가치 측면에서 결코 물러설 수 없는 영역이다. 또한 중국이 남중국해의 영유권을 주장하면서 군사기지 용도의 인공섬을 건설한 것은 인접 아세안 국가와의 영토분쟁 문제이기도 하지만, 항행의 자유freedom of navigation를 강조하는 미국과의 충돌로 비화했다. 이 해역은 천연가스·석유 등 자원의 보고이고, 세계 해운 물동량의 30% 이상이 오가는 요충지이며, 중국의 일대일로 전략과 미국의 인도-태평양 전략이 교차하는 지점이기 때문이다.

미국은 영국·캐나다·호주·뉴질랜드 등과 함께 파이브 아이즈Five Eyes라는 기밀정보 동맹체를 강화하고, 2017년에 인도·일본·호주 등과 함께 중국을 견제하는 안보 동맹체 쿼드Quad를 재활성화하면서 한국·베트남·뉴질랜드를 추가한 쿼드 플러스Quad Plus로 확대할 의도도 내비쳤다. 나아가 최근에는 러시아를 대상으로 한 북대서양 군사 동맹체인 NATO를 중국까지 염두에 둔 글로벌 군사 동맹체로 확대·강화하려는 움직임을 보이고 있다.

앞서 '세계경제질서'라는 표현이 갖는 한계를 지적했듯이, 이상의 정치·외교·안보·군사 등 비경제 영역의 흐름이 G2 패권경쟁의 향배를 결정할 더 근본적인 요인일지도 모른다. 하지만 이 책에서 자세히 다루기에는 그 범위가 너무 넓다. 따라서 다음에서는 국제통상체제 및 국제통화체제에 초점을 맞추어 세계경제질서의 변화를 살펴보고자 한다. 2차 세계대전 이후 패권국가로 등장한 미국이 GATT와 IMF 체제의 출범을 통해 새로운 세계경제질서를 만들었다면, 그 질서가 동요하고 재편되는 과정이야말로 21세기 G2 패권경쟁을 이해하는 기반이 되기 때문이다.

WTO 체제의 위기와 통상질서의 변화

WTO의 위기: 미국이 WTO를 비난하고, 중국이 옹호하는 역설

20세기 초에 전 세계는 여러 지역·블록으로 분할되었고, 관세전쟁 및 환율전쟁과 같은 보호무역주의적 갈등이 심화하였으며, 결국 세계 대전과 대공황으로 귀결되는 뼈아픈 경험을 하였다. 이러한 오류를 반복하지 않기 위해서는 다자주의에 기초한 자유무역질서로 복귀해야 한다는 국제적 공감대가 형성되었고, 이는 2차 세계대전 종전과 함께 1947년 GATT 체제 출범으로 이어졌다.

국제기구가 제 기능을 발휘하기 위해서는 조직과 규범이라는 두 가지 핵심 요소를 온전히 갖추어야 한다. 그런데 1947년 GATT 체제는 두 가지 모두에서 근본적 결함을 안고 출범했다. 애초의 조약 초안에는 ITOInternational Trade Organization라는 국제기구의 설립 내용이 포함되어 있었지만, 정작 이를 주도한 미국이 의회 비준에 실패하면서 ITO 설립은 끝내 무산되었다. 그 결과 1947년 GATT 체제는 의제 설정과 결정 그리고 집행을 주도할 조직없이 규범으로만 출범한 것이다. 이후 전체 회원국 대표가 모인 각료회의에서 집단적으로 특정 의제를 논의하고 결정하는 방식으로 자유무역질서의 확장이 진행된 것은 이러한 사정에서 연유한다.

또한 국제법의 원칙상 조약은 국내법과 동일한 효력을 갖는다. 따라서 조약이 체결되면 이와 충돌하는 국내법을 개정해야 한다. 당연히 국내 계층·산업 간의 이해관계를 조정하는 과정에서 심각한 정치 문제가 발생하는데, 그 부담을 회피하기 위해 1947년 GATT 체제는 조부 조항 Grandfather clause을 도입함으로써 기존 국내법의 효력을 그대로 유지할 수 있도록 했다. 따라서 내국민 대우와 최혜국 대우, 수량제한 금지, 보조금과 덤핑 규제 등 자유무역의 기본 원칙을 구현하는 국제규범으로서도 태생적 한계를 안게 되었다.

이러한 한계에도 불구하고 GATT 체제는 미국의 압도적 힘을 바탕으로, 특히 관세 인하 측면에서 혁혁한 성과를 만들어냈다. 1979년 타결된 도쿄라운드까지 총 일곱 차례의 다자간 무역협상을 통해 전 세계 관세율 평균은 8% 수준으로까지 낮아졌다. 그 이후 무역협상의 초점은 비관세장벽의 철폐와 함께 농산물·서비스·지식재산권 등 기존 GATT 체제에서 자유무역 원칙의 예외로 인정되던 분야에까지 확대하는 것으로 이동하였다. 1986년에 시작된 우루과이라운드가 그것이고, 10년 가까운 논의 끝에 마침내 타결되어 1995년 WTO 체제로 출범하였다.

WTO 체제는 여러 면에서 기존 GATT 체제와 대비된다(이하 서진교 외, 2020 및 송유철 외, 2021 참조). 우선, ITO 설립이 무산됨으로써 조직 없는 규범이 된 기존 GATT 체제의 한계를 극복하기 위해 WTO가 설립되었다. WTO는 무역규범 창설, 무역규범 이행·감시, 무역분쟁 해결 등의 세 가지 기능을 모두 갖추었다. 또한 각각의 기능을 담당하는 일반이사회GC, 무역정책검토위원회TPRB, 분쟁해결위원회DRB가 자율적 권한을 갖고 활동하는 이른바 3권분립의 트로이카 조직 체계를 구축하였다. 또한 기존 GATT 체제의 조부 조항을 폐지함으로써 규범의 실효성도 높였다. 우루과이라운드 협상의 결과로 기존의 무역 분야 협정을 개정(1994년 GATT)함은 물론 서비스 무역 협정GATS, 지적재산권 협정TRIPS, 보조금 및 상계조치 협정SCMA 등을 새로 체결함으로써 규범의 범위를 대폭 확대했다. 그 외에도 일부 회원국만을 대상으로 적용되는 복수국간협정plurilateral trade agreement으로서 민간항공기협정TCA, 정부조달협정GPA 등이 추가되었다.

그러나 WTO 체제에 대한 장밋빛 전망이 실망으로 바뀌는 데는 오랜 시간이 걸리지 않았다. 먼저 새로운 무역규범 창설과 관련하여, 2001년 카타르 도하에서 개최된 WTO 제4차 각료회의에서 도하개발의

제Doha Development Agenda, DDA로 명명된 새로운 무역협상이 시작되었으나, 오랜 논의에도 불구하고 회원국 간의 이견을 좁히지 못함으로써 사실상 실패로 끝났다. 전자상거래협상(디지털무역협상)과 같이 의제의 범위를 좁힌 개별 분야 협상에서도 성과를 내지 못하기는 마찬가지였다.

이는 WTO 체제의 특이한 의사결정 구조에 기인한다. WTO 체제는 회원국 전체의 합의consensus를 존중하는 사실상의 만장일치제를 채택하였고, 더구나 각 회원국이 의제의 일부만을 선택적으로 수락하는 것을 허용하지 않는 일괄타결all or nothing 방식을 취했기 때문에 무역규범의 창설에 합의하기 어려웠다. 21세기 들어 국제무역이 서비스화·디지털화하는 추세를 보였지만, 이를 WTO 체제 내에 포괄하는 것은 점점 더 불가능해 보였다. 이는 결국 다자간 협상을 포기하고 쌍무적 자유무역협정FTA 또는 지역무역협정RTA으로 나가는 배경이 되었다.

나아가 앞서 3장에서 ESG의 국제규범화 추세에 대해 살펴보았듯이, 환경·노동·인권 등과 같은 다양한 비경제적 가치를 WTO 무역규범에 반영해야 한다는 요구가 강하게 제기되었으나, 실효성 있는 규범을 도출할 수 있으리라는 기대는 사라졌다. 특히 개도국의 지속가능발전을 위해서는 자유무역 원칙에 따른 의무 중 일부를 적용면제하는 '개도국 특혜'가 필요한데, 이것이 오히려 회원국 간 갈등을 부추기는 요인이 되었다. 개도국을 분류하는 객관적 기준을 정하기 어려운 현실에서, 당사국이 개도국 지위를 선언하면 그대로 인정하는 방식을 채택했기 때문이다.

이미 선진국 문턱에 이른 아시아 신흥국이나 세계 2위의 경제대국으로 올라선 중국이 계속 개도국 특혜를 주장하는 것은 선진국과의 마찰을 불러일으켰다. 이에 최근 들어 대만·싱가포르·UAE·브라질 등이 개도국 지위를 포기했고, 우루과이라운드 이후 농산물 분야에서만 개도국 지위를 유지하던 우리나라도 2019년에 미래의 농산물 협상에서 개도국 특혜를 주장하지 않을 것임을 선언했다. 하지만 중국이 일부 특혜는 포기하더라도 개도국 지위 자체는 계속 유지하겠다는 뜻을 분명히 밝히자, 미국과 EU는 자국법 개정을 통해 중국의 최혜국 대우를 취소하는 등의 제재 조치를 추진 중이다.

무역규범 창설뿐만 아니라 이행·감시 및 분쟁해결 측면에서도 WTO 체제는 심각한 기능 장애에 봉착하였다. 무역규범의 이행·감시를 위해서는 각 회원국이 비관세장벽 및 보조금 등에 대한 상세한 정보를 적기에 보고하는 것이 필수적인데, 현실이 여기에 미치지 못하리라는 것은 쉽게 짐작할 수 있고, 이러한 의무 위반에 대해 제재할 수단도 마땅치 않았다.

분쟁해결 기구는 사실상 붕괴 상태다. WTO의 분쟁해결 절차는 패널심사와 상소심의 2심제를 택하고 있는데, 미국이 상소위원 신규선임을 위한 추천과 승인을 거부함에 따라 위원이 단 한 명도 남지 않아 상소기구를 구성하는 것 자체가 불가능한 상황이 계속되었다. 상소심의 복원 또는 일부 기능 대체를 위한 논의가 진행되고는 있지만, 현 체제하에서는 중국의 불공정무역 관행을 교정하거나 제재할 수 없다는 미국의 불만이 워낙 크기 때문에 상소심이 조만간 정상화될지는 의문이다.

1947년 GATT 체제나 그 뒤를 이은 1995년 WTO 체제는 미국이 주도한 자유무역질서의 기본 틀이다. 하지만 21세기 들어 WTO 체제가 위기에 봉착하고, 나아가 미국이 WTO를 비난하면서 쌍무적 무역협상에 주력하는 대신 중국이 오히려 WTO의 다자주의를 옹호하는 역설적인 상황이 전개되었다. 이는 미국 중심의 단극 체제가 무너지고 G2 패권경쟁의 시대가 열렸다는 것을 상징적으로 보여준다.

안보 논리에 따른 무역제한 조치 확산

패권국가는 압도적 경제력을 바탕으로 자유무역질서의 확장을 주도한다. 1차 세계대전 전의 영국도, 2차 세계대전 후의 미국도 그랬다. 그러나 기존의 패권질서가 흔들리면 보호무역주의가 힘을 얻기 마련이다. 경제적 불균형이 누적되는 상황을 자국의 안보에 대한 위협으로 간주하는 것이 투키디데스 함정의 핵심이다. 오늘날 WTO 체제가 위기에 직면한 근본적인 이유는 안보 논리가 국제무역을 지배하는 데 있다.

① WTO 체제의 예외적 무역제한 조치

WTO 체제에는 교역상대국의 불공정무역 관행을 제재하고 그 피해를 회복하기 위한 정상적 절차가 규정되어 있다. 부당한 저가 수출에 대한 반덤핑 관세 및 불법 보조금에 대한 상계 관세의 부과가 그것이다. 불공정무역 관행에 기인한 것은 아니더라도, 특정 품목의 수입이 급증하여 국내 산업에 심각한 피해 발생이 우려될 때는 예외적으로 긴급수입제한 조치safeguard를 발동할 수도 있다. 이러한 조치에 대해 당사국 간의 이견이 해소되지 않으면, WTO의 분쟁해결 절차에 들어간다.

그런데 이상의 절차가 제대로 작동하기 위해서는 교역상대국이 시장경제체제라는 전제가 필요하다. 정상 시장가격과 실제 수출가격 간의 괴리를 확인하고, 그 차이만큼 제재를 부과해야 하기 때문이다. 그런데 비시장경제 국가라면, 즉 정부개입으로 인해 원자재에서부터 최종재에 이르기까지 모든 국내 가격체계가 왜곡되어 있다면, 분쟁 대상 품목의 정상 시장가격을 확인한다는 것 자체가 불가능해진다. 중국의 WTO 가입 당시 부여된 15년의 유예기간이 만료된 이후에도 미국과 EU 등이 한사코 중국을 비시장경제 국가로 간주하면서 환율 조작 및 보조금 지급 등의 문제를 제기하는 이유가 여기에 있다. 물론 중국은 이를 인정하지 않으면서 보복 조치로 맞선다. 무역전쟁이 불가피하다.

한편 WTO 체제에는 이상의 불공정무역 관행과 관련한 조치 이외에, 아예 자유무역의 원칙을 벗어나는 무역제한 조치를 취할 수 있는 두 가지 예외 규정을 두고 있다. GATT 제20조의 일반예외General Exceptions 조항은 보건·안전 확보, 공공질서·도덕 유지, 환경·자원 보전, 국내법 준수 등 주권국가의 정당한 정책 목적을 실현하기 위해 무역제한 조치를 취할 수 있도록 허용하고 있다. 다만, 필요한 경우에만 제한적으로 사용하도록 하는 두문chapeau 규정을 둠으로써 차별과 남용을 방지하고자 하였다. 이와 관련하여 2장에서 언급한 EU의 플랫폼 독점 규제법(디지털시장법 및 디지털서비스법), 그리고 3장에서 살펴본 EU의 탄소국경조정제도 등이 과연 WTO의 일반예외 조항에 합치되는 것인지에 대한 논란이 없지 않다. 이들 법이 미국의 GAFA를 규제함으로써 EU의 플랫폼 기업을 지원하고, 탄소누출에 따른 EU 기업의 경쟁력 하락을 방지하는 등의 산업정책적 목적을 담고 있다는 것은 공공연한 사실인데, 이를 일반예외 조항에 열거된 사회정책적 목적으로 정당화할 수 있는지는 두고 봐야 할 일이다.

한편 GATT 제21조는 국가안보 예외Security Exceptions를 별도로 규정하고 있는데, 자국의 '필수적인 안보 이익essential security interests'을 위해 '필요하다고 간주considers necessary'하면 무역제한 조치를 허용한다. 일반예외 조항과는 달리, 두문 규정이라는 제한 없이 매우 포괄적으로 예외를 인정하는 것이 특징이다. 상품무역 분야의 GATT 외에 1995년 WTO

체제에 새로 포함된 서비스무역 분야의 GATS와 지적재산권 분야의 TRIPS에도 동일한 내용의 국가안보 예외 조항이 있다.

　물론 다자간 무역체제에서 국가안보 예외 조항을 발동하는 경우는 매우 드물고, 외교적으로 해결하는 것이 일반적이다. 1995년 이후 국가안보 사유로 분쟁해결 절차에 공식회부된 것은 총 6건뿐인데, 그중에서도 1심에 해당하는 패널 보고서가 채택된 것은 단 2건에 불과하다. 러시아의 크림반도 점령 이후 발생한 러시아-우크라이나 간 항공운송 분쟁 건(2019년), 그리고 홍콩 보안법에 대한 미국의 제재 조치로 홍콩산 제품을 중국산으로 표시토록 한 홍콩-미국 간 원산지 표시 분쟁 건(2023년)이 그것이다. 이 두 사건에서 각각 러시아와 미국은 국가안보 관련 조치는 WTO의 분쟁해결 심사대상이 아니라고 주장했으나, 이를 기각하고 패널 보고서가 채택되었다. 그러나 앞서 언급한 대로 상소위원의 공백 상황이 장기화하면서 2심인 상소심은 아예 진행되지도 못하고 있다.

② 자국법상의 안보 개념에 근거한 무역제한 조치

　문제는 WTO 협정을 건너뛰고 아예 자국법에 국가안보 또는 경제안보 개념을 확장·신설함으로써 쌍무적 관점에서 무역제한 조치를 취하는 경우가 급증하고 있다는 점이다. 특히 미국이 그렇다. 트럼프 행정부 시절 미국은 공공연히 WTO 무용론 내지 탈퇴를 주장하면서 중국 견제를 위해 자국법을 적극 활용하는 선례를 남겼다. 바이든 행정부 들어서도 그 기조는 변하지 않은 것으로 보인다. 안보 논리에 따른 통상정책 기조는 EU 및 일본 등으로 확산하였고, 중국도 그때마다 보복 조치로 대응하고 있다.

미국이 자국법상의 국가안보 개념에 의거하여 취하는 무역제한 조치는 크게 네 가지 유형으로 나누어볼 수 있는데, 수입제한, 수출통제, 외국인투자 규제, 그리고 정부조달에서의 미국산 우대 조치 등이 그것이다.

　　첫째, 수입제한 조치로서 미국은 교역상대국의 불공정무역 관행을 제재하는 무역통상법 301조를 광범위하게 활용해 왔다. 포괄 범위와 제재 강도를 높인 한시법으로서의 슈퍼 301조, 지적재산권 침해에 초점을 맞춘 스페셜 301조도 있다. 특히 트럼프 행정부는 301조에 근거하여 2018년 7월부터 2019년 9월까지 4단계에 걸쳐 총 3,600억 달러 상당의 대對중국 관세를 부과함으로써 무역전쟁에 불을 댕겼고, 중국도 상응하는 보복관세로 맞대응하였다. 2020년 1월 미·중 간의 1단계 무역합의로 일단 봉합했으나, 코로나19 팬데믹으로 합의의 이행률이 높지 않았고, 2단계 합의를 위한 논의는 전혀 진척이 없는 상태이다.

　　한편 트럼프 행정부가 WTO 체제 출범 이후 사실상 사문화되었던 무역확장법 232조를 부활하면서 2017년에 중국과 EU, 일본, 한국 등을 대상으로 철강과 알루미늄 수입에 추가관세 또는 수량할당(쿼터) 등의 조치를 취한 것은 큰 충격을 주었다. 232조는 국가안보 위협을 이유로 수입제한 조치를 취하는 것인데, WTO 체제를 벗어나 자국법상의 국가안보 개념을 확장하는 신호탄이 되었기 때문이다. 종합무역법과 무역촉진법에 근거하여 매년 두 차례에 걸쳐 환율보고서를 발간하고, 그 결과에 따라 관찰대상국→심층분석대상국→환율조작국의 순으로 강도를 높여가면서 상대국의 환율절상 압력을 가하는 것도 수입제한 조치의 한 수단으로 볼 수 있다.

　　둘째, 최근 들어 자국 수출기업의 피해를 무릅쓰고서라도 수출통제 조치를 적극 활용하는 것은 통상질서 변화라는 측면에서 상징하는 바가 크다(이하 KOTRA, 2022 참조). 냉전 시대에는 군사용과 민수용을 가릴 것 없이 양 진영 간의 무역이 사실상 전면 통제되다가, 1990년대 국제정세의 변화 속에 일반 민간무역이 자유화되었다. 그 대신 핵무기, 생화학무기, 미사일, 재래식 무기 등 이른바 대량살상무기의 국제적 확산을 통제하는 4대 국제수출통제체제가 구축되었다. 그중에서 1996년에 체결된 재래식 무기 관련 바세나르협정이 최근 주목의 대상이 되고 있다. 4차 산업혁명의 핵심에 해당하는 이동통신, 빅데이터, AI, 로봇, 반도체, 드론, 우주항공 등과 관련된 제품 및 기술은 산업경쟁력 차원에서도 중요하지만, 군사용으로도 전용 가능한 이중 용도dual use의 특성이 있기 때문이다. 특히 중국이 2015년 '중국제조 2025'와 '군민융합 발전전략'을 통해 첨단 산업기술의 육성 및 군사화 청사진을 공공연히 밝힌 것이 결정적인 자극제가 되었다. 이에 각국은 바세나르협정을 기초로 국내법 체계를 강화함으로써 자국의 첨단기술을 보호하고 상대국, 특히 중국의 산업정책을 견제하는 움직임을 보인다. 2019년 일본이 엉뚱하게도 자국법령을 통해 한국에 수출규제를 가한 것도 그런 흐름의 부산물이었다.

미국은 1990년 국제경제비상권법IEEA에 따라 비교적 완화된 형태의 수출통제제도를 운용해왔는데, 2009년 오바마 행정부 당시 수출통제개혁정책을 추진하였고, 트럼프 행정부 시절인 2018년에는 수출통제 관련 권한을 영구히 대통령에 위임하는 수출통제개혁법ECRA을 제정하였다. 이 법은 경제안보를 국가안보의 한 구성요소로 명시한 최초의 수출통제법이라는 의미가 있다.

이상의 국내법에 따른 소관부처 규정을 통해 미국은 2019년 5G 이동통신 장비산업의 세계 1위 업체인 중국의 화웨이와 그 관계사들을 수출통제 기업 명단entity list에 등재하였고, 2020년에는 해외직접생산품규정Foreign Direct Product Rule, FDPR을 통해 미국 기술이 사용된 제3국의 제품이 간접 수출되는 것도 통제하였다. 군민융합의 이중 용도 기술에 대한 통제도 강화하였는데, 과거 민간 최종사용자에게는 예외적으로 수출을 허용하던 것을 중국 등 20개국에 대해서는 원천 금지했다. 중국 군대와 밀접한 관련이 있다고 간주하는 ZTE 등 이동통신 장비 기업, SMIC 등 반도체 기업, 파이티움 등 슈퍼컴퓨터 기업, 신장-위구르 자치구의 인권탄압 관련 기업 등도 기업 명단에 등재하였으며, 제3국을 통한 간접 수출을 통제하는 FDPR도 확대 적용하였다. 6장에서 다시 언급하겠지만, 미국의 수출통제 체계는 반도체·배터리 등의 공급망을 재편하는 전략의 핵심 수단으로 활용되고 있다. 나아가 2022년 러시아-우크라이나 전쟁 발발 이후 러시아 제재에도 활용되었는데, 개별 기업 단위가 아니라 러시아 전체에 적용했다는 것이 특징이다.

셋째, 외국인직접투자FDI 규제 정책이다. 중국은 외국인직접투자의 최대 유입국이었지만, 2010년대 이후에는 막대한 외환보유액 및 국영은행의 지원에 힘입어 굴지의 해외투자국으로 발돋움하였다. 이는 상품 수출 차원을 넘어 외국의 첨단기술·시설·자원을 확보하는 수단으로 활용되었다. 이에 대한 반작용으로 미국과 EU 등에서는 외국인직접투자를 규제하는 국내법을 강화하는 움직임을 보였다.

미국은 1950년 국방생산법DPA을 통해 국가안보의 관점에서 외국인 투자를 심사하는 권한을 대통령에게 부여하였고, 1988년 종합무역법에 포함된 엑슨-폴리오법Exon-Folrio Act으로 실질적인 규제가 시작되었다. 이어 2007년 '외국인투자 및 국가안전보장법FINSA' 제정을 통해 외국 정부가 소유·지배하는 기업이 미국 내의 주요 인프라 시설에 투자하는 것을 규제하였다. 이후 트럼프 행정부 시절인 2018년에 '외국인투자위험 심사 현대화법FIRRMA'을 제정하였는데, 미국 내 기업에 대한 지배권을 취득하는 협의의 M&A만이 아니라 핵심 기술·시설·개인정보에 대한 비지배적 투자non-controlling investment로까지 심사대상을 확대하였다.

한편 과거 미국은 사전심사 절차를 통과한 외국기업 주식의 미국 내 거래에 대해서는 특별한 관리체계를 두지 않았고, 특히 상장기업은 일반 증권법 감독체계의 적용을 받았을 뿐이었다. 그런데 2020년 외국기업책임법HFCAA이 제정되면서, 미국 증시에 상장된 외국기업이 외국 정부의 소유·지배하에 있지 않음을 입증하는 보고서를 제출하지 않거나 그 내용이 요건을 충족하지 못하는 등의 사유로 3년 연속 회계감독기구의 심사를 통과하지 못하면 아예 상장 폐지할 수 있도록 하였다. 가변이익실체variable interest entity, VIE라는 편법을 통해 미국 증시에 상장된 중국기업이 미국의 첨단기술 및 민감한 개인정보에 접근하는 것을 막기 위한 조치다. 이에 대해 중국은 미국의 감독 당국이 중국 기업의 내부정보에 접근하려는 의도라며 반발했고, 중국판 우버라 불리는 디디추싱의 미국 증시 상장을 6개월 만에 취소하고 기존 상장기업도 홍콩 증시로 이전토록 하는 등의 파장이 일었다.

넷째, 마지막으로, 미국은 오바마 행정부 이래 제조업의 부흥을 위한 다양한 산업정책적 조치를 시행하고 있다. 그 일환으로 미국 기업의 본국 회귀 및 외국기업의 미국 내 투자 확대를 유도하고 있는데, 정부조달에서의 미국산 우대 조치가 강력한 유인 수단으로 활용된다. 1933년 미국산우선구매법Buy American Act이 그 효시인데, 연방 정부기관이 직접 조달하는 품목에서 외국산의 경우 입찰가격에 불이익을 주는 것이다. 다만 미국산 가격이 25% 이상 비싸거나 WTO 체제의 복수국간협정 중

하나인 정부조달협정에 가입한 나라 또는 미국과 FTA를 맺은 나라에는 적용되지 않는 한계가 있다.

보다 중요한 것은 대통령 행정명령 또는 개별 법률에 근거한 미국 산 우대 규정들Buy America Requirements이다. 연방정부의 재정지원을 통해 시행되는 사업 전반에 걸쳐 광범위하게 적용되며 미국산으로 인정되는 조건이 강화되는 추세에 있다. 특히 바이든 대통령은 1조 2,000억 달러 규모의 인프라법IIJA 제정에 맞추어 2022년 초 연방조달규정을 개정하면서 미국산 철강, 제조품, 건축자재 등의 사용 의무를 강화하였다. 또한 '반도체 및 과학 법CHIPS and Science Act'과 '인플레이션 감축법Inflation Reduction Act, IRA' 등 반도체·배터리·바이오 산업을 지원하기 위해 제정된 개별 법률과 행정명령에서도 미국산 우대 조치가 핵심 수단으로 포함되었다. 중국의 영향력 아래에 있는 핵심 품목의 공급망을 미국 중심으로 재편한다는 국가안보 차원의 전략적 목표가 반영된 것이다.

미국의 선례는 다른 나라로 빠르게 확산하였다. EU는 미·중 간의 패권경쟁 속에서 EU의 독자성을 최대한 유지·강화한다는 '전략성 자율성'을 대외 전략의 기본 원칙으로 설정하고, 2020년의 신산업전략, 2021년의 신통상전략에 반영하였다. 이러한 기조하에 2장과 3장에서 살펴본 바와 같이, EU의 규범을 강화하고 이를 국제규범으로 확장하려는 움직임을 보이고 있다.

한편 일본은 '자유롭고 개방적인 인도-태평양' 구상을 대외정책의 기본 방향으로 제시하면서, 2020년 총리실 산하에 국가안전보장국을 신설하였다. 2022년에는 공급망 강화, 기간 인프라의 안전 확보, 첨단 기술 개발 지원, 군사 목적으로 전용 가능한 특허의 공개 금지 등의 내용을 담은 경제안전보장추진법을 제정하였다.

중국 역시 미국 등의 견제 조치에 건건이 맞대응하고 있다. 중국의 국가안보에 위협이 되는 기업·개인을 제재하는 수출통제법 제정, 기존의 관련법을 통합·정비하면서 자국 산업과 안보를 위협하는 외국인투자에 대한 심사를 강화한 외국인투자법 개정, 사이버 주권과 데이터 보호를 위한 사이버보안법, 데이터보안법, 개인정보보호법 제정, 그리고 국가안보에 위협이 되는 외국기업의 적대적 M&A를 규제하는 반독점법 개정 등과 함께 각각의 하위규정 제·개정이 숨 가쁘게 이어졌다. 미국에 있는 법은 중국에도 다 있는 셈이다. 심지어 중국은 법에 없는 것도 할 수 있는 나라다.

결론적으로 국가안보 내지 경제안보 논리를 앞세운 각국의 국내법 체계가 WTO 체제의 내국민 대우 및 최혜국 대우 원칙보다 우선하는 흐름이 본격화하였다. 그야말로 WTO 체제의 위기다. 다자주의로의 복귀는 요원해 보인다.

메가 FTA의 시대: 무역협정이 아닌 행정협정을 택한 바이든 행정부

앞서 언급한 바와 같이, 회원국 전체의 만장일치 합의와 의제 전체의 일괄타결 방식을 고수하는 WTO 체제에서 새로운 무역규범을 창설하는 것은 매우 어렵다. WTO의 최고 의사결정기구인 각료회의는 2년마다 개최되는 것이 관례인데, 2015년 10차 각료회의 이후 2017년 11차 회의에서는 다자 결과물 도출에 실패하였고, 12차 회의는 협의 부진과 코로나19로 계속 연기되다가 2022년에 가까스로 개최되어 몇 가지 각료선언과 각료결정을 채택하였으나, WTO 체제 위기론을 불식시킬 만한 구체적인 성과를 거두지는 못하였다.

이러한 공백을 메우는 것이 자유무역협정FTA 또는 지역무역협정 RTA(이하 FTA로 통칭)이다(이하 대외경제정책연구원, 2021 및 산업통상자원부 홈페이지 참조). FTA는 협정 체결국끼리만 관세·비관세 장벽 등을 완화하는 특혜무역협정인데, 모든 회원국에 최혜국 대우 의무를 부여하는 WTO 체제의 예외로 인정되고 있다. FTA는 1990년대 중반 이후 급격하게 증가하였고, WTO의 모든 회원국이 최소 하나 이상의 FTA에 참여하고 있다고 한다. 2022년 기준으로 우리나라는 18개 협정을 발효, 4개 협정을 서명·타결하고, 12개의 신규 또는 개정 협상을 진행 중이다.

FTA는 WTO 체제의 경직성을 보완하는 역할을 하는 것으로 평가된다. 하지만 세계 각국이 다수의 협정에 중복참여함으로써 마치 스파게티 접시 안에 국수 가락이 꼬인 것 같다는 스파게티 볼 효과Spaghetti bowl effect가 나타났다. 무역규범 간의 충돌과 분절화 위험이 발생할 우려가 제기된 것이다. 이와 관련하여 최근에는 새로운 흐름이 나타나고 있다. 두 나라 또는 소수의 나라가 참여하는 쌍무적 성격의 FTA가 이미 포화 상태에 이른 상황에서, 핵심 강대국을 포함한 다수의 국가가 거대 경제권을 형성하는 메가 FTA를 체결함으로써 새로운 무역규범 창설을 주도하는 것이다. 이런 측면에서 주목되는 것이 2018년 발효된 '포괄적·점진적 환태평양경제동반자협정CPTPP'과 '미국·멕시코·캐나다 협정USMCA', 그리고 2020년 최종 타결된 '역내포괄적경제동반자협정RCEP'이다.

미국은 2008년부터 아시아·태평양 지역을 아우르는 경제협력체 구상을 주도하였는데, 오랜 난항 끝에 오바마 행정부 시절인 2015년에 미국과 일본 등 12개국이 참여한 '환태평양경제동반자협정TPP'이 타결되었다. 그러나 2017년 트럼프 행정부가 출범하자마자 미국의 일자리를 빼앗아간다는 이유로 전격 탈퇴했고, 일본 주도로 추가 협상을 진행한 결과 전체 1,000여 개 항목 중 미국의 주장이 강하게 반영된 일부 항목을 정지시킨 채 2018년에 11개국이 참여한 CPTPP로 출범하였다. 반면 TPP를 탈퇴한 미국은 멕시코와 캐나다에 대해 기존의 '북미자유무역협정 NAFTA' 개정을 요구하고 관철시킴으로써 2018년 USMCA를 체결하였다.

한편 중국이 아시아 · 태평양 지역으로의 진출을 목적으로 아세안 10국과 한 · 중 · 일 3개국 간의 협정을 제안했다. 이를 견제하려는 일본이 호주 · 뉴질랜드 · 인도까지 추가할 것을 주장하였고, 아세안이 이들 16개국을 모두 묶은 RCEP 협상을 제안하였다. 2012년 공식협상 개시 선언 이후 7년만인 2019년에 RCEP 협상이 잠정 타결되었으나, 무역적자 확대를 우려한 인도가 불참을 선언함에 따라 2020년에 15개국만으로 최종 타결되었다. 2019년 기준으로 세계 GDP와 인구의 30%, 세계 교역량의 25% 이상을 차지하는 최대 규모의 메가 FTA가 탄생한 것이다.

이상 USMCA, CPTPP, RCEP 등의 FTA는 전통적인 관세 · 비관세 장벽의 완화뿐 아니라 원산지 규정, 서비스 무역, 투자, 지적재산권, 전자상거래(디지털 무역), 경쟁정책, 정부조달, 분쟁해결 절차 등 무역규범의 모든 영역을 망라하는 종합적 무역협정이다. 다만, 참가국의 경제발전 단계와 산업적 이해관계에 따라 자유화의 수준에는 일정 정도 차이가 있다. 미국의 요구 사항이 거의 그대로 관철된 USMCA가 가장 높은 수준의 협정이라면, 원래의 TPP에서 미국의 핵심 관심 사항 일부를 정지시킨 CPTPP가 그다음 수준이고, 다수의 개도국을 포함한 RCEP이 상대적으로 낮은 수준이라고 할 수 있다. 따라서 이들 FTA의 내용을 비교해 보면, 향후의 무역협상에서 쟁점이 될 지점이 어디인지 가늠할 수 있다. 관세 및 정부조달에서 특혜가 주어지는 원산지(역내 생산) 인정 기준, 세계 교역량에서 중요성이 커진 서비스 무역 및 디지털 무역의 자유화 수준, 첨단기술과 관련한 지적재산권 보호의 실효성, 노동·인권·환경 등 사회적 가치의 무역규범화 등이 대표적인 예가 될 것이다.

이와 관련하여 2021년 출범한 미국 바이든 행정부의 행보가 주목의 대상이 되었다. 전임 트럼프 행정부가 WTO의 다자협상은 물론 TPP 협상에도 강한 거부감을 보이면서 기존의 한·미 FTA와 NAFTA 개정을 일방적으로 밀어붙였던 것과는 다른 기조를 보일지에 초점이 모아졌다. 특히 G2 패권경쟁의 격전지가 된 아시아·태평양 지역에서의 무역협상이 시금석이 될 터이다. 과연 미국이 현재의 CPTPP에 가입할지 또는 애초의 TPP로 복귀할지, 아니면 보다 높은 수준의 새로운 메가 FTA를 추진할지에 따라 아시아·태평양 지역의 무역환경과 경제질서는 크게 달라질 것이기 때문이다. RCEP 협상 타결을 주도하면서 이 지역에 대한 영향력을 확대했던 중국은 발 빠르게 움직였다. 일본 주도의 CPTPP에 전격적으로 가입 신청을 함으로써 RCEP보다 높은 수준의 무역규범 도입에 대비하고, 나아가 미국의 향후 행보에 선제 대응하는 모습을 보였다.

그런데 바이든 행정부의 전략은 적어도 단기적으로는 달라 보인다. 새로운 메가 FTA 협상은 10년 가까운 세월이 걸리며, 그 과정에서 일자리나 산업경쟁력과 관련된 국내의 정치적 논란을 피할 수 없기 때문이다. 그 대신 바이든 행정부는 '인도·태평양 경제 프레임워크IPEF'라는 보다 유연한 형태의 협의체 출범을 공식 선언했다. IPEF는 미국의 인도-태평양 전략을 구성하는 5대 전략 중 하나인 '지역의 경제적 번영'을 추구하는 핵심 요소다. 우리나라를 포함한 14개국으로 출범했는데 디지털경제 및 무역 촉진, 안전한 공급망 재구성, 인프라·청정에너지·탈탄소 투자, 조세 및 반부패 협력 등 4개 기둥pillar의 의제를 논의한다.

각국 의회의 비준이 필요한 시장 개방 및 관세 특혜 등은 의제에서 제외하는 대신, 참여국의 선택에 따라 4개 기둥의 의제 전부 또는 일부에만 참가할 수 있다. 한마디로 IPEF는 경직적인 무역협정이 아니라 유연한 행정협정이다. 전통적인 무역협상의 범위를 벗어난 다양한 의제를 신속하게 추진하는 협의체(프레임워크)로서, 아시아·태평양 지역에서 중국의 영향력 확대를 저지하려는 미국의 전략에서 중요한 부분을 담당할 것으로 보인다.

위기 때 더 강해지는 달러 패권

달러의 위상: 미국 경제력의 약화에도 강고한 달러 패권

20세기 전반기의 국제통화체제는 혼란으로 점철되었다. 각국의 통화가치를 금에 연계한 금본위제(고정환율제)를 시행하면서 런던의 국제금융센터 기능과 영국 중앙은행BOE의 최종 대부자 기능을 통해 국제유동성 공급을 조절하던 19세기의 체제가 20세기의 변화된 국제경제 현실에 걸맞지 않았기 때문이다. 그 결과 전쟁이 터지면 곧바로 금본위제를 정지하면서 경쟁적 평가절하에 나섰고, 전쟁이 끝나면 무리하게 금본위제로 복귀하면서 경제침체가 발생하는 악순환이 반복되었다.

새로운 체제가 필요했다. 1944년 브레튼우즈협정에 따라 설립된 국제통화기금International Monetary Fund, IMF이 전후 국제통화체제의 핵심을 이루었다. 초기 논의 과정에서 쇠락하는 영국의 입장을 반영한 케인스의 제안과 새로운 패권국가로 등장한 미국의 입장을 반영한 화이트의 제안이 대립하였는데, IMF는 화이트 제안이 그대로 관철되는 형태로 설립되었다. IMF 총회에서 각 회원국의 의결권은 사전에 할당된 출자금Quata

에 연동되고, 주요 의결안건은 총 의결권의 85% 이상을 얻어야 가결된다. IMF 설립 이래 지금까지 미국의 의결권 비율은 항상 15%를 넘었다(2022년 16.5%). 이는 미국이 단독 거부권을 행사할 수 있다는 뜻이다.

그러나 브레튼우즈 체제는 안정적으로 작동하지 못했다. 1960년대부터 동요하기 시작했고, 1970년대 석유파동의 충격 속에 완전히 붕괴했다. 달러화만 직접 금에 연계하고 다른 나라 통화는 달러화를 통해 간접적으로만 금과 연계하는 방식으로 고정환율제를 운용하는 브레튼우즈 체제에서는 이른바 트리핀 딜레마Triffin dilemma라는 근본적 한계를 극복할 수 없었기 때문이다. 달러화의 가치가 안정되기 위해서는 미국의 국제수지가 흑자 기조를 유지해야 하는데, 그러면 국제유동성의 공급에 문제가 생긴다. 반대로 미국의 국제수지 적자가 누적되면 달러 유동성의 공급과잉이 야기되고 달러와 금의 교환성, 즉 달러 가치에 대한 신뢰가 흔들리게 되는 것이다. 결국 1971년 미국은 달러와 금의 교환을 정지했고, 1976년 국제환율체제는 변동환율제로 이행했다.

그러면 브레튼우즈 체제 붕괴 이후 달러화의 패권은 약화되었는가? 그렇게 보기 어렵다. 기축통화로서 달러의 지위는 계속 유지되었고, 위기가 발생하면 안전통화로서 달러의 가치가 오히려 상승하는 상황이 반복되었다. 단적인 예로, [그림 4-4]는 1964년 이후 달러화의 실효환율effective exchange rate 추이를 나타낸 것이다. 환율은 두 나라 통화 간의 교환 비율인데, 실효환율은 다수 교역상대국 통화와의 환율을 교역량을 가중치로 해서 종합한 지수이다. 명목 실효환율에 각국 간 물가상승률 차이를 반영한 것이 실질 실효환율이다.

경제 상황에 따라 달러화의 가치는 등락을 거듭했다. 1970년대 브레튼우즈 체제의 붕괴 시기에 달러화의 가치가 크게 하락했지만 세계

그림 4-4 미국 달러화의 실효환율 추이(1964.1월~2022.12월)

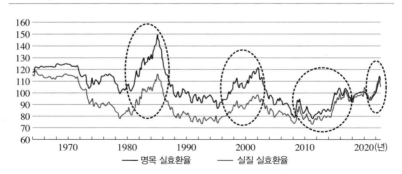

주: 국제결제은행(BIS)의 실효환율 자료는 27개 주요국 통화 환율을 가중평균한 것임. 2020년
   평균 100 기준.
출처: BIS, https://www.bis.org/statistics/full_data_sets.htm

경제가 위기에 빠졌을 때마다 강세를 보이는 현상이 반복되었다. 1980
년대 전반기 미국 중앙은행의 정책금리 인상 여파에 따른 중남미의 연
쇄 국가부도 위기, 1990년대 후반 아시아 경제위기와 연이은 미국의 닷
컴 버블 붕괴 위기, 자본주의의 핵심부가 진원지가 된 2008년 글로벌
금융위기와 2011년 유럽 재정위기, 그리고 최근 코로나19 팬데믹 위기
에 이르기까지 그 위기가 어느 지역에서 촉발되었는가와는 관계없이
세계경제의 큰 위기 때마다 달러화의 가치가 대폭 상승하였다.

이쯤 되면 위기가 달러화 강세를 불러온 것인지, 아니면 역으로 달
러화 강세가 위기를 초래한 것인지조차 모호할 정도다. 특히 최근 2022
년 들어서는, 1장에서 살펴본 바와 같이, 미국 중앙은행이 인플레이션
을 억제하기 위해 정책금리를 가파르게 인상하면서 실질 실효환율 기
준으로는 미국 달러화 가치가 역대급 수준으로 상승하는 이른바 '킹 달
러King Dollar' 현상이 나타났다. 40년 만의 인플레이션이라고 하는데, 달
러화의 실질 가치도 40년 만의 최고치를 기록했다. 2022년 말부터 미국

의 인플레이션이 정점을 지난 듯한 모습을 보이면서 달러화의 가치 상승도 일부 수그러들었지만, 여전히 세계경제에 위기의 그림자를 드리운 배경 중 하나다.

달러화의 위상을 구체적으로 살펴보자. 미국 중앙은행이 발표한 자료(Bertaut 외, 2021)에서 몇 가지 중요 항목을 [표 4-1]로 정리하였다. 미국 달러화는 2020년 기준으로 세계 공적 외환보유액의 58.9%, 장외 외환거래액의 88%(2019년), 외화표시 채권 발행액의 64.7%, 은행의 외화표시 자산과 부채에서 각각 60.8%, 57.0%를 차지하고 있다. 2020년 미국의 실질GDP 비중이 23.7%, 2차산업 부가가치 비중이 16.4%, 수출액 비중이 9.5%인 것에 비추어보면 달러화의 패권적 위상을 실감할 수 있다.

물론 달러 패권이 영원할 거라는 이야기는 아니다. 특히 세계 공적 외환보유액 중 달러화의 비중은 2000년 71.1%에서 2021년 59.5%로 상당폭 하락했다. 최근 들어 중국을 필두로 각국이 공적 외환보유액의 달러화 편중을 낮추려는 움직임을 보였기 때문이다. 그런데 [그림 4-5]에서 공적 외환보유액을 비롯한 다섯 항목의 비중을 가중평균한 '국제통

표 4-1 미국 달러화의 점유 비중 추이 (단위: %)

	공적 외환보유액	장외 외환거래액*	외화표시 채권 발행액	은행의 외화 자산	은행의 외화 부채
2000	71.1	90*	72.7	57.2	53.9
2005	66.5	88*	73.4	55.8	53.0
2010	62.2	85*	66.0	56.4	54.2
2015	65.7	88*	65.8	62.1	63.9
2020	58.9	88*	64.7	60.8	57.0
2021	59.5	−	63.9	−	−

주: * 다른 지표의 비중 합계는 100이지만, 외환거래는 항상 두 통화 간의 거래이므로 그 비중 합계는 200임. 장외 외환거래액 비중은 각각 2001년, 2004년, 2010년, 2016년, 2019년의 수치임.
출처: Bertaut 외(2021.10.6.)에서 정리

그림 4-5 주요 국제통화의 사용 지수 추이(2001~2020년)

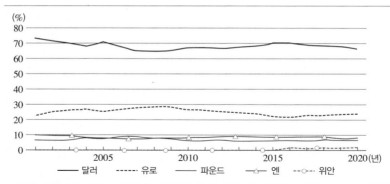

주: '국제통화 사용 지수'는 외환보유액(가중치 25%), 외환 거래액(25%), 외화표시 채권 발행액
    (25%), 은행의 외화 자산(12.5%), 은행의 외화 부채(12.5%)에서의 비중을 가중평균한 것임
출처: [표 4-1]과 동일

화 사용 지수index of international currency usage' 추이를 보면, 지난 20년간 달러화는 70 안팎의 수준을 안정적으로 유지하면서 유로화, 파운드화, 엔화, 위안화 등의 여타 경쟁통화를 압도하고 있다.

　역설적이라는 느낌마저 든다. 주지하다시피 국제통상 측면의 GATT 체제와 국제통화 측면의 브레튼우즈 체제는 2차 세계대전 이후 미국 중심의 세계경제질서를 형성한 양대 축이었다. 그런데 GATT 체제는 1995년 WTO 체제로 승계·강화되었지만 최근 들어 절대절명의 위기에 빠졌다. 반면 브레튼우즈 체제는 완전히 붕괴했을 뿐만 아니라 그 이후 엔화, 유로화, 위안화 등의 경쟁통화가 속속 등장했음에도 불구하고 달러의 패권적 지위는 곧바로 회복되고 오히려 강화되었다. 그 배경은 무엇일까?

달러 패권의 배경: 국제유동성의 최종 대부자

　지구는 둥글고, 24시간을 주기로 자전한다. 따라서 한 나라의 금융회사가 하루 내내 전 세계를 상대로 금융서비스를 제공하는 것은 물리적으로 불가능하다. 차례로 영업시간이 연결되는 미국의 뉴욕, 아시아의 도쿄·홍콩·싱가포르, 유럽의 런던이 3대 국제금융센터global financial center의 지위를 유지하는 것도 그러한 연유로 이해할 수 있다. 그리고 국제금융센터가 제공하기 어려운 조세 및 금융규제 상의 특혜나 금융비밀주의 등의 매력을 앞세워 성장한 역외금융센터offshore financial center도 많고, 최근에는 자본시장이나 외환시장에서의 전문적 경쟁력을 기초로 국제금융센터와 특정 지역을 연결하는 국경간금융센터cross-border financial center의 활동도 활발하다. 즉, 지역적 차원에서 국제금융 활동은 독점과는 거리가 먼 영역이다. 더구나 자산규모로만 따진다면, 일본, 독일, 최근에는 중국의 금융회사들이 미국의 대표 금융회사들을 넘어선지 오래다. 그럼에도 국제통화의 측면에서는 유독 달러화가 압도적인 위상을 유지하는 이유는 무엇인가? 더군다나 미국의 경제력이 하락하는 21세기 상황에서도 달러가 패권적 지위를 견고하게 유지하는 이유는 무엇인가?

2장에서 잠깐 언급했듯이, 2022년 6월에 '미국 달러화의 국제적 역할에 관한 연방준비위원회의 첫 번째 콘퍼런스'가 개최되었다. 미국 중앙은행의 역사상 이런 류의 회의가 공개적으로 열린 것은 처음 있는 일인데, 중국 위안화의 부상 및 암호화폐·스테이블코인·중앙은행디지털화폐의 등장으로 요약되는 국제통화체제의 변화 속에서 미국 달러화의 미래를 전망하기 위한 것이었다. 이 회의에 참여한 저명 경제학자들은 여러 도전적 과제와 최근의 지정학적 위험에도 불구하고, 기축통화로서 달러의 위상에는 큰 변화가 없을 것이라는 결론에 대체로 동의했다. 달러화의 근저에 깔린 미국 법치주의rule of law의 안정성, 그리고 달러 기반 금융거래의 네트워크 효과 및 시장의 깊이depth of markets 등을 다른 나라의 통화나 디지털 기술이 대체하기는 현실적으로 쉽지 않다는 이유에서다. 대체로 동의하지만, 여기서는 다음 두 가지 사항을 고려함으로써 달러화의 기축통화 지위에 내재한 문제들을 다시 한번 생각해 보기로 한다.

① 미국의 SWIFT 통제

먼저, 국경 간 지급결제제도cross-border payment system의 문제다. 일반인의 입장에서는 물건을 구매한 후 신용카드로 지급payment하면 거래가 끝난 걸로 생각하지만 그렇지 않다. 현금 이외의 지급수단을 제시한 경우에는, 지급인의 금융회사와 수취인의 금융회사 사이에 지급지시 내역을 전달·확인하고 다수의 채권·채무를 차감하여 최종 결제금액을 확정하는 복잡한 청산clearing 절차를 거친다. 그후 중앙은행에 개설된 지급은행과 수취은행의 당좌계좌 간에 자금이체를 통한 결제settlement까지 완료되어야 거래가 끝나는 것이다. 각국은 중앙은행을 정점으로 거액결제시스템, 소액결제시스템, 증권결제시스템, 외환결제시스템 등을 운용하고 있다. 이러한 지급결제제도의 안정성을 보장하는 것은 현대 자본주의의 핵심 인프라라고 할 수 있다.

국내 거래도 그렇지만 국경 간 거래의 지급결제제도는 더욱 복잡하다. 서로 다른 통화 간의 외환거래가 수반되기 때문에, 다수의 외국환은행을 경유하는 청산 절차와 복수의 중앙은행이 개입하는 최종 결제 과정이 필요하다. 당연히 많은 수수료 부담이 발생한다. 특히 개도국에서는 소액 외화송금에 따른 총 수수료 비용이 평균 8%나 되고, 두 자리 숫자에 이르는 경우도 적지 않다. 해외 진출 노동자의 본국 송금이 외화

222

수입의 상당 부분을 차지하는 개도국에서는 불만이 생길 수밖에 없다. 최근 QR코드 기반 또는 블록체인 기반 신속결제시스템이 국경 간 거래에서도 주목받는 이유가 여기에 있다.

비용 측면의 비효율성과는 별개로, 현재의 국경 간 지급결제제도에는 심각한 인위적 장벽이 존재한다(이하 Eichengreen, 2022 참조). 국제은행간통신협회Society for Worldwide Interbank Financial Telecommunication, SWIFT가 그것이다. SWIFT는 1973년 브뤼셀에서 벨기에 법령에 따라 설립된 비영리 기관으로, 국경 간 거래에서 지급인과 수취인, 각 거래은행, 지급통화 및 거래내역 등에 대한 정보를 주고받는 표준 양식을 정하고 관련 서비스를 제공한다. 즉, SWIFT는 은행 간 통신규약일 뿐이고, 실제 자금이체는 외국환은행 및 중앙은행의 지급결제제도를 통해 별도로 이루어진다. 2022년 기준으로 SWIFT를 거친 국경 간 지급수단 중 달러화는 41.8%, 유로화 34.7%, 파운드화 6.3%, 엔화 3.1%, 위안화 2.1%의 비중을 차지한다.

문제는 미국이 자국법에 따라 다른 나라를 제재하는 수단으로 SWIFT를 활용하고 있다는 점이다. 애초에 SWIFT는 관련 정보를 미국에 제공하는 것을 거부하였으나, 2001년 9.11 테러 이후 SWIFT 자체를 제재하겠다는 압력에 굴복하여 미국 내에 별도의 데이터센터를 설치하고 미국 안보당국의 접근을 허용하였다. 따라서 미국의 1차 제재 대상국가는 물론 제3국도 미국의 조치를 위배할 경우 SWIFT에서 배제되고, 극단적으로는 국제거래에서 축출될 수 있다. 마약 및 테러 단체는 물론이고 국가 단위로는 이란과 북한, 그리고 최근에는 러시아도 제재 대상이 되었다.

텔렉스telex를 사용하던 시절에 개발된 SWIFT 통신규약을 보다 효율적인 시스템으로 대체하는 것은 기술적으로는 전혀 문제가 되지 않는다. 실제로 중국과 러시아는 각각 위안화와 루블화를 결제통화로 사용하는 대체 시스템을 개발·운용하고 있다. 그리고 블록체인 기반의 신속결제시스템은 기술적 제약을 완전히 제거했다고 해도 과언이 아니다. 그러나 이들 대체 시스템이 차지하는 비중은 여전히 미미하다. SWIFT가 미국의 제재 수단으로 활용되는 한, 대체 시스템이 국경 간 지급결제제도의 티핑 포인트tipping point를 넘어 안정적으로 자리 잡는 것은 적어도 단기적으로는 생각하기 어렵다. 언젠가 그런 날이 온다고 해도 미국의 패권질서가 크게 흔들린 이후일 것이다. 기축통화는 패권국가의 안보 문제이기 때문이다.

② 국제유동성의 최종 대부자로 부상한 미국 중앙은행

다음으로 국제유동성의 공급 문제이다. 국제통화체제가 안정적으로 작동하기 위해서는 환율의 안정과 함께 국제유동성의 충분한 공급이라는 조건이 충족되어야 한다. 단기 국제수지 불균형을 조정하고 장기 개발수요를 충당하는 데 필요한 외화자금이 충분히 공급되어야 한다는 뜻이다. 그런 면에서 볼 때 2차 대전 이후의 브레튼우즈 체제는 완전히 실패한 모델이다. 달러화의 가치를 금에 연계하는 고정환율제가 붕괴했음은 앞서 언급한 바와 같고, 회원국에 사전 할당된 출자금 한도 내에서, 그것도 긴축정책이라는 가혹한 조건에서만 인출 가능한 방식으로는 국제유동성 공급도 제대로 이루어지지 못했다. 오히려 IMF 자금의 인출은 경제위기의 징조라는 낙인효과stigma effect만 남았다. IMF는 때때로 각 회원국의 출자금을 증액하고, 출자금 납부 없이 배분되는 특별인출권SDR도 창출하는 등의 조치를 취했지만, 국제유동성의 공급 문제를 근본적으로 해결할 수는 없었다.

그 대신 민간 금융시장이 그 공백을 메워나갔다. 1970년대 미국과 사우디아라비아의 밀약 속에 석유거래 대금은 계속 달러로 결제하는 체제가 형성되면서 막대한 오일 달러가 역외 시장으로 환류되었고, 1980년대 이후의 금융규제 완화로 민간 금융회사의 해외 진출이 봇물 터지듯 하였다. 이에 따라 외화자금의 공급 증가를 통해 경제성장을 촉진하는 긍정적 효과도 있었지만, 그 대가도 혹독했다. 중남미와 아시아 지역의 개도국들이 줄지어 외환위기로 내몰렸다. 심지어 1992년에는 영국 파운드화가 조지 소로스George Soros의 공격 앞에 속절없이 무너지는, 이른바 '검은 수요일Black Wednesday' 사태도 발생했다.

빈발하는 외환·금융 위기에 대한 자구책 차원에서 인접 국가 간의 긴급 유동성 공급 장치가 구상되었다. 1990년대 말 아시아 경제위기 이후 아세안 10개국과 한·중·일 3개국 간에 체결된 통화스왑 협정인 치앙마이 이니셔티브Chiang-Mai Initiative가 그 대표적인 예인데, 상징적 의미는 있었지만 실효성은 크지 않았다. 위기 시의 긴급 유동성은 기축통화로 공급되어야 하기 때문이다.

결국 미국 중앙은행이 글로벌 차원의 최종 대부자lender of last resort로 나섰다. 2001년 닷컴 버블 붕괴, 2008년 글로벌 금융위기, 2020년 코로나19 팬데믹 위기를 거치면서 점점 체계화되고 과감해진 양적완화 정책은 미국 국내만이 아니라 국제유동성 공급 장치로서의 역할도 수행했다.

특히 2008년 위기 당시에 미국 중앙은행은 최우선적으로 유럽중앙은행, 영국, 일본, 스위스, 캐나다 등 주요 5개국 중앙은행과 통화스왑을 체결하였고, 뒤이어 한국을 포함한 9개국 중앙은행과도 통화스왑을 체결하였다. 이들 통화스왑은 위기 국면이 진정되자 종료되었지만, 2011년 유로화 위기 징후가 나타나자마자 미국 중앙은행은 상기 주요 5개국 중앙은행과는 무기한·무한도의 상시적 통화스왑standing swap arrangement으로 전환하였다. 또한 2020년 위기가 터지자 조금의 망설임도 없이 한국을 포함한 기타 9개국 중앙은행과도 기한부 통화스왑temporary swap arrangement을 재개하였다. 나아가 다른 나라가 보유하고 있는 미국 국채를 담보로 달러를 빌려주는 환매조건부 대출 창구FIMA도 새로 개설하였다. 세계경제의 안정성 여부가 미국 중앙은행의 달러 유동성 공급 장치에 의존하게 된 것이다. 유럽중앙은행이 인접한 비유로화 국가와 통화스왑을 체결함으로써 유럽지역 내 유로화의 위상을 지키려고 하였지만, 달러 유동성 공급 장치의 보완적 역할에 머무는 것으로 평가된다.

위기 시에 긴급 유동성을 공급하는 글로벌 금융안전망은 네 층위로 구성된다. 공적 외환보유액, IMF 출자금의 인출 및 긴급 차입, 지역 차원의 금융지원 협정, 그리고 중앙은행 간의 쌍무적 통화스왑이 그것이다. [그림 4-6]에서 보듯이, 공적 외환보유액이 가장 큰 비중을 차지하지만, 2008년 위기 이후에는 완연한 정체 양상을 보인다. 대신 나머지 세 층위의 수단들이 대폭 늘어났다. IMF 창구와 지역 금융협정이 갖는 한계를 감안하면, 결국 미국 중앙은행이 제공하는 상시적 또는 기한부 통화스왑이 양과 질의 측면에서 모두 핵심적인 역할을 담당하는 것이 현실이다. 일국의 중앙은행이 '민간은행들의 은행'이라면, 미국 중앙은행은 '중앙은행들의 은행'이 되었다. 문제는, 미국 중앙은행은 자국의 경제안정을 최우선으로 통화정책을 운용한다는 점이다.

결론적으로 1장에서 언급한 바와 같이, 달러 유동성의 팽창과 수축은 '글로벌 금융순환global finacial cycle'이라는 21세기 거시경제학의 난제

그림 4-6 글로벌 금융안전망 추이: 세계 GDP 대비 비중(1995~2021년)

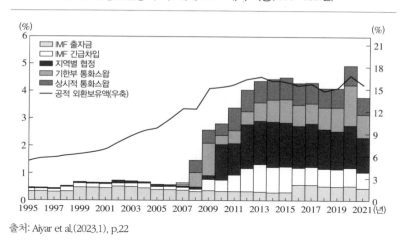

출처: Aiyar et al.(2023.1), p.22

중 하나를 초래했다. 위기 시에 모든 나라가 달러화 유동성 공급에 목을 매지만, 이로 인한 과잉 유동성이 또 다른 위기의 원인이 되는 악순환에 빠진 것이다. 특히 개도국은 '원죄의 재림'에서 벗어나기 어렵다. 세계 경제의 위기가 계속되는 한 미국 달러화의 위상도 꺾이지 않을 것이다.

한편 중국의 인민은행도 2009년부터 위안화 환율 안정 및 무역거래의 위안화 결제를 지원하기 위해 다수의 외국 중앙은행과 통화스왑을 체결하였다. 위안화 통화스왑의 규모는 달러화의 그것에 버금가지만, 실제 인출 액수는 많지 않은 것으로 알려져 있다. 오히려 달러화 부족에 시달리는 일부 개도국이 통화스왑으로 확보한 위안화를 시장에서 달러화로 환전하는 움직임을 보여 논란이 되기도 했다. 위안화의 국제화가 처한 현실을 반영한 사례다.

중국은 2013년부터 '일대일로一帶一路' 정책을 통해 이른바 연선 국가에 대한 장기 개발자금 공급에 주력하였다. 대출 규모나 조건이 철저하게 비밀에 부쳐져 있지만, 상당수의 개도국이 과도한 외채 상환 부담에 시달리고 있고, 최근의 고금리·고환율 환경에서 국가부도 위기를 불러온 요인 중의 하나가 되었다. 이에 대한 반작용으로써 2022년 미국이 제안한 '인도-태평양 경제 프레임워크IPEF'에 아세안 회원국 상당수가 참여하였는데, 디지털경제 촉진 및 인프라·청정에너지·탈탄소 투자와 관련한 미국의 자금지원 기대가 크게 작용한 것으로 알려져 있다. 물론 이는 중국의 일대일로 정책에 대한 미국의 견제책이다.

1. 21세기의 애국주의 광풍

20세기 후반은 미국 표준American Standard이 곧 세계 표준Global Standard이 되는 시대였다. 하지만 미국의 절대우위가 무너진 21세기에는 각 영역의 국제 표준을 선점하기 위한 치열한 경쟁이 벌어지고 있다. G2만이 아니라 모든 나라가 고유의 가치·역사·문화를 강조하면서, 지구촌 곳곳에 애국주의 광풍이 불고 있다. 특히 중국의 애국 소비 운동 궈차오國潮는 상상을 초월한다.

때로는 섬뜩한 느낌이 든다. 인류 역사에 점철된 투키디데스 함정의 시기에는 예외 없이 애국주의 광풍이 휩쓸었다. 세계대전의 그림자가 드리우던 20세기 전반부가 그랬다. 그럴수록 세계경제질서는 안정성을 상실하고, 경제전쟁이 격화되고, 종국에는 물리적 충돌로 치달았다는 사실이 섬뜩하다.

2. 다자주의의 최대 수혜국인 한국이 경제안보 전쟁의 희생양으로 전락할까?

반反세계화 운동을 펼치는 사람들에게 WTO와 IMF는 악마의 화신과도 같은 존재다. 실제로 세계화가 모든 나라, 모든 사람에게 좋은 결과를 가져오지는 않았다. 승자와 패자가 갈렸다. 국가 전체로 본다면 우리나라는 승자에 속한다. 아니, 최대의 수혜국이었다고 해도 과언이 아니다. 그런데 이제 다자주의는 힘을 잃고, 세계경제질서는 안보 논리에 압도되고 있다. 각자도생의 세계경제 환경에서 한국이 과거와 같은 성공을 지속하리라는 보장은 없다. 그렇다면 우리도 경제안보 전쟁에 편승해야 하는가? 다자주의를 복원할 길은 없는가? 어느 길을 가야할지에 대한 치열한 고민이 요구된다.

3. 미국 중앙은행은 국제유동성의 최종 대부자이지만, 세계의 중앙은행은 아니다

미국 중앙은행의 달러 유동성 공급 없이는 세계경제가 안정성을 유지하기 어려운 상황이 되었다. 위기가 닥치면 달러 패권은 더 강화된다. 그런데 미국 중앙은행은 미국의 물가안정과 최대고용을 목표로 통화정책을 운용할 뿐이지, 세계경제를 책임지는 기관은 아니다. 그럴 이유가 없다. 굳이 이유를 찾는다면, 기축통화로서 달러의 위상을 지키는 데만 관심을 가질 뿐이다. 교환성 통화는 여럿 있고, 우리나라의 원화도 존재감을 키워가고 있다. 하지만 기축통화는 미국의 달러 하나뿐이다. 중국 위안화와 디지털화폐의 도전에도 불구하고, 앞으로도 상당 기간 세계의 기축통화는 달러일 가능성이 높다.

5장

GVC 충격과
아시아의 분업구조

세계화에 따른 상호의존성 심화의 득과 실은?

"성공은 친구를 만들고, 역경은 친구를 시험한다"

Prosperity makes friends, adversity tries them.

-고대 로마의 작가, 푸블릴리우스 시루스

2008년 글로벌 금융위기 당시 'too big to fail'와 함께 'too interconnected to fail'이라는 말이 회자되었다. 금융의 상호의존성 심화가 시스템 위기를 초래하고, 결국 구제금융을 남발하게 된 상황을 비판하는 말이다. 금융만이 아니다. 실문부문에서도 글로벌 가치사슬의 확장으로 모든 나라가 복잡한 실타래처럼 서로 얽혔고, 하나가 실패하면 모두가 실패하는 위험에 직면했다. 이때 믿을 만한 친구가 있는가? 친구를 가리다가 모두를 적으로 돌리는 건 아닌가?

'총액 기준' 무역통계로 본 한국의 무역구조 변화

우리나라 수출시장의 변화: 상전벽해가 따로 없다

수출과 수입 등 무역 관련 통계는 국민경제의 거시적 흐름을 파악하는 데 매우 중요한 자료다. 수출입은 국민소득, 고용, 국제수지, 경제성장 등 거시경제 변수를 결정하는 핵심 요인 중 하나이기 때문이다. 우리나라는 1960년대 이래 이른바 수출지향적 성장전략을 채택하였고, 수출의 폭발적 증가가 '성장의 엔진' 역할을 하였다는 사실은 굳이 재론할 필요도 없을 것이다.

한편, 수출입 관련 무역통계는 그 총액만을 보아서는 안 된다. 수출입의 구성, 즉 주로 어떤 나라와 어떤 품목을 교역하며, 시간의 흐름에 따라 그것이 어떻게 변화하는가도 세심히 살펴봐야 한다. 천연자원·노동·자본·기술 등과 같은 생산요소의 양과 그 생산성의 상대적 우위 여부에 따라 결정되는 국제분업구조 속에서 각국의 위상을 드러내는 척도라고 할 수 있기 때문이다. 우리나라를 포함하는 동아시아 지역은 1990년대 이래 가장 역동적인 경제성장을 이루었고, 무역구조 역시 상전벽해라고 해도 과언이 아닐 정도의 변화를 겪었다. 이하에서는 우리나라의 주요 교역상대국을 중심으로 국제분업구조의 변화를 가늠해 본다.

[표 5-1]은 우리나라의 주요 수출 대상국 추이를 나타낸 것인데,

표 5-1 한국의 주요 수출시장별 비중 및 순위 추이(1991~2022년)

(단위: 억 달러, %)

	1991 (a)	2001 (b)	2011 (c)	2015	2018 (d)	2020	2021 (e)	2022 (f)	'01-91 (b-a)	'11-01 (c-b)	'21-11 (e-c)	'22-18 (f-d)
총액	706	1,494	5,468	5,186	6,054	5,125	6,440	6,838	–	–	–	–
중국	1.42 (15)	12.18 (2)	24.54 (1)	26.44 (1)	26.79 (1)	25.87 (1)	25.30 (1)	22.78 (1)	+10.76	+12.36	+0.75	−4.00
미국	26.37 (1)	21.00 (1)	10.32 (2)	13.52 (2)	12.11 (2)	14.54 (2)	14.95 (2)	16.06 (2)	−5.37	−10.68	+4.64	+3.95
베트남	0.28 (38)	1.16 (19)	2.48 (8)	5.35 (4)	8.03 (3)	9.47 (3)	8.81 (3)	8.92 (3)	0.88	+1.32	+6.33	+0.88
홍콩	6.76 (3)	6.33 (4)	5.66 (4)	5.87 (3)	7.60 (4)	5.98 (4)	5.82 (4)	4.04 (5)	−0.43	−0.66	+0.15	−3.56
일본	17.51 (2)	11.05 (3)	7.26 (3)	4.93 (5)	5.05 (5)	4.90 (5)	4.67 (5)	4.48 (4)	−6.46	−3.79	−2.60	−0.57
대만	2.28 (9)	3.91 (5)	3.33 (6)	2.31 (8)	3.43 (6)	3.21 (6)	3.77 (6)	3.83 (6)	+1.63	−0.58	+0.44	+0.40
인도	0.66 (26)	0.94 (24)	2.32 (9)	2.32 (7)	2.58 (7)	2.33 (7)	2.42 (7)	2.76 (8)	+0.28	+1.38	+0.10	+0.18
싱가포르	3.83 (5)	2.73 (7)	3.81 (5)	2.89 (6)	1.95 (9)	1.92 (8)	2.20 (8)	2.96 (7)	−1.10	+1.08	−1.62	+1.01
멕시코	1.10 (19)	1.44 (15)	1.78 (12)	2.10 (9)	1.89 (10)	1.61 (11)	1.75 (9)	1.85 (10)	+0.34	+0.34	−0.03	−0.04
독일	4.52 (4)	2.89 (6)	1.74 (13)	1.20 (18)	1.53 (12)	1.87 (9)	1.73 (10)	1.48 (14)	−1.63	−1.15	−0.01	−0.08
중국 +홍콩	8.18 (3)	18.51 (2)	30.21 (1)	32.31 (1)	34.39 (1)	31.85 (1)	31.11 (1)	26.83 (1)	+10.33	+11.70	+0.90	−7.56

주: ( ) 안의 숫자는 당해연도 우리나라의 수출시장별 순위임
출처: 한국무역협회 K-stat, https://stat.kita.net

2021년 수출액 기준으로 상위 10개국의 비중 및 순위 변화를 정리하였다. 소련 붕괴 이후 30여 년간의 세계화 흐름이 한국의 수출에 미친 영향과 그 변화를 추적하는 의미에서 1991년→2001년→2011년→2021년 등 10년 간격의 변화를 먼저 살펴본다. 미·중 간 무역전쟁을 시발점으로 세계경제 환경이 요동친 2018년 이후 최근의 변화에 대해서는 따로 언급하겠다.

무엇보다 시간이 지날수록 미국·일본·독일 등 기존의 주요 수출시장의 비중이 하락하고, 중국·베트남·인도·멕시코 등 신흥시장 비중이 크게 상승한 것이 눈에 띈다. 미국의 경우 1991년 26.37%(1위)→2001년 21.00%(1위)→2011년 10.32%(2위)로 그 비중이 급감하다가 2010년대 후반 들어 상승세로 돌아서면서 2021년에는 14.95%(2위)를 기록하였다.

일본은 같은 기간 17.51%(2위)→11.05%(3위)→7.26%(3위)→4.67%(5위)로 비중과 순위가 계속 하락함으로써, 우리나라의 주요 수출시장으로서의 의미가 크게 퇴색하였다. 독일도 마찬가지다.

반면 중국은 1991년에는 우리나라 수출총액의 1.42%(15위)를 점하는 데 불과했으나, 2001년에 12.18%로 일본을 제치고 2위 수출시장으로 올라섰다. 2003년(18.25%)에는 미국마저 추월하면서 1위로 부상한 이후 2011년부터 최근까지 우리나라 수출총액의 약 1/4을 차지하는 최대 수출시장 자리를 고수하고 있다. 홍콩이 사실상 중국으로의 간접수출 창구임을 감안하여 중국과 홍콩을 합쳐 보면, 2010년대 중반에는 우리나라 수출총액의 1/3이나 된다. 다만, 중국 또는 중국+홍콩의 점유 비중은 최근 들어 정체·하락세로 돌아섰다.

중국 못지않게 놀라운 변화를 보여준 것이 베트남이다. 베트남은

1991년 0.28%(38위)→2001년 1.16%(19위)→2011년 2.48%(8위)로 그 비중과 순위가 빠른 상승 추세를 이어갔다. 그 결과 2018년에는 일본을 제치고 우리나라의 3위 수출시장으로 올라섰고, 최근까지도 그 위상을 계속 유지하고 있다. 아세안은 미국을 넘어 2위 수출시장이 된 지 오래이며, 그중에서도 베트남 시장의 중요성은 독보적이라고 할 수 있다.

지난 30년간의 변화에 못지않게, 최근의 변화 양상도 놀랍다. 2008년 위기 이후의 글로벌 경기침체 국면에서 우리나라의 수출 신장세도 지지부진한 상태를 벗어나지 못하다가, 2018년 오래간만의 회복 국면에서 당시로는 역대 최대인 6,054억 달러의 수출총액을 기록하였다. 하지만 그 직후 미·중 무역 갈등, 코로나19 팬데믹 위기, 러시아-우크라이나 전쟁 등의 외부 충격이 이어지면서 다시금 큰 폭의 변동성을 보였다. 교역 규모도 그렇지만, 주요 교역상대국 측면에서도 간과할 수 없는 변화를 확인할 수 있다.

특히 중국 시장의 비중이 크게 줄었다. 2022년에 중국 비중은 22.78%로 여전히 1위 수출시장이기는 하지만, 2018년 대비 4%p나 하락하였고, 그 결과 2022년 하반기 이후에는 한·중 수교 30년 만에 처음으로 월별 대중 무역수지가 적자 기조를 이어가고 있다. 중국과 홍콩을 합쳐서 보면 더 충격적인데, 2022년 26.83%로 2018년(34.39%) 대비 7.56%p나 급감하였다. 중국의 제로 코로나 정책 등 특수 상황이 영향을 미쳤다고는 하지만, 중국 시장에서 한국의 수출경쟁력에 대한 우려가 나오지 않을 수 없다.

반면 미국 시장의 비중은 상당폭 늘었다. 2011년 10.32%로 최저치를 기록한 이후 조금씩 상승하더니, 최근에는 그 속도가 더 빨라져서 2018년(12.11%) 대비 2022년(16.06%)에는 3.95%p나 상승했다. 최근의 수출시장 변화는 일시적인 것으로만 볼 수는 없다. 그 배경에 깔린 구조적 요인에 대해 세심한 분석과 대응이 필요한 이유다.

주요국 수입시장에서의 경쟁 격화: 중국만큼 무서운 대만과 베트남의 기세

우리나라의 무역구조 변화를 분석하기 위해서는 경쟁국들의 상황도 살펴보아야 한다. 이러한 관점에서 [표 5-2]에서는 우리나라를 포함하여 중국, 미국, 베트남, 일본 등의 수입시장에서 우리나라가 어떤 나라와 경쟁하고 있는지, 그리고 그 경쟁구조는 어떻게 변했는지를 분석하였다. 이 역시 2021년 기준으로 각국의 수입시장에서 점유율 상위 10개국을 열거하되, 중동 국가 및 호주·러시아·브라질 등의 자원수출국은 제외하였다.

표 5-2 주요국 수입시장에서 각국의 점유 비중 및 순위 추이(1991~2022년)

(단위: 억 달러, %)

(a) 한국의 수입시장

	1991 (a)	2001 (b)	2011 (c)	2015	2018 (d)	2020	2021 (e)	2022 (f)	'01−91 (b−a)	'11−01 (c−b)	'21−11 (e−c)	'22−18 (f−d)
총액	807	1,410	5,242	4,361	5,325	4,646	6,116	7,249	−	−	−	−
중국	4.26 (4)	9.44 (3)	16.49 (1)	20.69 (1)	19.99 (1)	23.43 (1)	22.67 (1)	21.32 (1)	+5.17	+7.05	+6.18	+1.33
미국	23.43 (2)	15.91 (2)	8.55 (3)	10.14 (3)	11.08 (2)	12.43 (2)	12.04 (2)	11.33 (2)	−7.52	−7.36	+3.49	+0.25
일본	26.18 (1)	18.89 (1)	13.03 (2)	10.51 (2)	10.25 (3)	9.91 (3)	8.93 (3)	7.55 (3)	−7.28	−5.87	−4.10	−2.70
베트남	0.05 (51)	0.27 (38)	0.97 (23)	2.25 (10)	3.69 (7)	4.43 (5)	3.92 (6)	3.69 (7)	+0.22	+0.70	+2.95	0.00
대만	1.88 (11)	3.05 (9)	2.80 (11)	3.82 (6)	3.14 (9)	3.84 (7)	3.84 (7)	3.90 (6)	+1.17	−0.25	+1.04	+0.76
독일	4.58 (3)	3.17 (8)	3.23 (8)	4.81 (4)	3.91 (5)	4.45 (4)	3.60 (8)	3.26 (8)	−1.41	+0.06	+0.36	−0.66

(b) 중국의 수입시장

	1991 (a)	2001 (b)	2011 (c)	2015	2018 (d)	2020	2021 (e)	2022 (f)	'01–91 (b–a)	'11–01 (c–b)	'21–11 (e–c)	'22–18 (f–d)
총액	615	2,348	16,052	14,574	19,867	19,333	25,199	25,906	–	–	–	–
대만	5.91 (4)	11.65 (2)	7.78 (3)	9.91 (3)	8.92 (3)	10.45 (1)	9.98 (1)	9.27 (1)	+5.73	−3.87	+2.20	+0.36
한국	1.73 (11)	9.96 (4)	10.07 (2)	11.96 (1)	10.22 (1)	8.97 (3)	8.47 (2)	7.73 (2)	+8.23	0.11	−1.60	−2.49
일본	16.30 (2)	18.23 (1)	12.11 (1)	9.79 (4)	9.08 (2)	9.11 (2)	8.18 (3)	7.13 (3)	+1.93	−6.12	−3.93	−1.95
미국	13.02 (3)	11.17 (3)	7.42 (4)	9.94 (2)	7.87 (4)	7.04 (4)	7.18 (4)	6.91 (4)	−1.85	−3.74	−0.25	−0.96
독일	4.95 (5)	5.83 (5)	5.78 (5)	6.00 (5)	5.35 (5)	5.45 (6)	4.76 (6)	4.30 (7)	+0.88	−0.05	−1.02	−1.05
말레이시아	1.31 (14)	2.64 (8)	3.86 (7)	3.65 (7)	3.20 (9)	3.87 (9)	3.90 (8)	4.24 (8)	+1.34	1.22	+0.03	+1.05
베트남	0.02 (67)	0.65 (31)	1.44 (29)	3.23 (8)	3.23 (8)	4.08 (8)	3.66 (9)	3.39 (10)	+0.64	0.79	+2.22	+0.17

(c) 미국의 수입시장

	1991 (a)	2001 (b)	2011 (c)	2015	2018 (d)	2020	2021 (e)	2022 (f)	'01–91 (b–a)	'11–01 (c–b)	'21–11 (e–c)	'22–18 (f–d)
총액	5,083	11,801	22,079	22,415	25,426	23,365	28,403	32,463	–	–	–	–
중국	3.99 (6)	9.27 (4)	18.09 (1)	21.50 (1)	21.22 (1)	18.64 (1)	17.83 (1)	16.53 (1)	+5.28	+8.82	−0.26	−4.68
멕시코	6.27 (3)	11.25 (2)	11.91 (3)	13.15 (3)	13.63 (2)	13.93 (2)	13.54 (2)	14.01 (2)	+4.98	+0.65	+1.64	+0.38
캐나다	18.44 (2)	18.65 (1)	14.28 (2)	13.17 (2)	12.53 (3)	11.57 (3)	12.57 (3)	13.48 (3)	+0.21	−4.37	−1.71	+0.96
독일	5.31 (4)	5.13 (5)	4.47 (5)	5.54 (5)	4.95 (5)	4.93 (5)	4.76 (4)	4.52 (5)	−0.18	−0.66	+0.29	−0.44
일본	18.69 (1)	10.99 (3)	5.84 (4)	5.85 (4)	5.61 (4)	5.11 (4)	4.76 (5)	4.57 (4)	−7.70	−5.15	−1.08	−1.04
베트남	0.00 (175)	0.10 (62)	0.79 (26)	1.70 (13)	1.94 (12)	3.41 (6)	3.59 (6)	3.93 (6)	+0.10	+0.69	+2.80	+1.99
한국	3.49 (8)	3.09 (7)	2.57 (6)	3.20 (6)	2.92 (6)	3.25 (7)	3.34 (7)	3.55 (7)	−0.40	−0.53	+0.78	+0.63
대만	4.77 (5)	2.95 (8)	1.88 (10)	1.82 (11)	1.80 (13)	2.59 (10)	2.72 (8)	2.83 (8)	−1.82	−1.07	+0.84	+1.03
인도	0.67 (27)	0.87 (22)	1.64 (13)	2.00 (9)	2.14 (10)	2.19 (11)	2.58 (10)	2.64 (9)	+0.20	+0.77	+0.94	+0.50

(d) 베트남의 수입시장

	1991 (a)	2001 (b)	2011 (c)	2015	2018 (d)	2020	2021 (e)	2022 (f)	'01–91 (b–a)	'11–01 (c–b)	'21–11 (e–c)	'22–18 (f–d)
총액	18	160	1,045	1,622	2,313	2,585	3,228	3,519	–	–	–	–
중국	1.00 (11)	10.03 (5)	23.53 (1)	30.49 (1)	28.29 (1)	32.57 (1)	34.06 (1)	33.78 (1)	+9.02	+13.51	+10.53	+5.49
한국	8.47 (4)	11.78 (4)	12.61 (2)	17.01 (2)	20.53 (2)	18.13 (2)	17.23 (2)	17.66 (2)	+3.31	+0.83	+4.62	−2.87
일본	8.80 (3)	13.63 (2)	9.95 (3)	8.75 (3)	8.22 (3)	7.84 (3)	6.77 (3)	6.60 (3)	+4.83	−3.68	−3.18	−1.62
대만	3.29 (7)	12.54 (3)	8.19 (4)	5.71 (4)	5.72 (4)	6.42 (4)	6.41 (4)	6.42 (4)	+9.26	−4.35	−1.77	+0.71
미국	0.06 (35)	2.57 (9)	4.33 (7)	4.81 (6)	5.51 (5)	5.33 (5)	4.82 (5)	4.13 (5)	+2.51	+1.77	+0.48	−1.38
태국	0.78 (13)	4.94 (6)	6.11 (6)	5.10 (5)	5.20 (6)	4.23 (6)	3.78 (6)	3.97 (6)	+4.16	+1.66	−2.33	−1.23
말레이시아	0.33 (23)	2.90 (8)	3.75 (8)	2.58 (8)	3.22 (7)	2.54 (7)	2.33 (8)	2.61 (9)	+2.56	+0.85	−1.42	−0.61
인도네시아	2.73 (8)	1.80 (13)	2.15 (10)	1.69 (10)	2.13 (8)	2.08 (8)	2.33 (9)	2.68 (8)	−0.93	+0.35	+0.18	+0.56
인도	1.34 (9)	1.42 (15)	2.24 (9)	1.64 (11)	1.79 (10)	1.73 (10)	2.26 (10)	1.96 (10)	+0.09	+0.82	+0.02	+0.16

(e) 일본의 수입시장

	1991 (a)	2001 (b)	2011 (c)	2015	2018 (d)	2020	2021 (e)	2022 (f)	'01–91 (b–a)	'11–01 (c–b)	'21–11 (e–c)	'22–18 (f–d)
총액	2,333	3,491	8,550	6,479	7,483	6,311	7,686	8,970	–	–	–	–
중국	6.11 (2)	16.55 (2)	21.51 (1)	24.79 (1)	23.19 (1)	25.97 (1)	24.10 (1)	21.03 (1)	+10.45	+4.96	+2.59	−2.16
미국	22.99 (1)	18.25 (1)	8.91 (2)	10.54 (2)	11.17 (2)	11.35 (2)	10.75 (2)	10.11 (2)	−4.74	−9.34	+1.84	−1.06
대만	4.07 (9)	4.06 (6)	2.72 (12)	3.59 (7)	3.62 (7)	4.24 (4)	4.37 (4)	4.29 (6)	0.00	−1.35	+1.65	+0.67
한국	5.31 (5)	4.93 (3)	4.65 (6)	4.14 (4)	4.29 (5)	4.21 (5)	4.16 (5)	3.74 (7)	−0.37	−0.28	−0.49	−0.55
태국	2.25 (13)	2.97 (11)	2.86 (10)	3.15 (9)	3.35 (9)	3.77 (6)	3.42 (8)	2.97 (9)	+0.71	−0.10	+0.56	−0.38
독일	4.61 (6)	3.55 (9)	2.73 (11)	3.13 (10)	3.47 (8)	3.36 (8)	3.08 (9)	2.54 (12)	−1.06	−0.82	+0.35	−0.94
베트남	0.28 (39)	0.75 (25)	1.36 (19)	2.34 (14)	2.82 (11)	3.49 (7)	2.98 (10)	2.94 (10)	+0.46	+0.61	+1.63	+0.12

출처: [표 5-1]과 동일

먼저 [표 5-2]의 (a)에서 우리나라의 수입시장 상황을 보면, 중국의 점유율 상승이 확연히 드러난다. 중국은 2007년 처음으로 우리나라의 수입시장에서 1위를 차지한 이래 계속 여타 경쟁국과의 격차를 벌리면서 압도적인 우위를 점하고 있다. 즉, 중국은 우리나라의 최대 수출시장인 동시에 최대 수입선이다. 베트남도 우리나라의 수입시장에서 선전하고 있다. 1991년 0.05%(51위)의 미미한 수준에서 2022년 3.69%(7위)로 그 비중이 급상승하였다.

그에 반해 미국과 일본의 점유율은 큰 폭으로 하락했다. 미국의 점유율은 1991년 23.43%(2위)에서 2022년 11.33%(2위)로 약 1/2 수준으로, 일본은 같은 기간 26.18%(1위)에서 7.55%(3위)로 약 1/3 수준으로 떨어졌다. 일본은 1966년 이후 2006년까지 40년 중 중 6년간을 제외하고는 줄곧 우리나라의 최대 수입선이었지만, 이제는 과거와 같은 한·일 간의 경제적 연결 관계를 찾아보기 어렵다.

한편, (b)에서 요약한 중국의 수입시장 변화 역시 극적이다. 개혁·개방 초기에 홍콩이 중국의 간접수입 창구 역할을 한 일부 기간을 제외하면, 일본이 2012년까지 계속 점유율 1위의 자리를 지켜오다가 2013~2019년에는 한국이, 2020년 이후에는 대만이 1위 국가로 올라섰다. 중국의 수입시장에서도 일본의 점유율은 1991년 16.30%(2위)에서 2022년 7.13%(3위)로 반 토막이 났다.

중국 시장에서 우리나라는 2020년 이후 대만에 추월당하면서 순위가 밀린 것도 우려되지만, 2015년 11.96%의 최대 점유율을 기록한 이후 계속 하락세를 보이면서 2022년 7.73%로까지 떨어진 것이 문제의 심각성을 더한다.

(c)의 미국 수입시장을 보면, 중국이 2007년 점유율 1위(16.87%)로 올라선 이래 부동의 선두 자리를 유지한 것은 충분히 예상할 수 있다. 하지만 2017년 21.58%의 최대치를 기록한 이후 점유율이 상당폭 하락하여 2022년 16.53%로 떨어진 것은 주목할 만하다. 미·중 간의 무역 갈등이 반영된 결과일 것이다.

캐나다와 멕시코는 미국의 주요 수입선 지위를 계속 유지하고 있다. 캐나다는 1980년대 후반을 제외하고는 2차 세계대전 이후 2006년까지 줄곧 미국 시장 점유율 1위를 기록하였고, 멕시코는 2016년부터 캐나다를 제치고 중국에 이어 2위로 부상하였다. 미국과 국경을 맞대고 있는 인접 국가로서의 이점과 함께, 1994년 발효된 NAFTA 및 이를 개정하여 2020년 발효된 USMCA 등 FTA의 영향으로 미국과 밀접한 경제적 연결 관계를 맺고 있음을 확인할 수 있다.

미국 시장에서 가장 상반된 모습을 보여준 나라는 일본과 베트남이다. 일본은 1991년 18.69%(1위)에서 2022년 4.57%(4위)로 점유율이 1/4 수준으로 하락한 반면, 베트남은 21세기 들어 놀라운 속도로 그 비중을 늘려간 결과 2020년부터는 우리나라도 추월하여 2022년 3.93%(6위)의 점유율을 기록하고 있다.

(d)의 베트남 수입시장을 보면, 1990년대까지는 싱가포르 등 아세안 역내 국가로부터의 수입이 큰 비중을 차지하다가, 21세기 들어 본격적인 개혁·개방에 나서면서 역외 국가의 비중이 빠르게 늘어났다. 2003년 중국이 베트남의 수입시장에서 1위에 올라섰고, 우리나라는 2010년부터 중국에 이은 2위의 자리를 차지하면서 3위인 일본과의 격차를 크게 벌리고 있다. 그런데 아세안의 창설 초기 회원국인 싱가포르·인도네시아·태국·말레이시아·필리핀 등의 수입시장에서는 일본

의 점유율이 우리나라를 상당 폭 앞서고 있는 것을 감안하면*, 우리나라의 대아세안 관계가 지나치게 베트남에 집중되어 있다는 우려의 목소리도 나올 만하다.

마지막으로 (e)의 일본 수입시장 동향을 보면, 2002년부터 중국이 미국을 제치고 1위 점유율을 차지한 이래 그 격차가 크게 벌어진 것은 다른 나라에서의 상황과 크게 다르지 않다. 특기할 만한 것은 우리나라의 일본 시장 점유율이 하락 추세를 보이는 데 반해, 2010년대 들어 대만의 점유율이 계속 상승하면서 2020년부터는 우리나라를 추월하였다는 점이다. 태국과 베트남 등 아세안 국가의 점유율 상승도 두드러진다.

이상 [표 5-1]과 [표 5-2]를 통해 지난 30년간에 걸친 우리나라의 수출시장 및 주요국 수입시장의 변화를 살펴보았다. 나라마다 특수한 상황이 없는 것은 아니지만, 모든 나라에 공통된 흐름 또한 확인할 수 있다. 중국과 베트남을 비롯한 아세안 국가의 놀라운 약진, 그리고 이에 대비되는 미국과 일본의 침체로 요약할 수 있을 것이다. 다만 2010년대 이후에는, 특히 2018년 이후 최근 들어서는 기존 흐름에서 벗어나는 모습도 나타나기 시작했다. 주요국 수입시장에서 중국의 점유율 상승세가 주춤하거나 일부 하락하는 대신, 대만과 베트남의 기세는 가속도가 붙은 느낌이다.

이러한 변화의 동인은 무엇일까? 물론 수출입 총액을 기준으로 각국의 점유율 추이를 확인하는 지극히 단순한 분석을 넘어, 산업별·품

* 2021년 싱가포르 수입시장 점유율: 한국 4.62%(6위) 일본 5.74%(5위), 인도네시아: 한국 5.07%(6위) 일본 8.11%(2위), 태국: 한국 3.76%(6위) 일본 13.51%(2위), 말레이시아: 한국 5.06%(7위) 일본 7.46%(5위), 필리핀: 한국 6.89%(4위) 일본 9.07%(2위)

목별 미시 분석을 다양하게 추가해야 할 것이지만, 이하에서는 각도를 달리하여 접근해 보고자 한다. 즉, '총액 기준'의 무역통계를 기초로 한 전통적인 분석을 벗어나서, 세계산업연관표에서 만들어진 '부가가치 기준' 무역통계를 기초로 국제분업구조, 특히 아시아 지역의 분업구조 변화에 초점을 맞추고자 한다. 1990년대 이래 세계화의 주요 현상으로서 글로벌 가치사슬GVC의 확산, 그리고 2008년 위기 이후의 GVC 재편이라는 국제분업구조의 변화 속에서 한국의 위상을 추적하기 위한 것이다.

GVC의 확산에서 정체로: 세계화의 후퇴인가?

'부가가치 기준' 무역통계 분석의 필요성

수출로 먹고사는 나라답게 우리나라에서는 다양한 무역 관련 통계가 짧은 시차의 속보 형태로 발표된다. 한 달 정도의 시차가 있는 한국은행의 '국제수지 기준' 월별 (잠정)통계 외에도, 관세청이 매달 1일, 11일, 21일 세 차례에 걸쳐 그 전날 자정까지의 '통관 기준' (잠정)통계를 발표한다. 이런 나라가 없다. 그런데 관세청 통계이든 한국은행 통계이든 간에, 우리가 흔히 접하는 무역통계에는 여러 가지 한계가 있다. 최근 들어 중요성이 부쩍 커진 무역의 서비스화 및 디지털화 추세를 제대로 포착하지 못한다는 문제는 논외로 하더라도, 최종재만이 아니라 중간재의 수출입까지 포함하는 총액 기준 통계에는 이중계상double accounting의 문제가 있기 때문이다.

우리나라가 수출하는 물품을 생산하는 데에는 상당 비중의 수입 중간재가 사용된다. 우리나라의 중간재를 수입한 나라도 그것을 가공하여 최종 사용할 뿐만 아니라, 제3국에 수출 심지어 우리나라에 역수출하는 사례도 많다. 첨단 반도체의 경우에는 최초의 원료 생산자로부터 최종 사용자에 이르기까지 70회 이상 통관을 거친다. 그때마다 수출입 액수를 계상한 총액 기준 통계로는 국제무역 활동이 부가가치·고용· 국제수지 등에 미친 영향을 과대평가할 우려가 있다. 또한 세부 품목· 산업·국가 간의 연결구조, 즉 국제분업구조를 정확하게 파악할 수 없고, 나아가 코로나19 팬데믹이나 미국 중앙은행의 정책금리 인상과 같은 국내외의 충격이 각국 간에 어떤 경로를 거쳐 어느 정도나 파급효과를 미칠지 가늠하기 어렵다.

앞서 설명한 [표 5-1]을 보면, 2022년 우리나라의 수출총액 중 26.83%는 중국+홍콩 지역으로, 16.06%는 미국으로 향했는데, 이 수치를 두고 중국으로의 수출을 통해 창출된 국내의 부가가치 및 고용이 미국의 1.7배에 달한다거나, 심지어 한국의 경제적 성과에 중국이 미국보다 1.7배 더 큰 영향을 미친다고 해석할 수는 없다는 것이다. 중국과 미국으로 수출되는 품목에 차이가 있고, 따라서 이들 품목을 생산하는 데 투입되는 중간재의 원천이 다르고, 그 귀결로서 국내의 부가가치나 고용에 미치는 영향도 다를 수밖에 없다.

한편 고전적인 국제무역 이론에서는 각국 간의 생산성 격차나 부존자원의 차이로 인해 무역이 발생한다고 설명한다. 또한 각국이 비교우위에 있는 산업에 특화하여 수출하면서 비교열위에 있는 산업은 수입하는 것이 모든 나라의 경제적 후생을 개선할 수 있다는 자유무역이론이 정통의 위치를 차지해 왔다. 자유무역이론은 끊임없이 보호무역주의로부터 도전받아 왔지만, 그것과는 별개로 현실의 무역 흐름을 제대로 설명하지 못한다는 비판에도 직면하였다. 비교우위론에 기초한 무역이론에서는 주로 선진국과 개도국 간에, 그리고 서로 다른 산업 간에 무역이 이루어지는 것으로 설명하지만, 현실에서는 선진국 간의 '산업 내 무역'이 훨씬 더 활발하게 이루어진다. 미국, 유럽, 일본이 모두 자동차를 생산하면서 수출과 동시에 수입도 하는 게 현실의 모습인 것이다.

나아가 [그림 5-1]에서 보는 바와 같이, 전 세계적으로 수출총액 중에서 중간재＊ 수출이 차지하는 비중이 50%를 훌쩍 넘었으며, 1990년대 중반 이래 2008년 위기 때까지는 그 비중이 계속 증가하는 추세를 보였다. 나라 별로는 중간재 수출 비중이 상당히 다른 모습을 보이지만, 총수출의 절반을 넘는 것은 주요국 공통의 현상이다. 전 세계의 소비재(최종재) 시장을 장악했다는 중국도 21세기에 들어서는 중간재의 수출 비중이 50%를 넘었고 계속 증가하는 추세다.

이처럼 최종재보다도 중간재의 수출이 더 활성화된 배경 중 하나로

그림 5-1 총수출 중 중간재 수출 비중 추이 (1995~2020년)

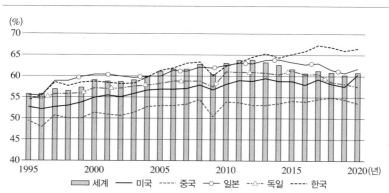

출처: OECD, Trade in Value Added, https://stats.oecd.org/

＊ 일반 무역통계에서는 가공단계에 따라 1차산품, 중간재, 소비재, 투자재 등으로 수출입 품목을 분류한다. 이와는 달리 여기서는 산업연관표 분석의 용례에 따라 다른 산업의 생산에 사용되는 중간투입물(또는 중간수요)을 중간재intermediate product로, 그리고 소비·투자·수출 등의 최종수요 용도로 판매되는 것을 최종재final product로 통칭하기로 한다.

다국적기업의 활동이 꼽힌다. 다국적기업의 본사가 제품의 설계·디자인에서부터 원자재의 조달, 조립·가공을 거쳐 물류·판매에 이르는 전 과정을 글로벌 차원으로 분산 배치했기 때문이다. 특히 해외 경제활동의 핵심 부문은 외국인직접투자를 통해 현지법인을 설립하여 직접 관리하는 경영 전략이 강화되었다. 즉, 제품의 가치사슬이 국경을 넘어 여러 나라로 확산하면서 다국적기업(그룹)의 '기업 내 무역'이 국제무역의 상당 부분을 차지하고 있다.

이처럼 산업 내 무역, 중간재 무역, 기업 내 무역 등의 새로운 현상이 두드러지면서 최근 국제경제학계에서는 세계산업연관표world input output tables를 이용하여 GVC의 특성 및 그 변화를 추적하는 연구가 활발하게 진행되고 있다.

산업연관표는 국민계정체계SNA를 구성하는 통계 중 하나로서, 경제 전체를 세부 산업으로 나누어 각 산업간 투입-산출의 연결구조를 조사한 것을 말한다. 이 통계를 이용하면 소비·투자·정부지출 등의 최종수요가 한 단위 늘어날 때, 국내의 생산·부가가치·고용 등이 얼마나 유발되는지를 경제 전체적으로는 물론 각 산업 별로도 계산할 수 있다. 예컨대 BTS, 「기생충」(2019), 「오징어 게임」(2021) 등 한류의 경제적 효과가 수천억 원에서 수조 원에 이른다는 기사를 자주 접하게 되는데, 이런 류의 분석이 모두 산업연관표를 이용하여 계산한 것이다.

원래 개별국가의 산업연관표에서는 자국 이외의 모든 나라를 해외부문으로 통합해서 표시한다. 그 해외부문을 나라 별로 세분하여 표시할 수 있다면, 각국의 경제적 연결구조와 충격의 파급효과를 정밀하게 분석할 수 있을 것이다. 이것이 세계산업연관표의 개념이다. 물론 그 기초자료를 확보하는 것은 매우 어려운 일이다. 한 나라의 산업연관표도 세부 산업별 투입-산출 구조를 직접 조사한 실사표는 5년 간격으로 작성될 뿐이고, 그 중간 연도에는 간이 방식으로 연장표를 작성한다. 이를 수많은 나라로 확장한 세계산업연관표는 더더욱 비정기적으로 그리고 긴 시차를 두고 작성되는 한계가 있다.

세계산업연관표 연구에 이용되는 기초자료로는 EU집행위원회 후원하에 다수의 연구기관이 협업한 프로젝트 결과물인 WIODWorld Input Output Database(43개국 대상 2000~2014년 자료 수록)가 물꼬를 텄는데, 최근 아시아개발은행ADB이 작성한 MRIOMulti-Regional Input Output Tables(62개국 대상 2000년, 2007~2020년 자료 수록)와 OECD가 작성한 ICIOInter-Country Input Output Tables(76개국 대상 1995~2020년 자료 수록)가 잇달아 발표되면서 관련 연구가 활기를 띠고 있다.

특히 OECD는 ICIO 원자료를 1차 가공한 '부가가치 기준 무역통계 Trade in Value Added, TiVA'를 홈페이지에 공개하였다. 후술하는 바와 같이, 이 자료는 GVC의 수요 충격은 물론 공급 충격의 파급경로를 추적할 수 있는 다양한 지표를 포함하고 있다. 이하에서는 OECD의 TiVA 자료를 통해 GVC의 형성과 확장, 그리고 재편에 이르는 과정을 살펴보도록 한다.

2008년 위기 이후 GVC의 변화: 옛이야기가 된 동아시아의 기러기 편대 모형

세계산업연관표를 이용하면 한 나라의 수출총액을 국내 부가가치 기여분과 해외 부가가치 기여분, 그리고 이중계상분으로 분해할 수 있다. 나아가 국내 부가가치 기여분도 수입국의 최종수요 흡수분, 수입국에서 제3국으로의 재수출분, 국내로의 재유입분으로 세분해 볼 수 있다. 이처럼 부가가치 기준으로 재구성한 무역통계를 이용하면 GVC에 편입된 각국의 특성 및 국가 간 연결구조를 드러내는 다양한 지표를 계산할 수 있다.

그중 가장 기초적인 지표로 사용되는 것이 'GVC 참여도GVC participation rate'이다. 예컨대 A국은 고무를 생산하여 B국에 수출하고, B국은 수입 고무를 타이어로 가공한 후 C국으로 수출하고, C국은 그 타이어를 사용하여 자동차를 제조한 후 또다시 수출하는 GVC 무역이 형성된 경우를 생각해 보자. 이때 B국의 GVC 참여도는 B국의 타이어 수출액에 포함된 A국 고무의 기여분backward participation rate(후방참여도)과 C국의 자동차 수출액에 포함된 B국 타이어의 기여분forward participation rate(전방참여도)을 더해서 계산된다.

[그림 5-2]는 1995~2020년간 전 세계의 GVC 참여도 추이를 나타낸 것인데, 1995년 34.6%에서 2008년 46.5%까지 가파른 상승 추세를 보이던 GVC 참여도가 그 이후에는 불안정한 부침 속에 횡보하면서 2020년에는 44% 수준에 머물렀다. 1990년대 이래의 거침없는 세계화 시기 hyper-globalization에 GVC도 확장일로를 걸었다면, 2008년 위기 이후 세계화의 기세가 둔화slowbalization하면서 GVC도 정체되는 모습을 보인 것이다. 이러한 흐름이 최근 G2 패권경쟁에 따른 보호무역주의 확산과 공급망 재편 움직임 속에서 세계화의 후퇴de-globalization로까지 이어질지는 전문가들 사이에서도 의견이 분분한 상황이다. 다만 2008년 위기 이전처럼 GVC가 크게 확산하는 세계경제 환경이 다시 조성되기는 어려울 것이다.

한편 주요국의 GVC 참여도 추이를 나타낸 [표 5-3]을 보면, 국가별로 그 수준과 변화 양상에 상당한 차이가 있음을 알 수 있다. 미국·일본과 같이 방대한 내수시장을 가진 나라에서는 GVC 참여도가 상대적으

그림 5-2 전 세계의 GVC 참여도 추이 (1995~2020년)

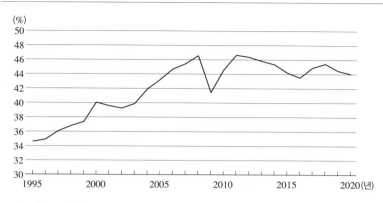

주: 각국의 GVC 참여도를 각국의 수출 비중을 가중치로 하여 가중평균한 것임
출처: [그림 5-1]과 동일

표 5-3 주요국의 GVC 참여도 추이 (단위: %)

		95	00	05	08	11	14	17	18	19	20
세계 GVC		34.6	40.0	43.2	46.5	46.6	45.3	44.8	45.4	44.5	44.0
미국	GVC	28.5	34.0	35.7	37.8	37.4	35.8	35.4	35.8	35.3	35.5
	후방	8.8	10.3	11.2	13.3	12.7	11.4	9.1	9.3	8.8	7.9
	전방	19.7	23.7	24.5	24.5	24.7	24.5	26.2	26.5	26.5	27.6
중국	GVC	29.4	34.3	41.5	42.0	40.0	37.3	37.1	37.7	37.0	35.8
	후방	15.5	18.1	25.2	23.4	21.8	18.8	17.9	18.1	17.3	16.6
	전방	13.9	16.2	16.3	18.6	18.2	18.5	19.1	19.6	19.7	19.2
일본	GVC	27.4	33.2	38.5	43.6	43.6	44.7	41.8	41.7	40.1	40.2
	후방	5.6	6.9	11.1	15.0	14.0	16.4	13.4	14.7	13.9	13.3
	전방	21.8	26.3	27.5	28.6	29.6	28.3	28.4	27.1	26.2	27.0
독일	GVC	34.1	40.8	42.7	46.2	47.9	46.6	47.1	47.4	47.1	45.6
	후방	14.3	19.5	20.2	23.2	25.1	23.3	22.7	23.2	23.4	22.4
	전방	19.7	21.4	22.4	22.9	22.8	23.4	24.4	24.2	23.7	23.3
한국	GVC	41.7	48.5	53.0	60.1	59.5	55.6	56.4	56.6	54.8	53.5
	후방	26.8	31.6	33.2	41.0	42.0	36.6	33.5	34.5	33.2	30.9
	전방	14.8	16.9	19.8	19.1	17.5	19.0	22.9	22.1	21.6	22.6
대만	GVC	47.3	53.7	62.1	68.7	66.7	64.8	61.9	61.6	59.0	56.3
	후방	32.7	36.8	42.5	48.3	47.5	44.1	38.6	39.6	37.3	33.9
	전방	14.6	16.9	19.7	20.4	19.2	20.7	23.2	22.1	21.8	22.4

출처: [그림 5-1]과 동일

로 낮고, 독일·한국·대만 등 수출지향적 경제에서는 GVC 참여도가 높게 나타난다. 또한 GVC 참여도를 후방참여도와 전방참여도로 나누어 보면, 미국·일본·독일 등 기술경쟁력의 우위를 점한 기존 선진국에서는 후방참여도보다 전방참여도가 높고, 한국·대만 등의 후발국은 후방참여도가 매우 높은 양상을 보인다.

다만 일본과 독일의 경우 최근 들어 후방참여도가 대폭 상승한 것을 볼 수 있는데, 세계화 시대의 치열한 국제경쟁에 대응하기 위해 일본은 중국과 아세안 지역으로, 그리고 독일은 동유럽 지역으로 범용 중간재의 수입 및 조립·가공 공정의 아웃소싱을 확대했기 때문이다. 우리나라와 대만은 원자재를 대부분 수입에 의존할 수밖에 없는 상황이기 때문에 후방참여도가 매우 높게 나타나지만, 반도체를 비롯한 주요 소재·부품의 수입 대체와 수출 확대가 진전되면서 최근에는 후방·전방참여도의 격차가 상당폭 줄어드는 모습을 보인다.

역시 가장 특기할 만한 나라는 중국이다. 세계의 공장으로서 수출총액에서 세계 1위에 올라선 중국은 GVC 참여도가 매우 높을 것으로 생각하기 쉽지만, 방대한 내수시장을 가진 나라이기에 의외로 GVC 참여도가 그렇게 높지 않다. 특히 2008년 위기 이후 GVC 참여도가 지속 하락하는 추세를 보인 결과 최근에는 미국과 유사한 수준까지 낮아졌다. 또한 중국의 후방참여도는 2008년 위기 이후 확연한 하락세로 돌아선 반면, 전방참여도는 계속 상승하였다. 다시 언급하지만 후방참여도는 자국의 수출에 포함된 수입 중간재의 기여분을, 전방참여도는 자국의 수출 중간재가 타국의 수출에 기여하는 부분을 나타낸다. 즉, [표 6-3]은 중국을 더는 외국의 범용 중간재를 수입하여 낮은 인건비를 무기로 최종 제품을 조립·가공 수출하는 나라로 착각해서는 안 된다는 것을 말해준다. 2008년 위기 이후 중국은 하위·중위 기술의 중간재는 물론 고위·첨단기술의 중간재도 상당 부분 수입대체를 이루었고 나아가 수출까지 하는 나라로 변모하였다. 중국의 방대한 내수시장이 규모의 경제 효과를 누릴 수 있는 바탕이 되었고, '중국제조 2025' 등의 산업정책이 이를 실현하는 수단이 되었다. 다음 6장에서 보다 자세히 살펴보겠지만, 2021년 시작된 중국의 '14차 5개년 규획'의 쌍순환 전략은 내수시장 중심의 산업구조 고도화 기조를 더욱 강화하는 것이다. 이러한 중국의 무역구조·산업구조의 변화가 2008년 위기 이후 세계 GVC 참여도의 정체를 가져온 주요 요인 중 하나라는 것이 전문가들의 공통된 지적이다.

한편, 물류비용의 절약 및 오랜 거래 관계에 따른 신뢰 등의 효율성 요인을 고려할 때 인접 국가 간의 역내 무역이 역외 무역보다는 더 활발하게 이루어지는 것이 상례이다. [그림 5-3]은 부가가치 기준의 '역내 무역집중도regional concentration index' 추이를 나타낸 것이다. 이 지표는 전체 수출 중에서 역내 수출이 부가가치 창출에 기여하는 정도를 지수화한 것으로, 이 배율이 1보다 크면 클수록 해당 지역 내 국가들이 상호 긴밀하게 연결된 경제블록으로서의 성격이 강하다는 것을 뜻한다. 각 지역의 분업구조와 경제통합의 정도가 다른 것으로부터 짐작할 수 있듯이, '북미3(캐나다, 미국, 멕시코)', 'EU28(2020년 EU를 탈퇴한 영국까지 포함한 28개국)', '아세안10(아세안 10개 회원국)', 그리고 '동아시아5(한국, 일본, 중국, 홍콩, 대만)' 등 주요 지역의 역내 무역집중도는 상당히 다른 양상을 보인다.

먼저 EU28 지역의 역내 무역집중도가 1보다 상당히 높은 수준이다. 다른 지역과는 달리 2008년 위기 이후에도 하락 추세를 보이지 않는 것은 가장 높은 수준의 경제통합, 즉 상품뿐만 아니라 자본과 사람까지 자

그림 5-3 주요 지역의 '역내 무역집중도' 추이 (1995~2020년)

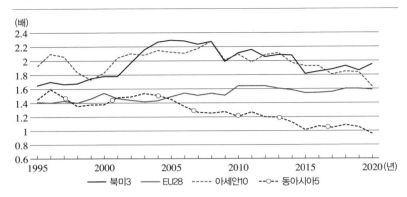

주: '부가가치 기준 역내 무역집중도'는 수출로부터 창출된 부가가치 중에서 역내 수출이 차지
  하는 비중을 해당 지역의 전 세계 수출 비중으로 나누어 지수화한 것임
출처: [그림 5-1]과 동일

유롭게 이동하는 단일시장을 형성한 것에서 비롯된 결과라고 할 수 있다.

북미3 및 아세안10 지역의 역내 무역집중도는 비록 2008년 위기 이후 하락 추세를 보이기는 하지만 EU28 지역보다도 훨씬 더 높게 나타난다. 이들 지역은 경제발전단계나 산업구조가 상당히 다른 나라들이 인접함으로써 수직통합에 가까울 정도의 밀접한 연결구조를 형성한 것으로 볼 수 있다. 북미3 지역의 USMCA(이전의 NAFTA 포함) 및 아세안10 지역의 경제공동체ASEAN Economic Community 구상이 역내 국가들의 경제적 결속력을 다지는 중추 역할을 하고 있다. 원론적인 의미에서만 본다면, 인접 국가들끼리 긴밀한 경제적 연결구조를 형성하는 지역화localization가 세계화globalization와 반드시 충돌하는 것은 아니다. 현실적으로는 지역화와 세계화가 공존glocalization하는 것이라고 할 수 있다.

그런데 동아시아5 지역의 역내 무역집중도는 상당히 다른 모습을 보인다. 2000년대 중반까지는 EU28 지역에 버금갈 정도의 높은 역내 무역집중도를 보였지만, 그 이후 계속 하락한 결과 그 어떤 지역보다도 낮은 수준으로 하락했다. 특히 2010년대 중반 이후에는 1에 가까운 수준을 기록하고 있다. 동아시아5 지역의 국가들에게는 역내 무역이 역외 무역보다 더 특별하거나 중요하지 않다는 뜻이다. 이는 한국을 포함한 동아시아 지역의 교역구조가 상호보완적 관계에서 점차 경쟁, 대체의 관계로 전환되며 경제블록으로서의 성격이 매우 약해졌음을 의미한다.

일본의 첨단 소재·장비와 한국·대만의 범용 중간재가 중국의 조립·가공 공정을 거쳐 역외 시장으로 간접 수출되는 동아시아의 수직적 분업구조, 즉 기러기 편대 모형은 정말 옛이야기가 되었다. 조립·가공 공정의 상당 부분은 중국에서 아세안 지역으로 이동하였다. 동아시아 지역은 중국의 산업구조가 고도화됨에 따라 기존의 GVC가 새롭게 재편되는 핵심 고리로 변모하였을 뿐만 아니라, G2 패권경쟁이 본격화하면서부터는 주요국의 경제안보 전략이 격렬하게 부딪히는 지역으로 부상했다. 최근 반도체, 배터리, 바이오 등 핵심 소재·부품의 공급망 재편을 둘러싼 갈등이 모두 동아시아 지역에 집중되는 것이 이를 대변한다.

GVC 확산 및 정체의 배경: 2008년 위기 전후로 격변한 환경

GVC의 확산 및 정체를 가져온 요인을 좀 더 구체적으로 살펴보자(이하 Cigna 외, 2022 참조). 1990년대 이래 2008년 위기 전까지 GVC가 크게 확산한 배경은 크게 기술적 요인과 정책적 요인으로 나눠볼 수 있다.

우선 기술적 요인으로서 대형 컨테이너선의 증가와 항만 인프라의 개선으로 해운 물류비용이 크게 하락한 것이 원거리 무역을 활성화한 요인이 되었음은 분명하다. 보험 및 운송 비용을 포함한 세계 수입가격 CIF과 이러한 비용이 포함되지 않은 세계 수출가격 FOB의 차이를 통해

운송비용을 추정해 보면, 단기적으로는 큰 변동을 보이면서도 장기 추세적으로는 운송비용 부담이 하락한 것을 확인할 수 있다. 여기에 1990년대 정보통신기술ICT의 혁신적 발전은 복잡한 기업활동의 조정·관리 비용을 대폭 낮추어줌으로써 원거리에 있는 '기업 간의 거래' 또는 '기업 내의 거래'를 효율적으로 조직할 수 있게 하였다.

이처럼 운송 및 통신 관련 기술 발전은 다국적기업이 글로벌 경영전략의 일환으로 GVC 확산을 주도하는 계기로 작용하였다. 특히 스마일 커브 가설smile curve hypothesis에 관심이 집중되었다. 가치사슬의 앞단에 해당하는 R&D·설계·디자인 등 제품 개발 부문과 끝단에 해당하는 마케팅·조직관리 등 사업서비스 부문은 부가가치율이 높다. 반면 그 중간의 조립·가공 부문은 부가가치율이 낮아서 U자형의 스마일 커브를 그리게 되는 것이다. 다국적 기업은 부가가치율이 높은 부문은 본국에 있는 본사가 직접 수행하고, 부가가치율이 낮은 부문은 해외직접투자를 통해 현지법인을 설립하거나 또는 현지의 협력기업에 위탁하는 형태로 GVC를 형성한다. 대표적인 예로 애플을 살펴보자. 스마트폰 가치사슬에서 미국 본사는 앞단과 끝단만 직접 수행하고, 주요 소재·부품은 동아시아의 각국에서 조달한다. 이후 조립·가공 공정은 대만 기업 폭스콘의 중국 본토 내 공장에서 이루어지는 것을 볼 수 있다.

이러한 흐름 속에 각국 정부의 적극적 개입·지원 정책이 GVC 확산의 또 다른 동력으로 작용하였다. 특히 1990년 동구 사회주의 붕괴 이후 중국과 아세안 등 아시아 지역의 개도국 정부는 이른바 개혁·개방의 이름으로 GVC에 편입되는 전략을 적극 추진하였다. 외국인직접투자FDI 유치가 그 대표적인 정책 수단이다. 개도국의 입장에서 FDI는 자본·기술·경영기법 등의 결핍으로 인한 생산 측면의 제약을 극복하면서 동시에 생산 제품의 판매시장까지 확보하는 효과를 가져왔다.

또한 1995년 WTO 체제가 출범하고 다수의 FTA가 체결되면서 자유무역 기조가 강화된 것도 GVC 확산에 우호적인 환경으로 작용하였다. 미국·EU·일본 등 선진국 간의 '높은 수준의 FTA' 협상이 서비스무역 및 전자상거래(디지털무역) 부문에서 난항을 거듭한 데 반해, 특히 아시아 지역의 개도국들이 주도적으로 참여하는 '낮은 수준의 FTA'가 관세·비관세 장벽을 낮춤으로써 시장접근을 원활히 하는 데 초점을 맞춘 것도 조립·가공 부문 위주의 GVC 확산에 기여하였다.

1990년대 이래 20년 가까이 GVC 확산 추세가 이어졌지만, 그 반작용도 만만치 않았다. 무엇보다 2008년 글로벌 금융위기의 충격으로 전 세계가 장기침체 국면에 빠지면서 GVC 확산에 제동이 걸렸다. 경기침체로 선진국의 수입 수요가 위축되자 개도국으로 조립·가공 부문을 아웃소싱하는 것에 초점을 맞춘 GVC 전략을 계속 확장하기는 어렵게 되었기 때문이다. 또한 장기간 이어진 고도성장의 결과 중국의 임금수준이 급상승하면서 중국에 제조 공정을 둔 GVC 전략의 매력은 사실상 사라졌다. 이에 다국적기업은 노동집약적 공정을 아세안 또는 인도 등으로 다변화하기 시작했고, 이것이 아시아 지역의 무역구조를 변화시킨 주요 요인이 되었다. 한편 미국이 셰일 석유·가스를 적극 채굴함으로써 에너지 수입을 대체하고 심지어 수출까지 하게 된 것이 관련 산업의 국제교역 규모를 위축시켰다. 2008년 위기 이후의 장기침체 여파로 국제 에너지 가격이 하락한 것도 GVC 참여도의 추가 상승을 억제하는 방향으로 작용했다.

한편 4차 산업혁명의 디지털 기술이 산업 현장에 빠르게 적용되면서 GVC 흐름에도 변화가 나타났다. 인건비가 큰 비중을 차지하는 저가의 범용 제품이 아니라면, 최종 판매시장에 인접한 곳에 자리를 잡는 것이 수요의 변화에 탄력적으로 대응하는 데 유리하고, 특히 수요 침체기에는 그 중요성이 더 커지기 때문이다. IoT, 로봇, AI, 3D 프린팅 등의 기술을 이용한 생산의 자동화와 유연화 추세는 개도국의 인건비 경쟁력을 상쇄하면서 해외 진출 기업이 다시 되돌아오는 '리쇼어링reshoring'을 유도할 잠재력이 있는 것으로 평가된다. 물론 아직까지는 4차 산업혁명이 GVC에 미치는 영향에 대해 전문가들 사이에서도 명확한 결론이 난 것은 아니며, 모든 지역과 산업에서 동일한 효과를 갖는 것도 아니다. 다만 기술발전이 일방적으로 GVC의 확산을 촉진하던 과거의 흐름에서 벗어난 것은 분명해 보인다. 서비스화와 디지털화를 수반하는 4차 산업혁명의 기술 혁신은 저임금을 기초로 한 가격 경쟁력의 중요성을 낮추는 쪽으로 작용한다.

최근 들어서는 다국적기업의 경영전략과 GVC 간의 관계도 재조명해 보아야 한다는 주장이 제기되었다(이하 ADB 외, 2021 참조). 특히 아시아 지역의 개도국들이 고도성장을 이어가면서 중간재의 일정 부분을 수입 대체하는 산업구조 고도화가 진전되었고, 나아가 개도국의 최종재 내수시장 규모도 무시할 수 없을 정도로 커졌기 때문이다. 중국이 대표적인 예로서, 중국에 진출한 다국적기업의 GVC 전략에 중대한 변화가 나타났다. 다국적기업의 중국 현지법인이 모국 본사로부터 자본·기술·중간재를 도입하여 조립·가공 공정을 거친 후 해외시장에 재수출하는 전통적인 GVC 전략을 넘어, 중국 내부의 중간재 생산을 기반으로 직접 해외시장을 겨냥하거나 중국의 내수시장 자체를 주요 판매처로 하는 다국적기업의 활동이 점점 중요해졌다.

256

이러한 다국적기업 현지법인의 거래는 그 정의상 GVC 참여도 지표에 온전히 포착되지 않는다는 점에 주의할 필요가 있다. 이것이 [그림 5-2]에서 2008년 위기 이후 전 세계의 GVC 참여도가 횡보하고, [표 5-3]에서 중국의 GVC 참여도가 하락 추세로 돌아선 것의 주요 요인 중 하나가 되었다는 것이다. 따라서 다국적기업의 이러한 활동까지 포함하여 계산한다면 GVC 참여도는 더 높게 나타날 것이며, 2008년 위기 이후 GVC 확산이 정체 내지 후퇴하고 있다는 일반적인 생각도 재검토할 필요가 있음을 의미한다. 이러한 다국적기업의 경영전략 변화가 중국을 넘어 아세안과 인도 등의 여타 개도국에서도 확인될지는 더 두고 봐야겠지만, 현지 진출국의 산업구조 고도화에 따라 다국적기업의 경영전략이 변하는 것은 어쩌면 당연한 귀결이라고 할 수 있겠다.

한편, 2008년 위기 이후 각국 정부의 GVC 관련 정책에도 변화가 나타났다. 밀라노비치Branko Milanović 교수의 코끼리 커브elephant curve가 상징하듯이, 세계화 추세는 중국·인도·아세안 등 개도국의 성장에 크게 기여함으로써 국가 간의 소득격차는 줄어들었지만, 선진국 중산층의 소득은 사실상 제자리걸음을 하면서 국가 내의 소득격차는 확대되는 결과를 초래했다. 그 주요 배경 중의 하나로, 1990년대 이래의 GVC 확산에 따라 중산층 일자리의 핵심이 되는 제조업 기반이 선진국에서 아시아 개도국으로 이전된 것이 지목된다.

반작용도 거세게 일어났다. 2008년 이후 선진국의 경기침체가 장기화하면서 자국의 일자리와 제조업을 지키려는 보호주의 기조가 전면화했다. 특히 다국적기업의 해외직접투자 과정에서 핵심기술의 유출이 일어나고, 나아가 중국 등 개도국의 정부가 기술이전을 강제하거나 기술탈취를 방조하는 현실적 관행에 대한 비판의 목소리가 높아졌다. 이

그림 5-4 중국 및 아세안으로의 FDI 유입액 추이 (1982∼2021년)

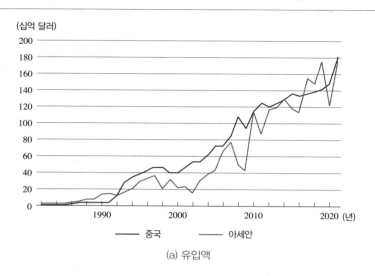

(a) 유입액

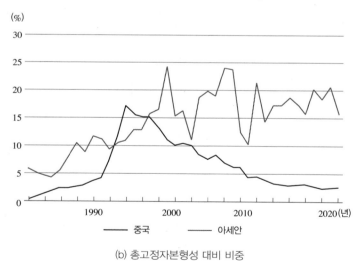

(b) 총고정자본형성 대비 비중

출처: UNCTAD,
　　https://unctadstat.unctad.org/wds/TableViewer/tableView.aspx?ReportId=96740

로 인해 FDI 및 FTA 등과 관련한 선진국 정부의 정책 기조가 자국법상의 안보 개념을 앞세운 보호주의로 선회했다는 것은 앞서 4장에서 살펴본 바 있다.

이상 다국적기업의 경영전략 및 각국 정부의 정책기조의 변화는 FDI의 흐름에 그대로 반영되었다. [그림 5-4]는 GVC 무역의 거점이라고 할 수 있는 중국과 아세안 지역으로의 FDI 유입액 추이를 나타낸 것이다. (a)에서 보듯이 1990년대 이후 중국으로의 FDI 유입액이 큰 폭으로 늘어나다가, 2008년 위기 이후에는 아세안 지역으로 대거 이동하면서 중국에 육박 또는 능가하는 규모에 이르게 되었다. 특히 (b)에서 총고정자본형성 대비 FDI 유입액 비중 추이를 보면, 중국의 경우 1990년대 중반에 국내투자의 15% 수준에 이르렀던 FDI의 비중이 계속 하락하면서 2008년 위기 이후에는 5% 미만으로, 최근에는 2% 초반 수준으로 떨어졌다. 이제 중국의 입장에서는 국내투자를 양적으로 보완하는 FDI의 의미는 사라진 지 오래고, 첨단기술의 획득을 둘러싼 갈등의 소지만 부각된다. 반면 아세안 지역으로의 FDI 유입액은 계속 확대되면서 국내투자의 20%에 가까운 수준을 유지하였다. 조립·가공 공정을 위주로 하는 전통적 GVC 무역의 중심은 중국에서 아세안 지역으로 확실히 이동한 것이다. 최근에는 아세안 국가들도 중간재의 수입 대체 및 산업구조 고도화 쪽으로 정책의 초점을 맞추고 있다.

GVC의 역습: 수요 충격과 공급 충격

GVC의 수요 충격: 개도국으로 전가되는 글로벌 경기침체의 부담

GVC의 확장은 다수 국가 간의 수직적 통합vertical integration이 심화하는 것을 의미한다. 수출품의 생산에 수입 중간재가 사용되고, 그 수출품이 다시 일정 공정을 거쳐 재수출되는 GVC 무역구조 아래서는, 기나긴 고리 중의 어느 하나에서 발생한 충격이 전체로 파급될 수밖에 없다. 따라서 수출입의 직접적 교역상대국 간 관계에만 초점을 맞춘 전통적인 무역이론으로는 설명하기 어려운 현상이 벌어졌고, 이에 관한 보완적 연구들이 진행되었다(이하 Cigna 외, 2022 참조).

2008년 위기 직후에는 수요 충격demand shock의 파급경로에 관심이 집중되었다. 미국과 유럽이라는 핵심 수요시장에서 충격이 발생했기 때문이다. 가장 눈에 띄는 현상은 각국의 경기변동이 동조화하는 경향이 강해졌다는 것이다. 선진국의 최종수요가 위축되면, GVC 고리를 거슬러 올라가 소재·부품과 원자재의 생산국으로까지 그 충격이 전파되기 때문이다.

나아가 가치사슬의 상류(앞단)에 해당하는 나라일수록 경기변동의 진폭이 커지는 이른바 채찍효과bullwhip effect도 확인되었다. 긴 채찍의 손잡이 부분에 작은 힘만 가해도 끝부분에서는 큰 힘이 생기는 것에 비유한 표현이다. 수요가 감소하면 기업은 일단 재고를 소진하면서 생산을 줄이기 마련인데, 가치사슬의 상류로 거슬러 올라갈수록 생산 감축 효과가 누적·증폭되는 것이다. 1990년대 이래 세계경제가 호황을 구가하던 시절에는 개도국도 원자재 수출이나 조립·가공 공정의 위탁 수출 형태로 GVC 무역에 편입됨으로써 고도성장의 기회를 잡을 수 있었다. 하지만 2008년 위기 이후 선진국의 경기침체가 장기화하는 국면에서는 개도국 역시 무역의 침체와 이로 인한 불황의 압력에서 벗어나기 어려웠고, 채찍효과에 따라 그 충격이 가중되었다.

또한 환율 변동이 수출입과 국제수지에 미치는 효과도 상당히 희석된 것으로 나타났다. 전통적인 무역이론에 따르면, 환율 상승(자국 화폐 가치의 하락)은 국산품의 가격 경쟁력을 높임으로써 수출 증가와 수입 감소, 따라서 국제수지의 개선을 가져올 것으로 기대된다. 그런데 GVC 참여도, 특히 후방참여도가 높은 개도국의 경우에는 환율 상승이 수입 중간재의 가격 상승을 초래하기 때문에 애초 기대했던 수출 증가와 수입 감소 효과의 상당 부분을 상쇄한다. 즉, 환율 변동의 대외 불균형 조정 기능이 약화하는 것이다.

나아가 제3국 간의 수출입 계약도 대부분 기축통화인 달러(또는 유로)로 표시되는 현실에 주의를 기울일 필요가 있다. 4장에서 달러화 패권을 설명하면서 인용했던 Bertaut 외(2021)에 따르면, 1999~2019년간 아메리카 대륙 국가의 수출계약invoice 중 96.3%가 달러화로 표시된 것은 물론이고, 아시아-태평양 지역(74.0%)과 기타 지역(79.1%)에서도 달러화가 지배적인 통화로 사용되었다. 심지어 유로화가 유통되는 유럽 지역에서도 23.1%가 달러화 표시였다. 세계 무역 총량에서 미국이 차지하는 비중이 10% 남짓에 불과한 것에 비추어보면, 무역거래를 매개하는 통화로서 달러화의 위상은 압도적이라고 할 수 있다. 참고로 우리나라의 경우 2021년 수출총액의 83.9%가 달러화 표시였고, 유로화 5.9%, 엔화 2.6%, 원화 2.4%, 위안화 2.0%, 기타 통화 3.2%였다.

그런데 이는 글로벌 경기침체의 수요 충격을 증폭시키는 통로가 된다. 예컨대 미국에서 발생한 수요 충격은, 미국의 수입 감소라는 직접적인 경로뿐만 아니라 안전자산으로서 달러화의 강세라는 간접적 경로를 통해서도 GVC 무역에 부정적인 영향을 미친다. 특정 수출입 거래의 두 당사국 간 환율에는 변동이 없더라도, 달러화의 가치가 상승하면 해당 제품의 생산에 투입되는 다양한 중간재의 수입 가격이 높아진다. 이는 생산원가에 부담을 주는 반면, 해외 판매시장에서의 경쟁 압력으로 인해 원가 상승분을 수출 가격에 제대로 반영할 수가 없다. 특히 후방참여도가 높은 국가, 즉 수출을 위한 중간재 수입의존도가 높은 개도국일수록 부정적인 효과는 더 클 것이다. 2022년 들어 미국 중앙은행의 급격한 정책금리 인상에 따른 달러화의 초강세 흐름이 개도국의 실물경제 회복에 큰 부담으로 작용한 이유 중의 하나도 여기에 있다.

[그림 5-5]를 통해 선진국에서의 수요 위축이 GVC 무역에 주는 충격을 가늠해볼 수 있다. 이는 미국과 EU의 최종수요(소비·투자·정부지출의 합계)가 창출한 해외 부가가치의 규모 및 최종수요 대비 비중을 나타낸 것이다. 여기서 해외 부가가치는 교역상대국에서의 직접적 부가가치 창출뿐만 아니라 GVC 무역을 통해 제3국에서 창출된 간접적 부가가치까지 모두 포함한 것이다.

막대그래프를 보면 미국과 EU의 최종수요가 창출한 해외 부가가치 규모가 빠르게 증가하다가 2008년 위기 이후에 정체된 것을 확인할 수 있다. 주목할 것은 꺾은선그래프의 최종수요 대비 해외 부가가치 창출분 비중 추이이다. 이를 선진국의 최종수요 100달러가 창출되는 해외 부가가치로 해석한다면, 미국의 경우 1995년 10달러에서 2008년 14.7달러까지 큰 폭의 상승세를 보이다가 그 이후 하락세로 돌아서서 2018년에는 12.6달러에 머물렀다. EU의 경우에도 1995년 20.3달러에서 2008년 26달러로 크게 상승했다가, 이후 등락을 거듭하면서 2018년에는 27.3 달러를 기록하였다. 선진국의 최종수요가 GVC 무역을 통해 개도국의 성장을 견인하던 효과가 2008년 위기 이후에는 확연히 줄어든 것이다. 특히 미국 및 EU 경제가 위기 또는 침체 양상을 보일 때 이 비중이 더 큰 폭으로 하락했다. 이러한 교역조건의 악화는 선진국으로의 직

그림 5-5 선진국의 최종수요가 창출한 해외 부가가치 추이(1995~2018년)

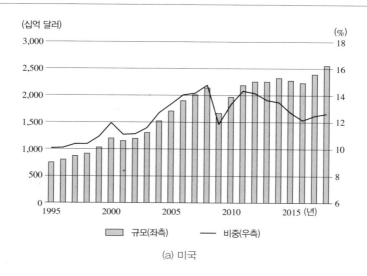

(a) 미국

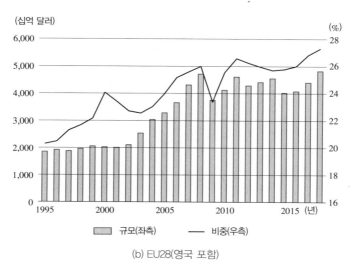

(b) EU28(영국 포함)

출처: [그림 5-1]과 동일

접적인 수출국만이 아니라 GVC 무역에 편입된 원자재 수출국, 조립·가공 공정 단계의 개도국에도 상당 부분 귀착될 것이다.

미국 등 주요 선진국의 입장에서 보면 GVC 무역은 내부에서 발생한 충격의 하방 압력을 일정 부분 외부로 돌리는 완충 역할을 하는 것으로 평가된다. 하지만 이는 거꾸로 말하면 선진국의 경기침체가 국제적으로 전파·확산한다는 것을 의미한다. 특히 GVC에 깊숙이 편입된 개도국의 입장에서는 거시경제의 변동성이 확대될 뿐만 아니라, 환율 정책 등을 통해 이에 대응하는 정책적 능력이 제약되는 큰 비용을 치러야 한다. 상호의존성의 확대가 초래하는 어두운 면이다.

GVC의 공급 충격: 특정 국가에 대한 과도한 의존

최근 들어서는 GVC의 공급 충격supply shock이 큰 관심사로 부각되었다. 2018년 미·중 간의 무역전쟁이 본격화되고, 2020년 코로나19 팬데믹 위기가 닥치고, 2022년 러시아-우크라이나 전쟁이 발발하는 등 글로벌 차원의 공급 충격이 연이어 발생했기 때문이다. 그 과정에서 미국이 중국의 이동통신장비업체인 화웨이를 상대로 첨단기술 부품의 수출 규제를 단행했다. 뿐만 아니라 감염병 대응에 필수적인 보건 장비와 의약품의 원재료 수출이 금지되고, 항구 봉쇄조치로 국제 해운 물류가 마비되고, 자동차용 범용 반도체의 공급 부족으로 전 세계 완성차업체의 가동이 중단됐다. 러시아가 천연가스 공급을 통제함으로써 유럽 전역에 에너지 대란이 벌어졌다. 이상의 사례에서도 보듯이, 공급 충격의 성격이 우발적 사고에서 점차 인위적 위험으로 바뀌었다. 그리고 최종재보다 GVC의 상류 쪽에 있는 중간재의 공급 차질이 더 큰 충격을 가져온다는 사실도 확인되었다. 중간재의 공급망 중 어느 하나의 사슬이라도 끊어지면, 가치사슬 전체의 생산활동에 심각한 차질이 빚어지는, 이른바 단일 실패점single point of failure 위험이 현실화한 것이다.

이러한 공급 충격은 생산물의 양에도 악영향을 미치지만, 가격에도 즉각 반영되어 2022년 이후 전 세계적 인플레이션의 원인이 되었다. [그림 5-6]은 미국과 유로 지역의 물가 상승률 추이를 살펴본 것인데, 2021년 중반 이후의 경기회복 과정에서 생산자물가PPI가 상상을 초월하는 수준으로 대폭 상승했음을 볼 수 있다. 소비자물가CPI가 40년 만의 역대급 상승률을 기록했다고 하지만, 생산자물가에 비하면 밋밋하게 보일 정도다. 중간재 PPI는 미국과 유로 지역에서 모두 20% 이상 상승했고, 에너지 PPI는 미국의 경우 50% 이상, 유로 지역의 경우에는 100%가 넘게 폭등했다. 원래 생산자물가의 움직임이 소비자물가보다 선행하고 그 변동성도 큰 것이 일반적이다. 하지만 수요 충격만으로는 이런 정도의 생산자물가 급등을 설명하기 어렵다. 수요 충격과 공급 충격이 복합된 팬데믹 위기의 회복 국면에서 나타난 특이한 양상이고, 이것이 정책적 대응에 큰 혼선을 낳았다는 점은 1장에서 언급한 바 있다.

자연재해나 감염병, 심지어 전쟁으로 인한 공급 충격도 단기적으로는 큰 고통을 안겨주지만 시간이 지나면서 점차 완화·해소되는 것이 일반적이다. 미국과 유럽의 중앙은행이 2021년 중반 이후의 경기회복 국면에서 이미 고개를 들기 시작한 인플레이션 징후에 대해 정책적 대응 타이밍을 놓치는 결정적 실수를 범한 이유도, 이번 공급 충격 역시 곧 진정될 일시적인 성질의 것으로 오판했기 때문이다.

물론 아세안 지역의 코로나19 백신 보급 지연, 중국의 제로 코로나 정책 지속, 그리고 러시아-우크라이나 전쟁 발발 등과 같은 우발적 요인으로 인해 공급 충격이 장기화한 측면도 있다. 하지만 공급망 단절의

그림 5-6 미국 및 유로지역의 물가상승률 추이(2019.1~2022.12월, 전년동월 대비)

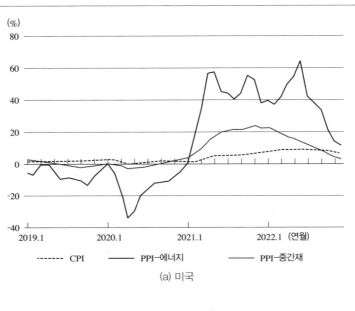

(a) 미국

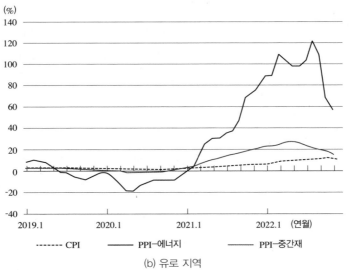

(b) 유로 지역

출처: OECD, https://stats.oecd.org

진정한 위험은 충격의 우발성에 있는 것이 아니다. 교역상대국의 전략적 결정에 의해서도 공급망 단절이 초래될 수 있다는 것이 그 본질이며, 공급망 충격이 국가안보에 대한 심각한 위협으로 받아들여진 이유가 여기에 있다. 1990년대 이래의 GVC 확산이 국가안보 차원의 위험을 심화시켰다.

이처럼 GVC의 공급 충격과 그 전파경로에 대한 분석의 필요성은 절실해졌으나, 관련 연구나 통계자료는 미흡한 실정이다. 특히 앞서 살펴본 GVC 참여도 지표로는 공급 충격의 정도와 전파경로를 제대로 파악할 수 없다는 지적이 제기되었다. GVC 참여도는 그 정의상 국경을 두 번 이상 통과하는 중간재 무역에 초점을 맞추기 때문에 수요 충격의 국제적 파급경로를 분석하는 데는 유용하다. 하지만 수입 중간재가 수출품의 생산에만 쓰이는 것이 아니라 국내에서 최종 사용되는 제품의 생산에도 투입된다는 지극히 상식적인 견지에서 보더라도 GVC 참여도는 공급 충격의 중요 부분을 빠뜨린 것이라 할 수 있다. 최근 OECD가 공개한 부가가치 기준 무역통계에는 공급 충격을 분석할 수 있는 다양한 지표가 포함되어 있는데, 이 중 몇 가지를 살펴봄으로써 1990년대 이래의 GVC 확산이 공급망 위험으로 발현되는 경로를 추적해 보기도 한다.

[그림 5-7]은 투입산출표 분석에서 사용하는 가장 기초적인 지표인 중간투입률 및 중간재 수입률 추이를 나타낸 것이다. 먼저 (a)를 보면, 주요국의 '중간투입률(=중간투입액/총산출액=100 – 부가가치율)' 수준에 상당한 차이가 있다는 사실을 확인할 수 있다. 중국과 한국의 중간투입률이 미국·일본·독일에 비해 상당히 높은 것은, 한편으로는 경제 전반의 생산성이 낮은 것을 반영하는 것이기도 하고, 다른 한편으로는 상대적으로 중간투입률이 높은 제조업이 큰 비중을 차지하는 산업구조의

그림 5-7 주요국의 중간재 투입구조 추이(전 산업 기준, 1995~2018년)

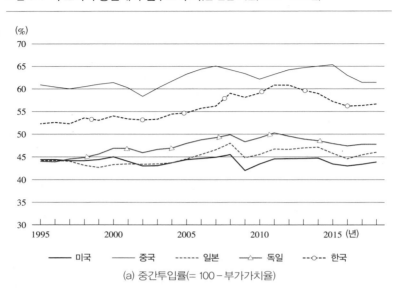

(a) 중간투입률(= 100 – 부가가치율)

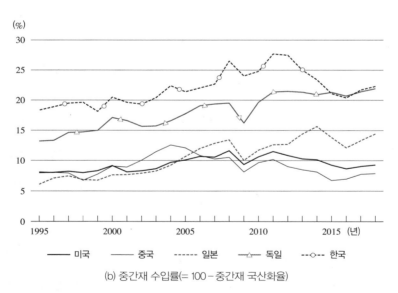

(b) 중간재 수입률(= 100 – 중간재 국산화율)

출처: [그림 5-1]과 동일

차이에 기인하는 것이기도 하다. 각국의 중간투입률은 대체로 2008년 위기를 전후하여 상승에서 하락 추세로 바뀌는 모습을 보이는데, 이는 GVC가 확산하다가 정체로 바뀌는 흐름과 맥을 같이 한다.

그런데 (b)에서 '중간재 수입률(=수입 중간재 투입액/중간투입액 =100 - 중간재 국산화율)'을 보면, 각국 간에 수준만이 아니라 추세에도 상당한 차이가 드러난다. 특히 일본(1995년 5.79%→2018년 14.27%)과 독일(13.12%→21.86%)의 경우 중간재 수입률이 계속 상승하는 추세를 보여 1995년 대비 2018년에는 2~3배 수준으로 높아졌다. 이 두 나라가 정밀 소재·부품 분야의 제조 강국으로 알려져 있음을 고려하면 의외의 흐름이라고 할 수 있다. 전통적인 기계·화학 공업 분야의 범용 중간재를 아세안이나 동유럽 등의 주변 국가로 아웃소싱한 영향이 크지만, 최근 첨단 디지털 분야에서도 미국·중국 등에 비해 뒤처진다는 우려의 목소리가 나오는 것과도 무관하지 않다. 한편 우리나라는 중간재 수입률이 상승하다가 2008년 위기 이후 하락 추세로 돌아섰지만, 독일과 함께 중간재 수입률이 가장 높은 나라다.

역시 가장 눈에 띄는 것은 중국이다. 주요국 중 제조업 비중이 가장 높고, 따라서 중간투입률 또한 가장 높은 나라임에도 불구하고, 중간재 수입률은 2000년대 중반부터 빠르게 하락하면서 2018년에는 주요국 대비 가장 낮은 수준을 기록하였다. 중국이 중위 기술의 중간재 분야에서 대거 수입 대체를 이룬 것은 물론 고위·첨단기술의 중간재로까지 그 범위를 넓혀가고 있음을 다시 한번 확인할 수 있다.

중간재 수입률이 높아졌다는 것은 해외에서 발생한 공급망 충격에 취약하다는 것을 의미한다. 나아가 중간재 수입선이 특정 국가에 편중되어 있다면, 경제는 물론이고 국가안보 측면의 위협이 된다. 최근 보호무역주의가 팽배하고 G2 패권경쟁이 격화되는 상황에서 공급망 단절의 위험이 부각되는 본질적인 이유도 특정 국가에 대한 과도한 의존 문제에 있다.

[표 5-4]는 각국의 중간재 수입선 분포(=특정 국가로부터의 중간재 수

표 5-4 주요국의 중간재 수입선 분포 추이 (1995~2018년) (단위 %)

	수입선	95	00	05	08	11	14	17	18
미국	중국	2.51	4.31	8.27	9.14	9.78	13.07	14.71	14.81
	일본	14.25	10.36	6.43	4.85	4.28	4.49	4.97	4.71
	독일	5.45	4.81	4.47	3.98	3.81	4.38	4.74	4.63
	한국	3.14	3.17	2.56	2.11	2.52	2.85	2.85	2.74
	대만	1.31	1.51	0.65	0.35	0.48	0.35	0.45	0.40
	아세안	6.42	5.08	3.97	3.47	4.00	4.22	5.59	5.59
중국	미국	10.84	10.52	8.24	8.44	7.48	9.14	9.23	8.05
	일본	21.57	18.42	15.58	14.67	10.16	8.70	8.45	7.74
	독일	4.51	4.23	4.53	5.45	4.67	5.35	5.17	4.80
	한국	8.74	9.61	12.09	10.53	10.43	10.80	11.37	10.99
	대만	2.09	3.41	5.35	4.61	3.40	4.25	4.24	3.65
	아세안	7.67	9.88	10.36	9.70	11.98	10.45	11.59	11.92
일본	미국	21.74	19.82	13.94	11.01	9.68	10.00	13.39	14.65
	중국	4.80	8.40	10.86	11.82	13.21	14.34	16.45	17.17
	독일	4.79	4.01	3.69	3.40	2.70	2.92	3.62	4.19
	한국	5.22	4.84	4.99	4.38	5.19	4.76	4.56	5.12
	대만	0.40	0.80	0.67	0.13	0.16	0.18	0.26	0.28
	아세안	13.97	13.67	12.82	13.51	14.27	13.56	14.85	12.91
독일	미국	7.27	8.96	7.00	6.24	5.96	6.16	7.44	7.31
	중국	1.08	1.72	3.10	4.07	4.59	5.06	5.78	5.98
	일본	4.56	4.27	2.91	2.49	2.14	1.77	2.01	1.95
	한국	0.92	0.86	1.25	1.24	1.07	0.82	0.93	0.95
	대만	0.46	0.51	0.23	0.17	0.19	0.15	0.22	0.20
	아세안	2.48	2.47	2.09	2.75	2.23	2.42	2.91	2.89
한국	미국	14.89	15.07	10.95	9.12	8.36	8.78	11.37	11.45
	중국	3.61	5.67	11.27	15.78	15.56	16.75	18.82	18.23
	일본	21.20	19.73	16.75	13.84	12.75	9.36	9.96	9.01
	독일	3.03	3.56	3.20	3.37	2.76	3.40	3.87	3.72
	대만	0.65	0.94	1.20	1.17	1.65	1.44	2.08	1.44
	아세안	10.84	9.53	9.46	9.19	10.33	10.12	10.59	10.27

출처: [그림 5-1]과 동일

입액/수입 중간재 투입액), 즉 수입 중간재를 주로 어떤 나라에 의존하는가를 나타낸 것이다. 그 결과를 한마디로 요약하면, 모든 나라에서 일본산 중간재에 대한 의존도가 급감하고, 그만큼 중국산 의존도가 높아졌다는 것이다. 미국의 경우 1995년에는 전체 수입 중간재의 14.25%가 일본산이고 중국산은 2.51%에 불과했지만, 2018년에는 각각 4.71%와 14.81%로 완전히 역전되었다. 비록 미국이 전체 중간재 투입액 중에서 수입 중간재 비중은 10% 정도에 그친다고는 하지만, 그 수입 중간재의 최대 수입선이 패권경쟁의 상대국인 중국으로 바뀌었다는 사실은 가볍게 지나치기 어려운 문제다. 일본의 경우에도 중국산 중간재 비중은 1995년 4.80%에서 2018년 17.17%로 급증하였다. EU 역내에서의 중간재 수입 비중이 높은 독일마저도 중국산 비중이 같은 기간 1.08%에서 5.98%로 늘어났다.

한편 우리나라는 일본산 중간재 비중이 21.20%에서 9.01%로 줄어들었다. 2019년 일본의 수출규제 사례에서 보듯이 핵심 소재·부품 분야에서는 여전히 많은 과제를 안고 있지만, 전반적으로는 중간재의 대일 의존도가 상당히 낮아졌다고 할 수 있다. 그 대신 중국산 중간재 비중이 3.61%에서 18.23%로 늘어남으로써, 중국은 무역총액에서만이 아니라 중간재 무역에서도 우리나라의 최대 수출시장이면서 동시에 최대 수입선이 되었다.

반면 중국의 경우, 중간재의 수입 대체를 통해 2000년대 중반 이후에는 중간재 수입률이 가장 낮은 나라가 되었다는 것은 앞서 언급하였다. 중간재 수입선도 특정 국가에 크게 의존하지 않고 비교적 골고루 분산된 모습을 보인다. 하지만 한국·일본·대만 등 주변 동아시아 국가로부터 수입하는 고위·첨단 중간재가 대부분 미국의 원천기술에 기반한 것이라는 사실이 최근 공급망 재편의 핵심 갈등 지점으로 떠올랐다. 다음 6장에서 자세히 살펴보겠지만, 반도체, 배터리, 바이오, 희귀광물 등 4차 산업혁명 및 기후변화 대응의 핵심 소재 · 부품 분야에서 미국이 중국을 견제하기 위한 공급망 재편 전략을 펼치면서 동아시아의 우호국들을 끌어들이는 이유가 여기에 있다. 이제 공급망 재편은 G2 패권경쟁의 최전선이나 다름없다.

다 함께 생각해봅시다

1. 세계화의 편익과 비용

세계화는 곧 상호의존성의 심화를 의미한다. 금융의 세계화는 자본의 효율적 배분이라는 큰 편익을 가져다주었지만, 그에 따른 상호의존성 심화는 반복되는 금융위기라는 형태로 막대한 비용을 청구하였다. 실물 경제활동의 세계화 효과가 집약된 GVC의 확산도 마찬가지이다. 이역시 중국을 비롯한 아시아 지역의 개도국에 빈곤을 탈출할 기회를 제공했지만, 수요 충격과 공급 충격의 확산을 통해 그 대가를 요구하고 있다. 특히 핵심 중간재의 공급 차질이 가져오는 충격은 G2 패권경쟁과 맞물려 그 파장이 더욱 커지고 있다. 이제 시작일 뿐이다. 1990년대 이래 GVC 확산 과정에서 가장 큰 수혜국 중 하나였던 한국이 이제는 그 상호의존성 심화의 비용을 지불할 때가 된 것일지도 모른다.

2. 동아시아 분업구조의 미래는?

누차 강조했듯이 '기러기 편대 모형'으로 요약되던 동아시아의 분업구조는 호랑이 담배 먹던 시절 이야기가 되었다. 소재·부품·장비 분야에서 일본에 대한 의존도가 낮아졌지만, 그만큼 중국에 대한 의존도가 높아졌다. 나아가 고위·첨단기술 분야에서 한·중·일·대만은 치열한 경쟁 및 대체 관계에 있다. 조립·가공 공정은 중국에서 아세안으로 대거 이동했지만, 아세안이 언제까지 한국산 중간재의 수입시장 역할을 할지는 의문이다. 동아시아의 분업구조는 어떻게 변할 것이며, 그 속에서 한국은 어디에 위치할 것인가? 분업구조 상의 위상 강화를 위해 기업과 정부는 어떤 역할을 담당해야 하는가? 우리 모두의 숙제다. 하지만 그 해결과정에서 다른 정책적 목표 또는 사회적 가치에 미치는 영향도 함께 고민해야만 한다. 우리가 풀어야 할 숙제는 하나가 아니고, 다양한 목표와 가치는 대개의 경우 충돌하기 때문이다.

6장

공급망 재편과
G2의
전략적 경쟁

'무역을 통한 평화'의 시절은 저물었는가?

"강력한 중앙정부를 통해 우리 모두의 이익을 위한 방향으로
미국의 잠재력과 자원을 활용한다면, 미국의 성장을 제약하려는
유럽의 질시를 물리칠 수 있을 것이다."
- 미국의 초대 재무장관, 알렉산더 해밀턴

최근 미국은 중국을 배제한 새로운 글로벌 공급망을 구축하기 위해
리쇼어링과 프렌드쇼어링friend-shoring 정책을 추진하고 있다. 20세
기 말 자유무역과 세계화 흐름을 주도했던 미국이 18세기 말 건국
초기에 보호주의와 고립주의를 주장했던 알렉산더 해밀턴의 시대
로 되돌아가려는 것일까? 그러면 우리는 어떻게 해야 하는가?

공급망 재편: 미국과 EU의 '경제 책략'

도요타를 비롯한 일본의 완성차 기업에서 유래한 적기공급 생산방식 just-in-time, JIT은 GVC 확산에 따라 글로벌 차원의 기업 경영전략이 되었다. 조립·가공 공정의 해외 이전으로 인건비 부담을 줄이는 것에 못지않게 원자재·소재·부품 등의 운송 및 재고 비용을 최소화하는 것이 기업의 경쟁력 제고에 필수적 요소가 되었기 때문이다.

그러나 동시에 위험도 커졌다. 특히 2011년 3월에 발생한 강도 9의 동일본 대지진과 동년 7월부터 4개월간 계속된 태국의 대홍수는 공급망 편중의 위험을 알린 계기가 되었다. 해당 지역은 기계부품과 전자부품의 글로벌 공급기지였기 때문이다. 비록 표준화된 범용 부품일지라도, 자연재해 등으로 공급에 차질이 발생하면 GVC 전체에 야기하는 충격은 엄청났다. 2020년 코로나19 팬데믹과 2022년 러시아-우크라이나 전쟁은 결정타가 되었다. 특정 지역·산업을 넘어 글로벌 차원에서 공급망 충격이 현실화한 것이다. 이에 기업들은 비용 효율성을 일정 정도 희생하더라도 공급망 다변화를 통해 외부 충격에 대한 복원력 resilience(또는 회복력)을 강화하는 경영전략, 즉 비상대응 생산방식just-in-case, JIC으로 전환하기 시작했다.

그러나 공급망 충격은 개별 기업의 경영전략으로 온전히 대응할 수 있는 차원의 문제가 아니다. 자연재해나 감염병, 또는 전쟁 등으로 인한 우발적 충격에 더하여 교역상대국의 전략적 결정이 상황을 더 악화시키거나 심지어 공급망 단절의 직접적 원인이 될 수도 있기 때문이다. 앞 장에서 살펴보았듯이, GVC 확산으로 인한 중간재의 대외의존 심화는 국가안보 또는 경제안보를 위협하는 문제로까지 부상했다. 그래서 최근 국제정치·외교학 분야에서는 '경제 책략economic statecraft'이 뜨거운 연구 주제로 떠올랐다. 한국의 일반인에게는 1880년 중국 외교관 황준헌이 쓴 『조선책략朝鮮策略』 정도로만 기억되는 단어가 21세기에는 모든 나라의 최우선 경제안보 전략을 지칭하는 개념이 된 것이다.

물론 모든 최종재와 중간재를 국산화하는 것은 바람직하지도 않고 가능하지도 않다. 자유무역이 제공하는 이익을 포기하는 것이며, 가격과 품질에서 큰 비용을 치를 수밖에 없기 때문이다. 하지만 적어도 경제 활동 전반에 걸쳐 중대한 영향을 미치는 핵심 품목의 공급망을 안정시키는 것은 모든 나라의 전략적 목표가 되었다. 그중에서도 에너지·핵심광물 등의 주요 원자재와 반도체·배터리 등의 첨단 부품은 만국 공통의 최우선 관심사다. 이들 품목은 세계 공급량이 소수의 특정 국가에 집중되어 있어서 생산의 내재화와 수입선 다변화가 쉽지 않고, 따라서 우발적 사고 내지 특정 국가의 전략적 결정에 휘둘릴 위험이 크기 때문이다. 이미 미국·EU 등 주요국 모두가 중국을 잠재적 위협국으로 상정하면서, 중국이 전략 자산화할 가능성이 큰 품목의 공급망 재편을 서두르고 있다. 최근 미국과 EU의 대응을 더 구체적으로 살펴보자.

① 미국 바이든 대통령의 행정명령

우선, 미국의 바이든 대통령은 취임 한 달여 만인 2021년 2월 발표한 행정명령(White House, "Executive Order 14017 on America's Supply Chains")을 통해 100일 이내에 4대 품목(반도체, 배터리, 핵심광물, 의약품)의 공급망 취약점을 분석한 보고서를 제출하고, 1년 내로 6대 산업(국방, 의약품, ICT, 에너지, 운송, 농산식품)의 공급망 개선 대책을 수립하여 보고할 것을 지시하였다.

이에 따라 동년 6월 관련 행정부처가 제출한 분석보고서(White House, "Building Resilient Supply Chains, Revitalizing American Manufacuring, and Fostering Broad-Based Growth, 100-Day Reviews under Executive Order 14017")를 보면, 공급망 재편의 주된 대상이 중국임을 여실히 드러내고 있다. 특히 중국은 공정무역의 한계를 넘어서는 산업정책적 지원조치를 통해 관련 산업을 육성한 데 비해, 미국은 비용효율성에만 집착한 나머지 중국을 비롯한 동아시아의 소수 국가에 아웃소싱을 집중한 것이 공급망 취약성을 초래한 주요 원인 중 하나라고 지적하였다. 4대 품목은 모두 단기적으로는 코로나19 팬데믹에 따른 보건위기 및 경제위기 대응에서, 중장기적으로는 4차 산업혁명 및 기후변화 대응에서 전략적 중요성을 가진다. 하지만 4대 품목의 공급망 사슬 중 상당 부문이 패권경쟁의 상대국인 중국에 과도하게 의존하는 것은 미국의 국가안보에 위협이 된다는 점을 강조하였다.

중국은 첨단 반도체의 업스트림인 설계 부문과 미드스트림인 제조

부문에서는 뒤떨어져 있지만, 저부가가치의 다운스트림인 ATP(조립·검사·패키징) 부문에서는 이미 상당한 비중을 차지하고 있다. 반도체와 태양광 패널의 기초 소재인 폴리실리콘은 전 세계 생산능력의 70%를 점하고 있으며, 무엇보다 중국은 세계 최대의 반도체 사용국가이자 전자제품 생산국가이기 때문에 미국 기업들이 매출의 상당 부분을 중국 시장에 의존하는 것도 중대한 위험 요소로 꼽았다.

동 보고서는 청정에너지 및 전기차 전환 과정에서 핵심적 역할을 하는 대용량 배터리의 경우 가치사슬 전반에 걸쳐 중국이 이미 압도적인 시장지배력을 갖추었음을 경고하였다. 특히 대표 상품인 리튬이온 배터리의 가치사슬에서 업스트림 부문(원자재 채굴)은 중국이 전 세계 공급망의 23%, 미드스트림 중 화학적 정제 부문은 80%, 또 다른 미드스트림인 캐소드·애노드 등 핵심 부품 부문은 66%, 다운스트림 부문(셀생산)은 73%를 장악하고 있다는 것이다. 또한 핵심광물 중 희토류의 경우 2020년 기준으로 중국이 전 세계 채굴의 55%, 정제의 85%를 점하고 있는 것으로 추정하였다.

마지막으로 코로나19 팬데믹 대응 과정에서 공급망의 취약점이 드러난 의약품과 그 원료의 경우 투명성 부족으로 미국의 수입의존도를 정확히 평가하기는 어렵지만, 중국과 인도가 공급망의 상당 부분을 통제하고 있는 것으로 평가했다. 특히 인도 생산 의약품의 경우 원료의 70% 정도를 중국에 의존한다는 점을 위험 요소로 지적했다.

2022년 10월에 미국 상무부는 상기 행정명령의 이행조치로서 4개 부문 2,409개 품목(핵심광물 부문 271개 품목, 에너지 부문 644개 품목, ICT 부문 387개 품목, 공중보건 1,107개 품목)으로 이루어진 핵심 교역품목 리스트 초안을 발표하고, 이해관계자의 의견을 수렴한 후 공급망 관리 전략을 수립할 계획임을 밝혔다. 김나율(2023)에 따르면, 미국의 전체 대중 수입 비중은 최근 하락 추세에 있지만, 이들 핵심 품목의 대중 수입 비중은 오히려 늘어난 것으로 나타났다. 특히 대중 수입의존도가 70% 이상인 핵심 품목이 156개(핵심광물 7개, 에너지 12개, ICT 30개, 공중보건 113개, 중복 포함)에 달해 안보 차원의 위험에 노출된 것으로 평가된다. 결국 미국의 공급망 재편 전략의 초점은 중국을 견제·배제하는 것에 맞추어졌고, 2022년 들어 급박하게 진행된 미국 의회의 입법 및 행정부의 조치는 이러한 전략적 목적을 실현하기 위한 것이라 할 수 있다.

② EU의 전례 없는 입법 동향

EU도 급박하게 움직이고 있다. EU집행위원회는 2020년 3월 발표한 신산업전략A New Industrial Strategy for Europe을 보완·발전시키기 위해 2021년 5월에는 주요 품목 및 기술의 대외 의존성을 분석하고 그 대책을 검토한 보고서("Strategic dependencies and capacities")를 발표하였다. 이 보고서는 5,000개가 넘는 세부 품목의 역외 무역 현황을 정량적으로 분석한 결과 137개 품목(EU 역외 무역 총액의 약 6%)의 생태계가 역외 국가에 전략적 의존성을 보였고, 그중에서도 34개 품목(역외 무역 총액의 0.6%)은 역내 생산이나 역외 수입선 다변화의 가능성이 매우 낮아 특히 취약한 것으로 평가하였다. 그리고 이들 품목의 절반 정도가 중국 수입품임을 강조하였다. 또한, 이 보고서는 디지털 및 재생에너지 등 미래 첨단기술 분야에서 드러난 EU의 취약점도 분석하였는데, 최근 EU 차원의 R&D 지원조치에도 불구하고 미국과 중국 등의 경쟁국에 전략적 의존성을 보이는 취약 분야가 적지 않음을 경고하였다.

이에 EU는 단일시장으로서의 응집력 강화를 대원칙으로 내세우면서도, 과거의 소극적 틀을 벗어난 과감한 대응책을 마련할 것임을 예고하였다. 경쟁국의 불공정무역 관행에 대해 통상정책적 대응을 강화하는 것은 물론, EU 차원의 보조금 지급을 핵심 수단으로 하는 다양한 산업정책적 조치를 통해 핵심광물과 첨단 소재·부품의 공급망을 재편하고, 디지털시장법 등의 새로운 경쟁정책을 통해 EU의 기술 생태계를 강화할 것임을 분명히 한 것이다. 최근 2년간 EU의 주요 입법 동향을 정리한 [표 6-1]에서 보는 바와 같이 이러한 방침은 빠르게 현실로 옮겨지고 있다. EU의 복잡한 입법 절차를 감안했을 때 중요한 법안들이 이렇게 빠른 속도로 처리되는 것은 전례 없는 일이다.

EU는 G2 패권경쟁 속에서도 전략적 자율성을 유지함으로써 디지털 전환과 녹색 전환의 쌍둥이 전환 과정에서 주도권을 발휘하겠다는 목표를 분명히 내세우고 있다. 이러한 전략적 목표를 달성하기 위해서는 핵심 품목과 첨단기술의 대외의존 문제를 극복하는 것이 필수적 전제조건으로 인식되었고, 2022년 러시아-우크라이나 전쟁으로 인한 에너지 위기를 계기로 EU의 공급망 재편 전략은 더욱 강화되었다.

표 6-1 최근 EU의 주요 입법 동향(2023.1월 기준)

분야	법제도화 현황 및 내용
경쟁정책 & 디지털 전환	□ 디지털시장법(DMA), 디지털서비스법(DSA) – 현황: '22.3월 EU 집행위·의회·이사회 3자 합의, '22.10월 관보 게재, 각각 '23.5월 및 '24년 상반기 시행 예정 – 내용: 글로벌 플랫폼 사업자의 독점·불공정거래 규제, 불법 콘텐츠 규제
	□ 역외보조금 규정(Regulation on Foreign Subsidies) – 현황: '22.7월 3자 합의, '23.1월 관보 게재, '23.7월 시행 – 내용: 역외보조금 수혜기업의 EU 경쟁 왜곡 방지, 기업결합·공공조달 규제
	□ AI법(Artificial Intelligence Act) – 현황: '21.4월 EU집행위 초안 발표, '22.12월 EU이사회 입장 채택 – 내용: AI 서비스 제공에 대한 일반적 규제 및 법적 틀 마련

	□ 데이터 거버넌스법(Data Governance Act), 데이터법(Data Act) − 현황: '21.11월 데이터 거버넌스법 3자 합의, '22.6월 관보 게재, '23.9월 시행 　　'22.2월 EU집행위 데이터법 초안 발표 − 내용: EU 역내 데이터 단일시장 형성 및 공공·민간 데이터 공유 활성화
기후변화 & ESG	□ 탄소국경조정제도(Carbon Border Adjustment Mechanism, CBAM) − 현황: '22.12월 3자 합의, '23년 상반기 중 최종안 승인 및 관보 게재 예정 − 내용: 탄소집약적 수입품에 EU ETS 가격 상당의 인증서 구매 의무 부과
	□ 자동차 CO2 배출 기준 강화(CO2 Emission Standard) − 현황: '22.11월 3자 협의, 2023년 상반기 중 발표 예상 − 내용: EU 내 신규판매 차량의 배출 기준 대폭 상향
	□ 공급망 실사 지침(Due Diligence Directive) − 현황: '22.2월 EU집행위 제안, '22.12월 EU이사회 입장 확정, 유럽의회 논의 　　중, 최종 확정 후 2년 내 회원국 법률 제·개정 예정 − 내용: 공급망 내 노동·환경 위험 실사 의무 부과
	□ 에코디자인 규정(Ecodesign Regulation) − 현황: '22.3월 EU집행위, 기존 지침을 규정으로 강화하는 개정안 제안 − 내용: 지속가능성 제고 위한 에너지 효율 및 재활용 기준 강화
공급망	□ 배터리 규정(Battery Regulation) − 현황: '23.1월 3자 합의, '24년부터 단계 시행 − 내용: 지속가능한 배터리 생태계 구축 위해 친환경성 의무 부과
	□ 반도체법(Chips Act) − 현황: '22.2월 EU집행위 법안 제안, '23.1월 EU이사회와 유럽의회 입장 　　채택, 3자 협의 중 − 내용: EU 역내 반도체 공급망 안정 위한 지원 강화
	□ 핵심원자재법(Critical Raw Material Act, CRMA) − 현황: '22.9월 EU집행위 도입 계획 발표, '23년 1분기 중 초안 발표 예정 − 내용: EU 역내 핵심원자재 공급 안정성 확보
	□ 탄소중립산업법(Net−Zero Industry Act) − 현황: '23.1월 EU집행위원회, EU 그린딜 산업계획의 일환으로 도입 제안 − 내용: 청정기술 산업에 대한 보조금 지급 등 지원 강화, 미국 IRA 대응

출처: 산업통상자원부(2023.2.2.), 보도자료 「EU 통상현안 컨트롤 타워 가동」과 기타 언론보도에
　　서 정리

핵심 품목의 공급망 현황 및 재편 전략

에너지 및 핵심광물: 글로벌 공급망의 안정성과 투명성 제고

주요 품목별로 공급망 편중 현황 및 재편 전략에 대해 구체적으로 살펴보고자 한다. [표 6-2]와 [표 6-3]은 에너지 및 핵심광물 자원의 공급 현황을 정리한 것인데, 대부분 품목에서 상위 3개국의 점유 비중이 40%~90%에 이를 정도로 집중도가 높은 것이 특징이다.

먼저 [표 6-2]에서 원유·천연가스·석탄 등 에너지 자원의 공급 현황을 보면 OPEC 회원국 이외에도 미국·러시아·중국 등 이른바 강대국의 에너지 생산 비중이 높으며, 특히 러시아가 에너지의 주요 수출국이라는 사실을 확인할 수 있다. 에너지가 지정학적 갈등의 배경이 된 것은 오래된 일이다. 하지만 최근에도 G2 갈등에서 파생된 중국의 호주산 석탄 수입 중단 및 그에 따른 2021년 겨울 중국의 전력난, 2022년 러시아-우크라이나 전쟁 발발로 인한 전 세계적 에너지 가격 폭등 및 유럽의 에너지 대란, 그 후속 대응 과정에서 원유 생산 확대 여부를 둘러싼 미국과 사우디아라비아 간의 갈등 등은 에너지를 전략 자산화한 주요국의 결정이 세계경제에 얼마나 큰 충격을 야기하는지를 생생하게 보여주었다. 기후변화 대응을 위해 화석연료의 사용을 줄이고 재생에너지로 전환하는 노력이 더디게 진행되고 있지만, 그 긴 과도기 동안 화석연료를 둘러싼 지정학적 위험은 반복·가중될 수밖에 없을 것이다.

EU는 에너지 공급의 절반 이상을 수입에 의존하고 있는데, 특히 러시아에 대한 의존도가 높다. 2021년 기준으로 EU의 에너지 수입처를 보면, 원유의 29%, 천연가스의 43%, 석탄의 54%가 러시아산일 정도다. 이는 경제는 물론 안보상의 위험에도 봉착했음을 의미한다. EU는 2022

표 6-2 주요 에너지 자원의 생산·수출 국가와 비중 현황 (2021년 기준) (단위:%)

	원유		천연가스		석탄	
	생산	수출(2018)*	생산	수출	생산	수출
1위	미국 14.6	사우디 15.7	미국 23.9	러시아 19.6	중국 51.1	인도네시아 31.4
2위	러시아 13.1	러시아 11.1	러시아 17.2	미국 14.7	인도 9.4	호주 26.5
3위	사우디 12.1	이라크 8.5	이란 6.1	카타르 9.7	인도네시아 7.6	러시아 17.2
4위	캐나다 5.8	캐나다 6.8	중국 5.2	노르웨이 8.6	미국 6.5	미국 5.6
5위	이라크 5.3	UAE 5.2	캐나다 4.5	호주 8.3	호주 5.8	남아공 4.8
6위	중국 5.2	이란 4.8	카타르 4.1	캐나다 6.2	러시아 5.4	콜롬비아 4.0
7위	이란 4.0	미국 4.4	호주 3.6	알제리 4.2	남아공 2.8	캐나다 2.3
8위	UAE 4.0	나이지리아 4.0	사우디 2.8	투르크메니스탄 3.4	독일 1.6	네덜란드 1.8
9위	브라질 3.8	쿠웨이트 3.9	노르웨이 2.8	네덜란드 3.0	폴란드 1.3	카자흐스탄 1.7
10위	쿠웨이트 3.3	카자흐 3.3	알제리 2.5	말레이시아 2.8	카자흐스탄 1.1	몽고 1.4
상위 3개국	39.8%	35.4%	47.2%	44.2%	68.1%	75.0%
상위 5개국	50.8%	47.4%	56.9%	61.0%	80.3%	85.4%

주: '원유 수출'은 2019년 이후 통계를 확인할 수 없음. 단, 미국의 경우 2018년 2,048.1Mb/d에서 2020년 3,175.3Mb/d로 대폭 증가하였는데, 이는 2018년 4위였던 캐나다의 2020년 실적(3,017.0Mb/d)을 추월한 것임.

출처: EIA, https://www.eia.gov/international/data/world

년 10월에 장기 에너지 계획인 'REPowerEU'를 최종 채택하였다. 재생에너지 확충 및 수입선 다변화 등을 통해 2027년까지 러시아산 화석연료 의존을 완전히 벗어나는 것을 목표로 설정하였다.

[표 6-3]에서 보는 바와 같이 주요 광물 자원의 집중도는 더욱 심각한 상황이다. 기초 소재의 경량화 및 정밀화를 위해 필요한 알루미늄과 구리 등의 전통적인 비철금속은 물론이고, 디지털 전환 및 녹색 전환 분야에서 그 사용량이 폭증하고 있는 일부 광물 자원의 경우에는 한두 나라가 세계 채굴량의 절반 이상을 차지하는 예가 적지 않다.*

채굴된 원광석을 1차 처리·가공하는 공정의 상당 부분이 중국에서

표 6-3 주요 광물 자원의 생산 국가와 그 비중 현황(2021년 기준) (단위:%)

	알루미늄		구리		리튬		니켈	
1위	중국	57.6	칠레	26.5	호주	51.7	인도네시아	38.1
2위	인도	5.9	페루	10.8	칠레	24.4	필리핀	14.2
3위	러시아	5.4	중국	9.0	중국	13.1	러시아	7.5
4위	캐나다	4.7	콩고	8.2	아르헨티나	5.6	뉴칼레도니아	6.8
5위	UAE	3.8	미국	5.8	브라질	1.6	호주	5.5
6위	호주	2.3	러시아	4.4	포르투갈	0.8	캐나다	4.9
7위	바레인	2.3	잠비아	4.0	짐바브웨	0.7	중국	4.0
8위	노르웨이	2.1	호주	3.8			브라질	2.8
9위	미국	1.3	멕시코	3.5			미국	0.7
10위	아이슬란드	1.1	인도네시아	3.4				
상위 3개국	68.9%		46.4%		91.2%		59.8%	
상위 5개국	77.3%		60.4%		98.4%		72.1%	

	코발트		흑연		희토류		팔라듐	
1위	콩고	72.1	중국	72.6	중국	57.9	남아공	40.2
2위	러시아	4.8	브라질	7.3	미국	14.5	러시아	39.4
3위	호주	3.2	모잠비크	6.4	미얀마	12.1	캐나다	7.0
4위	캐나다	2.6	마다가스카르	6.2	호주	8.3	미국	6.4
5위	쿠바	2.4	러시아	1.3	태국	2.8	짐바브웨	5.8
6위	필리핀	2.2	캐나다	1.1	마다가스카르	2.3		
7위	파푸아뉴기니	1.8	우크라이나	0.9	인도	1.0		
8위	마다가스카르	1.7	북한	0.7	러시아	0.9		
9위	인도네시아	1.6	인도	0.6	브라질	0.2		
10위	모로코	1.4	노르웨이	0.6	베트남	0.1		
상위 3개국	80.2%		86.2%		84.5%		86.6%	
상위 5개국	85.2%		93.7%		95.6%		98.8%	

출처: USGS(2023.1), "Mineral Commodity Summaries 2023"에서 정리

- 반도체 제조 과정 중 필수 소재로 사용되는 희귀 가스인 네온은 전 세계 생산량의 70%가 우크라이나에서, 또 다른 필수 소재 희귀 가스인 크립톤은 전 세계 생산량의 80%가 러시아와 우크라이나에서 생산된다.

이루어진다는 점도 이들 핵심광물 자원의 편중 문제를 심화시키는 요인으로 작용한다. 중국은 일찍부터 핵심광물의 주요 매장지인 아프리카 국가들을 상대로 적극적인 자원외교를 펼친 반면, 서방 선진국들은 광물의 채굴·처리 과정에서 온실가스 배출 등 심각한 환경오염 문제가 발생하기 때문에 이를 기피했다.

핵심광물 자원은 스마트폰, 컴퓨터, 전기차, 태양전지 패널 등 첨단 산업 분야는 물론, 이를 응용한 국방 분야에서 필수 소재로 사용된다(이하 박가현 외, 2022 참조). 게다가 시간이 지날수록 그 필요성은 점점 더 커지고 있다. 1980년대에는 반도체 칩을 생산하는 데 약 12종류의 광물이 사용되었지만, 최근에는 60종이 넘는 광물이 필요하다. 또한 재생에너지 생산에는 전통 화석연료에 비해 2~3배의 광물이 소요된다. 전기차 한 대를 생산하는 데 평균 207Kg의 광물이 필요하며, 이는 내연기관차의 6배에 달하는 양이다.

이러한 전략적 중요성에 비추어볼 때, 핵심광물 자원의 공급이 소수 국가에 집중되어 있다는 사실은 자연스럽게 국가 차원의 위협으로 인식된다. 이에 주요국들은 핵심광물을 지정하고 그 공급망을 안정화하기 위한 전략을 적극 추진하고 있다.

미국은 2018년에 35개 핵심광물을 지정하였고, 2022년에는 15개의 광물을 추가 지정하였다. 특히 바이든 대통령은 2021년 2월에 발표한 4대 품목 관련 행정명령의 일환으로 핵심광물 및 원자재의 공급망 점검을 지시하였다. 이에 따른 후속 조치로서 국내적으로는 국방물자생산법DPA에 근거한 재정지원 프로그램을 통한 핵심광물의 국내 생산 촉진, 국방 비축 프로그램의 현대화, 기술 개발과 숙련인력 양성 지원, 미국 기술의 국제표준화 등의 정책과제를 추진하고 있다. 또한 그 과정에서 높은 수준의 ESG 기준을 충족하는 지속가능한 국내 공급망 확보를 강조하였다. 대외적으로는 동맹국과의 파트너십을 강화하고 ESG 기준에 부합하는 투명한 글로벌 공급망을 구축하기 위한 작업도 진행하였는데, 2022년 6월에는 미국 주도하에 한국을 포함한 다수의 동맹국이 참여한 '핵심광물 안보 파트너십Minerals Security Partnership, MSP'이 공식 출범하였다. 그 주된 대상이 중국임은 두말할 필요도 없다.

EU는 2011년부터 3년 주기로 핵심광물을 지정하고 있는데, 2020년에는 총 30개 광물을 지정하였다. EU는 2020년 9월 '핵심 원자재 복원력 계획Critical Raw Materials Resilience'을 발표하고, 그 일환으로 '유럽 원자재 동맹European Raw Materials Alliance'을 출범시켰다. 이에 따라 핵심광물의 역내 생산·가공 역량을 강화하고 재활용과 대체재 개발을 지원하는 정책을 시행하는 동시에, 수입선 다변화를 통해 공급망을 안정시키는 방향으로 노력을 기울여 왔다.

그렇지만 중국·러시아와는 경제협력 관계를 유지하려는 EU 기본 전략에 따라 이들 나라에 대한 수입의존도는 줄지 않았다. 하지만 최근 러시아–우크라이나 전쟁 등 지정학적 위험이 고조되면서 EU집행위원회는 물론 영국·독일·프랑스 등 개별 회원국 차원에서도 미국 주도의 핵심광물 안보 파트너십에 적극 참여하는 쪽으로 전략을 수정하였다. 그리고 마침내 2022년 9월에는 이상의 조치를 총망라하는 법적 기반으로서 '핵심원자재법Critical Raw Material Act, CRMA' 도입 계획을 발표하였다.

광물 부존자원이 취약한 일본도 2000년대 중반부터 안정적인 공급망 구축을 위해 해외자원 확보에 적극적으로 나섰다. 2020년 '신국제자원전략'을 발표하면서 주요 광물별로 공급망의 각 부문에 대한 종합대책을 수립하여 국내비축과 국제협력을 병행하는 전략을 추진하고 있다. 그리고 2022년 5월 제정된 경제안전보장추진법에 따라 동년 12월에는 11개 중요물자를 지정하였는데, 그중에는 디지털 전환과 탄소중립 실현을 위한 핵심 원자재로서 희토류 등의 중요 광물과 영구자석도 포함되었다.

한편 자원 부국들도 전략적인 움직임을 보였다. 풍부한 부존자원을 가진 호주는 2019년 24개의 핵심광물을 지정하였고, 2022년에 2개를 추가 지정하였다. 2021년 6월 호주는 ESG 선진국이라는 강점을 앞세워 핵심광물 및 가공소재의 신뢰할 수 있는 글로벌 공급처로 발전한다는 내용의 '호주의 글로벌 자원 전략Australia's Global Resources Strategy'을 발표하기도 했다.

또 다른 자원 부국인 인도네시아는 원광석 위주의 수출구조를 탈피하기 위해 2009년 '신광업법'을 제정함으로써 광산 활동의 정부 허가제 도입, 수출 전 가공단계 의무화, 국내시장 공급 의무화 등의 조치를 취하였다. 2020년에는 동법 개정을 통해 외국인투자자 지분율 상한을 49%로 대폭 낮추었다. 이러한 조건을 충족하지 못한 사업자에게는 수출 제한 등의 제재를 부과함으로써 때때로 글로벌 공급망에 충격을 주기도 했는데, 2020년에는 원광석 형태의 니켈 수출을 금지했고, 2022년에는 국내 공급 부족 상황에 직면한 석탄의 수출을 한 달간 중단하였다. 최근에는 2023년 중에 보크사이트와 구리의 원광석 수출을 전면 중단한다는 계획을 발표했다.

반도체 전쟁: 중국의 유일한 급소?
글로벌 공급망 재편 전략은 반도체와 배터리 분야에서 절정을 이루고 있다. 반도체와 배터리는 4차 산업혁명 및 기후변화 대응에 필수불

가결한 첨단 부품이지만, 미국과 EU 등 기존 선진국의 경쟁력에 균열이 발생하면서 한국·대만·일본 등 동아시아로 글로벌 공급기지의 중심이 이동하였고, 중국이 전략적으로 도전하고 있는 분야이기도 하다. 한마디로 미래의 세계 산업지도를 바꿀 수 있는 핵심 분야로 부상하였다.

먼저 반도체의 가치사슬은 설계자동화EDA를 포함한 설계 공정, 웨이퍼를 만들고 그 표면에 회로 패턴을 새기는 제조 공정, 그리고 완성된 칩의 조립·테스트·패키징ATP을 통해 최종 제품을 만드는 후공정으로 나눌 수 있다. 그 외 장비와 소재 부문도 중요한 비중을 차지한다. [표 6-4]에서 보는 바와 같이, 반도체는 각 공정별로 특정 국가·지역에 집중된 고도의 글로벌 분업체계를 형성한 것이 특징이다. 설계 공정에서는 설계만을 전문적으로 수행하는 팹리스fabless 업체들의 압도적인 경쟁력에 힘입은 미국이 주도하고 있다. 하지만 웨이퍼 가공을 비롯한 제조 공정의 중심은 대만과 한국 등 동아시아 지역으로 이동하였다. 노동집약적인 후공정인 ATP도 중국·대만·아세안 등에 집중됐다. 장비 부

표 6-4 반도체 가치사슬별 부가가치의 국가별 점유율 현황(2021년 기준) (단위: %)

		미국	유럽	일본	한국	대만	중국	기타
종계		35	10	13	16	10	11	5
EDA & 핵심지재권		72	20				3	
설계	로직	67	8	4	4	9	6	3
	메모리	28		8	58	4		
	DAO	37	18	21	6	4	9	6
	(소계)	(49)	(8)	(9)	(20)	(6)	(5)	(3)
웨이퍼 가공		11	9	16	17	19	21	7
ATP		5	4	6	9	19	38	19
장비		42	21	27	3			5
소재		10	6	14	17	23	19	12

주: DAO는 광개별소자·아날로그 반도체를 의미
출처: SIA(2022.11)에서 정리

문에서는 미국과 일본이 확고한 우위를 점하고 있으며, 그 외 네덜란드
의 ASML이 최첨단 극자외선EUV 노광장비 생산을 독점하는 등 대체불
가의 경쟁력을 갖고 있다. 중국은 반도체의 가치사슬 전 분야에 걸쳐 집
중적인 육성정책을 폈으나, 첨단 영역에서의 경쟁력은 여전히 미흡한
상황이다.

반도체 산업의 글로벌 분업체계는 효율성을 높여주었지만, 상호의
존의 위험 또한 극대화되었다. [그림 6-1]에서 보는 것처럼 반도체의 제
조 공정이 미국·유럽·일본에서 한국·대만·중국으로 대거 이동함으
로써 공급망 단절의 위험은 단순한 기우에 그치지 않게 되었다. 2021년
일본 반도체기업 르네사스의 화재 사고 및 말레이시아의 코로나19 확
산에 따라 자동차용 범용 반도체의 생산에 차질이 빚어짐으로써 전 세
계 자동차산업에 엄청난 충격을 가져온 것이 단적인 예다. 나아가 첨단
시스템 반도체의 파운드리 생산에서 TSMC를 비롯한 대만 기업들이 압

그림 6-1 각국별 반도체 생산 점유율 변화 추이

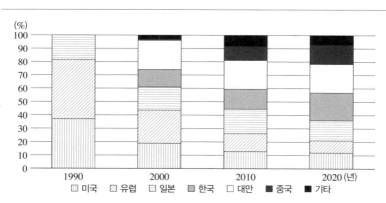

출처: Boston Consulting Group, Semiconductor Industry Association; 정예지·윤인구(2023.1.26.)
에서 재인용·정리

도적 우위를 점한 것이 오히려 지정학적 위험으로 발전하였다. 팹리스 업체들이 첨단 반도체 제조를 TSMC에 의존하는 것은, 한편으로는 중국-대만의 지정학적 갈등 속에서 대만의 안보를 지켜주는 무기, 즉 실리콘 방패silicon shield 역할을 한다. 하지만 다른 한편으로는 미국·유럽·일본 등이 첨단 반도체의 자체 생산능력 부흥reshoring을 추구하면서 대외적으로는 중국을 배제하는 반도체 동맹friend-shoring의 결성을 촉발하는 배경이 되었다.

한편, 중국은 2014년에 메모리 반도체 시장 진출과 시스템 반도체 파운드리 공정 기술 개발을 목표로 200억 달러 규모의 '국가 집적회로 산업 투자기금'을 설립함으로써 반도체 산업 진흥에 시동을 걸었다. 그리고 2015년에 발표한 '중국제조 2025'에서는 2045년까지 10대 핵심 산업의 제조강국 지위 확립을 위해 총 3,000억 달러 규모의 지원정책을 수립하였는데, 그중 반도체 분야에서는 2015년 기준 15% 수준의 반도체 자급률을 2020년 40%, 2030년 70%까지 끌어올린다는 야심 찬 목표를 내걸었다. 2021년부터 시작된 '제14차 5개년 규획'에서도 반도체를 중점 과학기술 분야로 지정하고, 지원정책을 더욱 강화하였다. 하지만 반도체 굴기의 꿈은 아직 갈 길이 멀어 보인다. 2020년 중국의 실제 반도체 자급률은 15.7%에 불과하여 목표치를 크게 밑돌았고, 최근 미국의 중국 견제·배제 압력이 더 강화되면서 2030년 목표의 달성도 사실상 어렵게 되었다. 그렇지만 중국의 도전은 미국을 비롯한 주요 국가로 하여금 반도체를 더는 시장경쟁의 대상으로만 보지 않고 국가경쟁력 또는 국가안보 차원에서 접근하도록 하는 결정적 계기가 되었다.

미국의 반도체 부흥 전략은 2022년 '반도체 및 과학 법CHIPS and Science Act'의 제정으로 시동을 걸었다. 동법은 반도체 산업과 과학연구

분야에 향후 5년간 총 2,800억 달러 규모의 산업정책적 지원 내용을 담고 있는데, 그중에서 반도체 분야는 제조, R&D, 국방, 보안·통신, 직업훈련 등에 대한 527억 달러의 직접적 투자계획과 함께 반도체 제조장비 구매 및 시설투자에 대한 25% 세액공제로 240억 달러의 세제지원까지 포함하였다. 그 결과 제조 공정을 축소하면서 설계 공정에 치중하던 미국의 종합반도체회사IDM들이 전략을 수정하여 첨단 반도체 개발계획을 발표하고, TSMC·삼성전자·SK하이닉스 등 주요 외국회사들이 앞다투어 미국 내 공장 건설 계획을 발표하기에 이르렀다. 중국 등 경쟁국들의 반도체 산업 보조금 규모에 비하면 여전히 미흡하다는 불만의 목소리도 있지만, 미국이 첨단 반도체의 내재화 의지를 천명한 것에는 의문의 여지가 없다.

그런데 '반도체 및 과학 법'은 최종 내용에 못지않게 입법 과정에도 주목할 필요가 있다. 반도체 분야에 520억 달러를 지원하는 반도체 지원법CHIPS for America Act 초안은 이미 2019년에 발의되었고, 그 내용에는 민주당과 공화당 간에 공감대가 형성되었다. 그 결과 이 법안은 2021년 6월 미국 의회의 상원을 통과한 패키지 법안인 '미국혁신경쟁법US Innovation and Competition Act, USICA'과 2022년 2월 하원을 통과한 패키지 법안인 '미국경쟁법America COMPETES Act'에도 그대로 포함되었다. 다만, 노동 및 환경 등의 쟁점 부분에서 양당 간 이견이 해소되지 않아 법안 처리가 계속 지연되었는데, 그 와중에도 반도체 산업에 대한 예산 지원 근거는 2021년 국방수권법NDAA에 포함하여 통과되었고, 상원은 2021년 6월 반도체 제조장비 및 시설투자에 대한 25% 세액공제 법안FABS까지 발의하였다. 그러던 2022년 7월, 두 패키지 법안에 대한 상·하원의 통합 심의 과정에서 이미 공감대가 형성된 반도체 및 과학연구 관련 부분만 먼저 통과시킨 것이 '반도체 및 과학 법'인 것이다. 그만큼 이들 두 핵심 분야의 지원 필요성에 대해서는 초당적 합의가 확고하게 형성되었다고 할 수 있다.

특히 상원의 패키지 법안인 '미국혁신경쟁법'은 일명 중국견제법 China Bill이라고 불릴 정도로 다양한 측면에서 중국을 압박하는 내용을 담고 있었고*, 하원의 패키지 법안인 '미국경쟁법' 또한 크게 다르지 않았다. 이는 '반도체 및 과학 법'이 미국 내의 반도체 생산능력을 강화하는 산업정책적 수단으로서만 아니라, 중국을 배제한 반도체 동맹을 형성하는 통상·외교정책의 동력으로도 작용할 것임을 명백히 보여준다. 미국의 설계 부문, 한국과 대만의 제조 부문, 일본의 장비·소재 부문의 경쟁력을 묶어 중국을 배제한 새로운 반도체 공급망을 구축하고자 하는 바이든 행정부의 칩4Chip4 구상도 그 연장선에 있다.

다른 나라의 움직임도 분주하다. 세계 반도체 사용량의 20%를 차지하면서도 생산은 10%에 미치지 못하는 EU는 역내의 첨단 반도체 설계·제조 역량을 강화하는 데 초점을 맞추고 있다. 2021년 3월 발표한 '2030년 디지털 목표2030 Digital Compass'에서는 2030년까지 EU의 반도체 생산 비중을 20%까지 끌어올린다는 목표를 제시하였고, 2022년 2월에는 'EU 반도체법European Chips Act'을 발의하면서 430억 유로의 펀드 조성을 통해 첨단 반도체의 R&D 및 생산 분야에서 EU의 리더십을 강화하는 계획을 세웠다.

*

---

* 2021년 6월 미국 의회의 상원을 통과한 '미국혁신경쟁법USICA'은 중국 견제를 위해 2020년 이후 발의된 법안들을 모은 패키지 법안이다. 반도체와 이동통신 분야 지원, 과학기술 연구 역량 강화, 중국과의 전략적 경쟁, 미국 내 제조역량 강화, 국가안보 관련 중국 제재 및 수출통제, 교육 등의 기타 사항을 담은 6개의 장으로 구성되어 있다.

한편 일본은 1986년부터 1996년까지 지속된 1, 2차 미·일 반도체 협정에 따라 반도체 산업정책의 자율성이 제약되었고, 2000년대 초반 세계 반도체 시장의 치킨게임에서 일본 기업들이 패퇴하며 경쟁력이 크게 후퇴하였다. 그 결과 한때 세계 첨단을 달리던 일본 내의 반도체 제조시설은 현재 30나노 이상의 범용제품 생산 공장만 남아 있을 정도로 취약한 상태다. 이에 경제산업성은 2021년 6월 '반도체 전략'을 발표하면서 첨단 반도체의 양산체제 구축, 차세대 반도체의 설계 능력 강화, 국내 반도체 제조기반의 재생 등의 목표를 내세웠다. 그 일환으로 대만 TSMC의 일본 내 투자를 유치했고, 반도체·배터리 등을 포함한 필수 공급망에 재정지원을 하는 '경제안전보장추진법'을 제정하였다. 바야흐로 반도체는 공급망 재편의 최대 격전지로 떠올랐다.

배터리 전쟁: 중국 자동차가 내수시장을 넘어 수출산업으로

배터리도 반도체에 못지않다. 디지털 전환과 녹색 전환으로 요약되는 미래의 흐름에서 화석연료를 배제한 재생에너지 중심의 전동화電動化는 필수적인 요소이며, 그 한가운데에 배터리가 있기 때문이다. 배터리는 용도에 따라 스마트폰 등의 휴대용 IT 기기에 사용되는 소형 배터리, 전기차 등 새로운 운송 수단의 동력원이 되는 중형 배터리, 태양광·풍력 등 재생에너지의 저장장치ESS로 쓰이는 대형 배터리로 나누어지며, 그중에서 운송 부문의 비중이 가장 높다.

배터리의 공급망은 원자재 채굴 및 처리→소재 가공→부품 제조→셀·모듈·팩 조립 등의 단계로 구성되는데, 특히 소재가 매우 중요하다. 재료비가 배터리 전체 원가의 50% 이상을 차지하고, 그중에서도 양극재·음극재·분리막·전해질 등 이른바 4대 핵심 소재가 75%를 차지한다. 아울러 소재의 종류와 배합 비율에 따라 배터리의 핵심 성능인 에너지 밀도, 안전성, 충·방전 속도 등이 좌우된다. 나아가 완성차업체 등 최종수요처의 주문 사양에 따른 맞춤형 배터리를 적기에 대량 공급하는 능력이 중요하기 때문에 대규모 생산설비 투자가 요구된다. 이러한 특성으로 인해, 각 공정별로 전문화한 글로벌 분업체계를 형성한 반도체 산업과는 달리, 배터리 산업은 주요 제조기업을 중심으로 수직계열화된 지역적 생태계를 형성한 것이 특징이다.

이것이 중국·한국·일본 등 동아시아 3국이 전 세계 배터리 생산의 대부분을 차지하는 배경이 되었다. [표 6-5]에서 보듯이, 상위 10대 업체에 드는 한·중·일 3국의 배터리 업체가 글로벌 판매량의 80~90%를, 중국의 내수시장을 제외하면 약 99%의 비중을 차지한다.

표 6-5 주요 제조사별 전기차 배터리 탑재량 및 점유율 추이 (단위: GWh, %)

(a) 글로벌 시장 기준

	2018년	2019년	2020년	2021년	2022년
총계	100.0 (100.0)	116.7 (100.0)	146.8 (100.0)	301.5 (100.0)	517.9 (100.0)
한중일 소계	80.1 (80.1)	101.3 (86.9)	134.2 (91.5)	273.3 (90.6)	473.2 (91.4)
중국	41.4 (41.4)	48.7 (41.8)	52.4 (35.7)	145.8 (48.4)	312.7 (60.4)
한국	11.8 (11.8)	18.4 (15.8)	50.9 (34.7)	91.2 (30.2)	122.5 (23.6)
일본	26.9 (26.9)	34.2 (29.3)	30.9 (21.1)	36.3 (12.0)	38.0 (7.3)

(b) 중국 시장 제외 기준

	2018년	2019년	2020년	2021년	2022년
총계	37.3 (100.0)	52.0 (100.0)	82.6 (100.0)	147.8 (100.0)	219.3 (100.0)
한중일 소계	36.9 (98.8)	51.3 (98.6)	81.8 (99.1)	146.4 (99.0)	214.6 (97.9)
중국	0.3 (0.9)	0.7 (1.2)	6.3 (7.6)	20.5 (13.9)	58.1 (26.5)
한국	10.8 (29.0)	18.7 (36.0)	43.3 (52.5)	83.5 (56.5)	117.0 (53.4)
일본	25.8 (68.9)	31.9 (61.4)	32.2 (39.0)	42.4 (28.6)	39.5 (18.0)

주: 각 연도의 상위 10대 업체만을 대상으로 소속 국가를 분류한 것임
출처: SNE Research, 각 언론보도에서 재정리

2018~2022년의 비교적 짧은 기간에도 상위 10대 업체의 생산 규모와 비중이 크게 변동했다. 처음에는 일본 업체들이 선발주자로 나섰으나 뒤이어 한국 업체들이 추격하였고, 최근에는 중국 업체들이 가격경쟁력과 생산능력의 측면에서 모두 두각을 나타냈다. 특히 주로 내수시장에서 활동하던 중국의 배터리 업체들이 최근 해외시장 점유율도 빠르게 늘리면서 한국 업체들을 압박하고 있다.

중국의 배터리 업체들이 놀라운 성공을 거둔 요인은 무엇일까? 무엇보다 중국이 배터리 공급망의 전 영역을 내재화한 사실상 유일한 나라이기 때문이다. 중국은 배터리 생산에 필요한 광물자원의 채굴·처리 부문에서 압도적인 점유율을 기록하고 있다. 특히 리튬이온 배터리의 4대 핵심 소재 모두에서 50% 이상의 글로벌 시장 점유율을 기록하고 있는데, 이는 중국산 배터리가 가격경쟁력의 우위를 확보할 수 있는 원천이 된다.

중국 정부의 산업정책적 지원도 중요한 역할을 하였다. 중국의 공업정보화부는 2015년 '자동차 동력 배터리산업 규범화 조건'을 발표함으로써 배터리 소재 및 제조 기업의 생산능력 확충을 지원하는 정책을 시행하였고, 2019년 '리튬이온 배터리산업 규범화 조건'을 발표하면서부터는 자동화·정보화 등 경쟁력 강화 쪽으로 발전하였다.

나아가 중국 정부는 배터리의 전방산업인 신에너지차(전기차) 부문에 대한 대대적인 육성정책을 시행하였는데, 2012년 '에너지 절약 및 신에너지 자동차산업 발전계획'을 필두로 2015년 '중국제조 2025', 2017년 '자동차산업 중장기계획', 2020년 '신에너지차 산업발전계획' 등으로 이어졌다. 전기차 육성정책은 그 자체로도 방대한 배터리 내수시장을 창출하는 것이지만, 사실상 중국산 배터리를 탑재한 전기차에만 구매 보조금을 지급하는 보호조치까지 더해지면서 독점적 시장을 제공하였다.

그 결과 배터리산업은 물론이고 중국의 자동차산업에도 놀랄 만한 변화가 나타나기 시작했다. 중국은 2009년 이래 세계 최대의 자동차 생산국 지위에 올라섰고, 2010년대 후반 이후에는 연간 2,500만 대를 넘겨 전 세계 생산량의 30% 이상을 차지하고 있지만, 수출은 생산량의 3~4%에 불과할 정도로 해외시장에서의 브랜드 인지도나 품질 평가에서는 문제가 많았다. 그런데 연간 100여만 대 수준에 머물던 중국의 자동차 수출이 2021년에는 200만 대를 넘어 한국을 추월했다. 전기차 중심으로 수출 차종이 업그레이드되면서 유럽 지역으로 수출시장이 다변화된 것이 주효했다.

또한 반도체에서부터 배터리와 완성차 제조까지를 수직통합한 중국의 BYD가 2022년 중에 순수전기차BEV와 플러그인 하이브리드 전기차PHEV를 합친 전체 전기차 판매량에서 테슬라를 제치고 세계 1위에 올랐다. 순수전기차에 한정하더라도 테슬라에 근접한 것이 업계의 뜨거운 뉴스가 되기도 했다. 내연기관 위주의 기존 자동차산업 구조에서라면 상상하기 어려운 일이다. 기후변화 대응을 위한 친환경차로의 전환, 그리고 디지털 기술을 적용한 자율주행차의 발전은 자동차산업의 개념이 완전히 바뀌고 있다. 과거의 기계공업적 한계를 벗어난 미래의 자동차산업에서는 사실상 모든 나라가 동일한 출발선상에 있다. 어떤 의미에서는 중국이 가장 앞선 나라 중의 하나일지 모른다.

자동차산업은 강력한 전후방 연관효과를 가진 산업이다. 미국·일본·독일 등 전통적인 자동차 강국에서는 경제 전체의 부가가치와 고용에서 가장 중요한 비중을 차지하는 산업이기 때문이다. 당연히 전기차 부문에서의 경쟁우위를 선점하기 위한, 그리고 최근 급부상하는 중국을 견제하기 위한 각국 정부의 산업정책적 관심이 집중되었다.

우선 2022년 8월 전격적으로 미국 의회를 통과한 '인플레이션 감축법IRA'이 전 세계에 충격을 주었다. 여기서도 그 입법 과정을 살펴볼 필요가 있다. 미국 바이든 대통령은 취임 직후 자신의 대선 공약인 '더 나은 재건Build Back Better'을 실현하기 위해 세 개의 플랜Plan을 제시했다. 코로나19 대응을 위해 재난지원금을 지급하고 실업급여를 확대하는 1조 9,000억 달러 규모의 미국구제계획American Rescue Plan, 교통·주택·에너지 등의 전통 인프라를 확충하고 재생에너지 등 기후변화 대응을 강화하면서 이를 통해 대규모 고용을 창출하는 2조 3,000억 달러 규모의 미국일자리계획American Jobs Plan, 그리고 교육·보육·의료·유급휴가 등 사회보장체계를 강화하는 1조 8,000억 달러 규모의 미국가족계획American Family Plan 등이 그것이다.

이 중에서 '미국구제계획법은 2021년 3월 원안 그대로 통과되었으나, 나머지 두 개의 플랜은 논란을 거치면서 내용이 변하고 규모도 축소되었다. 기후변화 대응과 사회보장 개혁이라는 뜨거운 쟁점을 둘러싸고 미국의 민주당·공화당 간에 합의점을 찾기 어려웠고, 재정적자 확대와 인플레이션 급등이라는 경제 상황 변화 속에서 조 맨친Joe Manchin 상원의원 등 민주당 내부의 반대에도 부딪혔다. 그 결과 미국일자리계획에서 재생에너지 투자 등 기후변화 대응 부분은 대거 삭감한 채 전통 인프라 확충 부분만 남긴 1조 2,000억 달러 규모의 '인프라법Infrastructure Investment and Jobs Act, IIJA'이 2021년 11월 통과되었다. 그 이후 당시 민주당이 장악한 하원을 중심으로 기후변화 대응 부분과 사회보장 개혁 부분을 합친 '더 나은 재건법Build Back Better Act, BBB Act' 초안이 논의되었다.

처음에는 3조 5,000억 달러에 달했던 총지출 규모가 2조 달러로 줄어들었다가, 결국 상원과의 담판 과정에서 총수입 규모 7,370억 달러 및 총지출 규모 4,370억 달러로 줄어들었다. 재정적자를 3,000억 달러 감축함으로써 물가상승 압력에 대응한다는 명분을 앞세워 법안 명칭도 '인플레이션 감축법'으로 바뀌었다. 이상의 입법 과정은 미국의 민주당과 공화당 사이에 정책적 인식의 골이 얼마나 깊은지를 극명하게 드러내고 있다.

그렇지만 주목할 대목이 있다. 도로·교량·상하수도·고속인터넷망 등 전통적 인프라 개선에 치중했던 인프라법에도 충전소 등 전기차 관련 인프라 확충을 위해 150억 달러의 지원책이 포함되었다. 또한 인플레이션 감축법의 총지출 규모 4,370억 달러 중 3,690억 달러(84.4%)가 '에너지 안보 및 기후변화' 부분에 지원되는데, 앞서 살펴보았던 핵심 광물 자원의 확보 외에도 전기차와 배터리 관련 소재·부품 제조시설의 미국 내 건설에 대한 세액공제, 그리고 북미산 전기차 구매 보조금 지급 등의 인센티브 제공에 상당액이 배정되었다. 첨예한 갈등 속에서도 전기차 및 배터리 산업의 진흥에서만큼은 초당적 합의를 이루었다고 할 수 있다. 또한 상기 인프라법과 인플레이션 감축법은 모두 공공사업에 미국산 제품 사용을 의무화하는 미국산 우선 구매Buy America 규정을 담고 있다는 공통점이 있다. 이는 자유무역의 원칙을 위배하고 통상분쟁을 일으킬 소지를 안고 있다는 뜻이다.

한편 자동차산업에 핵심적 이익을 갖는 독일을 중심으로 EU도 일찍부터 배터리 공급망의 내재화에 나섰다. 2017년 EU집행위원회 주도로 '유럽배터리연합European Battery Alliance'을 설립하여 대규모 투자를 유치하고, 2018년에는 '유럽 배터리 전략 행동계획Strategic Action Plan on Batteries'을 통해 EU 역내에 배터리 가치사슬 구축, 연구역량 및 인적 자원 육성, 지속가능성 강화 등의 산업정책적 목표와 실행방안을 체계화하였다. 2019년에는 '유럽 공공이익에 관한 주요 프로젝트Important Projects of Common European Interest'의 첫 번째 프로젝트로 32억 유로 규모의 배터리 지원책을 시행하였다.

또한 EU는 2023년 1월 기존의 지침을 대체·강화한 새로운 'EU 배터리 규정EU Battery Regulation의 입법 절차를 완료했다. 2035년 내연기관차의 신규판매 금지 등의 유럽 그린딜 목표를 달성하기 위해 배터리의 생애주기 정보를 디지털화하고 배터리의 안전성과 재활용을 보장하는 배터리 여권battery passport 제도를 시행하는 내용 등을 담고 있다. 배터리 관련 생태계의 국제규범 창설을 주도하려는 EU의 산업정책적 의도를 짐작할 수 있다.

마지막으로 하이브리드 전기차 부문에서 우위를 선점했던 일본에서는 상대적으로 순수전기차나 수소연료전지 전기차 개발에서 시기를 놓친 측면도 있고, 배터리 부문의 경쟁에서도 중국과 한국에 밀린다는 위기감이 고조되었다. 이에 2021년 4월 일본의 완성차업체와 배터리업체, 소재·부품업체 50여 개사가 '배터리 공급망 협의회'를 설립하였고, 일본 정부는 차세대 배터리라 불리는 전고체 배터리 개발에 집중적으로 지원하고 있다.

G2의 전략적 경쟁과 공급망 재편

'무역을 통한 평화'는 끝났는가?

크루그먼 교수는 2022년 12월 13일 자 「뉴욕 타임스」 기고문에서 '무역을 통한 평화'는 이제 설득력을 잃었다고 주장했다. 이 개념은 1909년 출간된 앤젤 경Norman Angell의 저서 『거대한 환상The Great Illusion』 (1909)에서 연유한 것이다. 무역으로 경제적 상호의존성이 커진 상황에 서는 전쟁 승리의 이익이 그 비용보다 클 거라고 기대하면서 전쟁에 뛰어드는 것은 부질없는 환상에 지나지 않기 때문에, 무역의 증진은 전쟁 의욕을 꺾고 평화를 다지는 가장 유력한 수단이라는 주장을 담고 있다. 이 공로로 앤젤 경은 1933년 노벨 평화상을 수상했다. 무역을 통한 평화라는 국제정치학의 개념은 2차 세계대전 직후 미국 주도의 GATT 창설과 WTO로의 확장, 그리고 1951년 유럽석탄철강공동체ECSC에서부터 오늘날의 유럽연합으로까지 이어진 유럽 통합의 장구한 실험을 지탱하는 핵심 논거가 되었다.

오늘날 서방 국가들 사이에 전쟁이 일어날 거로 생각하는 사람은 없다. 크루그먼 교수도 이 점은 인정한다. 그러나 동시에 그는 무역을 통한 평화가 중국이나 러시아와 같은 권위주의 체제의 나라에는 적용되지 않는다고 주장한다. 지난 수십 년 동안 중국과 러시아는 무역을 통해 세계경제에 편입되었고, 특히 중국은 경제적으로 크나큰 이익도 누렸지만, 민주주의 체제를 발전시키지는 못했으며 앞으로도 그럴 가능성이 희박하다는 것이다. 나아가 러시아에 대해서는 서방 국가의 강력한 개입과 제재가 필요하다고 주장한다. 유럽이 에너지 공급을 러시아에 의존하고 있기에 우크라이나 침공에 유럽 국가들이 강력 대응하지 못할 거라는 푸틴 대통령의 오판이 전쟁을 불러온 측면이 있다는 것이다.

크루그먼 교수는 자유무역 내지 세계화와 관련한 주류 경제학의 장밋빛 전망에 상당히 비판적인 사람이다. 그가 무역을 통한 평화라는 국제정치학 논리에 대해서도 비판적 입장을 가진 것은 충분히 납득된다.

그에게 자유무역은 관세를 둘러싼 국내 수입업자들의 로비와 그에 따른 정치권의 부패를 막는 장치로서의 의미가 더 크다. 그러던 그가 경제적 상호의존성이 심화한 오늘날의 상황에서 미국(민주주의 체제)이 멕시코를 침공하는 것은 상상하기 어렵지만, 중국(권위주의 체제)이 대만을 침공할 가능성은 배제할 수 없다고 주장한 기고문 대목에서는 당혹감을 느끼지 않을 수 없었다. 크루그먼 교수도 이럴진대, 오늘날 중국을 바라보는 미국의 일반적 시선이 어떠할지는 능히 짐작할 수 있기 때문이다.

4장에서 언급한 21세기의 투키디데스 함정이 물리적 전쟁으로 귀결될지는 알 수 없지만, 경제 전쟁은 불가피할 것이다. 2018년 미국 트럼프 행정부의 관세 부과로 시작된 G2의 경제 전쟁은 2021년 바이든 행정부 출범 이후 공급망 재편으로, 보다 정확하게는 중국을 배제한 공급망 재구축으로 전선을 확대하고 있다. 앤젤 경에게 노벨 평화상을 안겨주면서 20세기를 풍미했던 무역을 통한 평화 개념은 21세기에 빛이 바랬다.

20세기 말 자유무역과 세계화의 흐름이 국내외적으로 불평등을 심화시키는 어두운 면을 안고 있는 것과 마찬가지로, 권위주의 국가를 배제한 새로운 글로벌 공급망을 구축하는 작금의 과정도 큰 비용을 유발할 테고, 그 비용 또한 매우 불평등하게 배분될 것이다. 문제는 자신이 설정한 규칙을 위반한 나라에 제재를 가하면서 자신은 그럴 권리가 있다고 주장하는 패권국가라면 모르겠지만, 그렇지 못한 나라는 이 총성 없는 경제 전쟁의 시대에 어떤 전략으로 임해야 하는가이다. 그 누구도 우리의 문제를 대신 해결해 줄 수는 없다. 물론 선험적 정답, 유일한 정답이 있을 수 없는 문제다. 여기서는, 에필로그에서 우리의 전략을 고민하기에 앞서, 공급망 재편을 둘러싸고 폭발하고 있는 G2의 패권경쟁, 또는 전략적 경쟁의 역사적 배경을 정리하는 것으로 갈음하고자 한다.

시진핑 주석의 중국은 어디로 가는가?

덩샤오핑 이후의 중국은 세 지도부를 거쳤다. 최고 지도부 내의 세 파벌이라 불리는 상하이방上海幫, 공청단共青団, 태자당太子黨에서 각각 장쩌민, 후진타오, 시진핑 주석의 시대를 이어갔다.

장쩌민 주석(1993~2003년)은 1997년에 '대국으로서 필요한 역할을 한다'는 의미의 유소작위有所作爲를 내세우며 자신감을 표출하기도 했지만, 전반적으로는 덩샤오핑의 도광양회 기조를 충실히 따랐다고 할 수 있다. 특히 같은 상하이방 출신인 주룽지 총리가 임기 전반기 인민은행 총재직에 이어 후반기에 총리직을 수행하면서 재정·금융 분야의 내부 개혁과 WTO 가입 등의 외부 개방을 강력하게 추진함으로써 중국 경제의 현대화 기틀을 놓았다고 평가된다.

후진타오 주석(2003~2013년)의 집권 10년 동안에는 중국의 실질 GDP가 2.7배 증가할 정도로 폭발적인 성장을 지속하였고, 2010년에는 일본의 GDP를 추월함으로써 명실공히 G2의 반열에 올라섰다. 임기 전 반기에 후진타오 주석이 내세웠던 화평굴기和平崛起 구호에서 보듯이, 강대국화의 내부 정책 속에서도 유화적인 외교 기조를 유지했다. 그러나 미국·유럽 등 자본주의의 중심부에서 일어난 2008년 글로벌 금융위기는 중국의 대내외 전략에도 전환점이 되었는데, 임기 후반기에는 '거침없이 상대를 압박한다'는 돌돌핍인咄咄逼人을 내세울 정도로 G2의 위상에 걸맞은 국제적 대우를 공공연히 요구하였다. 한편, 같은 공청단 출신이면서도 상하이방과 원만한 관계를 유지했던 원자바오 총리가 후진타오 주석과 임기 10년을 함께 했는데, 2008년 위기를 맞아 미국·EU에 못지않은 양적완화 정책과 건설투자 중심의 재정확장 정책을 시행함으로써 성공적인 경기회복을 이끌었다고 평가된다. 이는 중국 경제 정책의 초점이 점차 수출(외순환)에서 내수(내순환)로 이동하는 계기가 되었다. 하지만 다른 한편으로는 부동산 버블, 부실채권, 빈부격차, 부정부패 등의 심각한 후유증을 낳기도 했다. 이는 시진핑 시대에 급격한 경제정책 기조 전환의 배경으로 작용하였다.

시진핑 주석(2013~) 시대의 중국은 모든 것이 변했다. 아버지가 혁명 원로로 부총리까지 지낸, 이른바 태자당 출신인 그는, 상하이방과 공청단 간의 권력 다툼에 따른 어부지리로, 더구나 태자당의 선두주자였던 보시라이가 부패 스캔들로 갑작스레 낙마한 가운데 주석직에 올랐기 때문에 리더십이 취약할 거라는 예상이 많았다. 그러나 '호랑이도 파리도 일망타진한다'는 강력한 반부패 운동을 통해 정적들을 제거하면서 권력 기반을 강화하였다. 그리고 두 번째 5년 임기를 시작한 2018년 즈음에는 당헌에 시진핑 사상을 추가하고 헌법 개정을 통해 국가주석직 임기 제한 규정을 삭제하는 등 그간 권력구조의 핵심 원칙이었던 중국공산당 정치국 상무위원회 중심의 집단지도체제를 무너뜨리고 1인 지배체제를 확립하기 시작했다. 특히 집단지도체제의 일환으로 총리에게 경제정책의 자율적 권한을 부여했던 전임 주석들과는 달리, 시진핑 주석은 공청단 출신인 리커창 총리의 권한을 제약하면서 본인이 직접 관장하는 영도소조領導小組를 통해 경제정책의 주도권도 장악했다.

마침내 시진핑 주석은 2022년 11월 제20차 당대회에서 세 번째의 5년 임기를 확정함으로써 장기집권을 공식화하였다. 이는 중국 내부적으로는 덩샤오핑이 설계하고 장쩌민-후진타오 시대로 이어지던 예측가능한 권력구조가 막을 내린 것을 의미하며, 외부적으로는 경제성장이 중국의 정치 민주화를 유도할 것이라는 서방 세계의 일방적인 기대를 완전히 접게 만드는 것이었다. 크루그먼 교수가 무역을 통한 평화의 종말을 주장한 주된 배경도 여기에 있다.

이러한 중국의 권력구조 변화는 대내외 정책 기조에도 투영될 수밖에 없었다. 시진핑 주석이 취약한 리더십에서 출발하여 1인 지배체제를 확립하는 과정은, 2012년 11월 중국공산당 총서기로 선출된 직후 내걸었던 '위대한 중화민족의 부흥'이라는 중국몽中國夢을 현실로 옮기는 과정이기도 했기 때문이다. 우선, 미국과의 관계에서 가능한 한 직접적인 갈등을 피하던 과거와는 달리, 시진핑 주석은 중국의 경제력과 군사력을 바탕으로 전랑외교戰狼外交라 불릴 정도로 공세적인 방향으로 나아갔다. 남중국해 문제를 둘러싸고 주변 아세안 국가들과 분쟁을 일으키는 것은 물론, 홍콩·대만·신장위구르 문제로 미국과도 날카롭게 대치하고 있다. 이는 중국이 미국 중심의 국제질서를 추종하던 것에 머물지 않고, 주도적으로 새로운 질서를 창출하겠다고 선언한 것이나 다름없다.

경제질서를 재편하기 위한 장기 계획도 차츰 구체화하였다. 이와 관련하여 시진핑 주석이 2014년 5월 허난성 시찰 도중 처음 제시하고 동년 11월 APEC 최고경영자회의에서 공식화한 '신창타이'의 의미를 재조명해볼 필요가 있다. '뉴노멀'은 2008년 위기 이후 금융계를 중심으로 유행하기 시작한 시사적인 표현인데, 서머스 하버드대 교수가 언급했듯이, 저성장·저물가·저금리·저고용 등이 일상화된 장기침체의 암울한 미래 전망을 담은 것이다. 중국의 신창타이 역시 이러한 세계경제의 구조 변화 속에서 30년간 이어온 두 자리 숫자의 고도성장을 마감하고 7% 수준의 중속성장 시대로 접어들었음을 선언하면서, 이에 맞추어 경제운용의 중심축을 수출·투자의 양적 성장에서 내수·소비의 질적 성장으로 전환한다는 목표를 제시한 것이다. 이는 앞서 후진타오 주석-원자바오 총리 시절의 2008년 위기 대응 전략에서부터 그 단초를 찾을 수 있는 것으로, 거시적으로는 이미 세계 2위의 경제대국으로 발돋움하고 미시적으로는 중위소득국의 상위에 오른 중국으로서는 당연히 거쳐야 할 관문이라고 할 수 있다. 문제는 중국 경제의 질적 성장을 위해 필요한 생산성 향상과 산업구조 고도화의 전략이 무엇인가 하는 점이다. 시진핑 주석의 신창타이는 세계경제의 장기침체에 적응한다는 수동적 의미를 넘어 중국이 주도적으로 새로운 정상 상태를 창출한다는 적극적 전략으로 변모하였다.

보다 구체적으로, 2013년에 발표된 '일대일로' 전략은 관련 국가와의 FTA 네트워크 확충, 아시아 인프라 투자은행AIIB 설립을 통한 위안화의 국제화 및 국제금융시장에서의 위상 강화, 그리고 중국 기업의 해외진출 및 산업협력 지원 등의 다양한 목표를 내세웠다.

그리고 2015년 발표된 '중국제조 2025'는 2045년까지 3단계에 걸쳐 중국을 세계 일류의 제조강국으로 발전시킨다는 담대한 내용을 담아 충격을 주었는데, 특히 기존의 '전략성 신흥산업' 육성정책을 이어받아 10대 핵심산업에 대한 집중적 지원 대책을 포함하였다. '중국제조 2025'와 함께 발표된 '인터넷 플러스' 정책은 전통산업에 빅데이터·AI·IoT 등의 첨단 디지털 기술을 접목하는 양화융합兩化融合의 혁신을 내세웠다. 이는 일대일로 전략과도 연결되어 관련 국가의 ICT 인프라 건설, 데이터 교류, 전자상거래 활성화, 스마트팩토리·스마트시티 추진 등을 포괄하는 디지털 실크로드 전략으로 발전하였다. 아울러 역시 2015년에는 질적 성장의 '공급측 구조개혁'을 추진하기 위한 '국가

혁신 주도 발전전략'을 제시했는데, 정부의 직·간접적 지원정책을 매개로 산학연 네트워크, R&D 플랫폼을 형성함으로써 해외 선진기술에 의존하는 데서 벗어나 첨단 과학기술의 자체 개발역량을 강화하는 데 초점을 맞추었다. 나아가 2015년 시진핑 주석이 제시한 군민융합발전전략軍民融合發展戰略은 2016년 국가전략으로 공식화되었는데, 군사 부문과 경제 부문의 상호보완적 발전을 위해 선진기술·제품·인프라 등에서 군민 협력체계를 구축하는 것을 목표로 설정하였다.

2015년을 전후하여 봇물 터지듯 쏟아진 중국의 전략·정책은 중국 공산당 창당 100주년이 되는 2021년에는 전면적 소강사회小康社會를 건설하고, 중국 건국 100주년인 2049년에는 기존의 서구 선진국을 넘어 일류강대국으로 발돋움하겠다는 이른바 '두 개의 100년 계획'이 단순히 정치적 구호에만 그치지는 않을 것임을 분명히 한 것이다. 이는 서구 사회의 발전 경로와는 다른 '중국 특색 사회주의' 또는 국가주도적 경제체제가, 2008년 위기 이후의 거시경제적 위험을 관리하는 데 더 효율적일 뿐만 아니라, 서구의 시장경제체제와 비교해서도 절대 뒤지지 않는 장점과 경쟁력을 가진 체제라는 자신감의 표현이기도 했다. 이러한 움직임은 대외적으로 중국이 체제경쟁 내지 패권경쟁에 도전한다는 신호로 받아들여질 수밖에 없었고, 특히 미국 내에서는 중국 위협론이 당파를 불문하고 주류로 자리 잡은 계기가 되었다.

트럼프 행정부 들어 미국의 견제가 본격화되자, 중국은 미국을 자극할 우려가 있는 공세적 표현은 자제하는 모습을 보였다. 특히 '중국제조 2025'는 2018년 이후 중국의 공식 문서에서는 더는 등장하지 않고 있으며, 제조강국 목표에 이어 첨단기술 분야에서도 독자적인 생태계를 구축하고자 의욕적으로 준비하던 '중국표준 2035'는 공식 발표를 미루고 있다.

　물론 중국의 정책 기조가 달라진 것은 아니다. 오히려 2021년부터 시행에 들어간 '제14차 5개년 규획'은 중국의 산업구조 및 과학기술 발전 전략을 한층 더 고도화했다는 평가를 받는다. 무엇보다 내순환(국내 시장)과 외순환(해외시장)의 결합으로 이루어진 쌍순환 전략에서 내순환을 전면화한 것에 주목할 필요가 있다(이하 지만수, 2021 참조). 2008년 위기 이후 GVC를 활용한 성장전략이 한계에 부딪히자 그 대안으로 내수시장을 확대하고 중간재의 수입대체를 추진한 것은 중국의 일관된 정책 기조였다. 하지만 최근의 쌍순환 전략은 '수요와 공급의 선순환'에 초점을 맞춘 것이 가장 큰 특징이다. 즉, 방대한 내수시장을 이용하여 미래산업과 첨단기술에 대한 수요를 국가주도적으로 창출하고, 그 어떤 나라도 흉내 낼 수 없는 규모의 경제 효과를 바탕으로 국내기업들의 기술개발과 제품혁신을 견인한다는 의미다. 이는 미국의 보호무역주의 강화로 해외시장과 첨단기술에 대한 접근이 어려워진 상황을 타개하기 위한 중국의 대응 전략이라고 할 수 있다. 나아가 (경제)발전권을 (영토)주권과 동급의 국가 핵심이익core interests으로 설정한 중국은 특유의 국가주도적 경제체제를 포기할 뜻이 없음을 분명히 하고, 일정 정도 미국과의 디커플링decoupling*을 염두에 둔 장기 전략을 구상한 것이다. 물론 중국 내부의 애국 열풍에 부응함으로써 시진핑 주석의 장기집권에 정당성을 부여하는 측면도 있다.

　하지만 중국도 상호의존성의 함정에서 자유로울 수는 없다. 5장에서 본 바와 같이 2010년대 들어 중국의 GVC 참여도 및 수입 중간재 의

●　한 나라 경제가 특정 국가 혹은 세계 전체의 경기 흐름과 독립적으로 움직이는 현상.

존도가 어떤 나라보다도 빠르게 하락하고 있지만, 첨단 제품·기술 분야에서 중국의 완전한 디커플링은 요원한 실정이다. 특히 반도체는 중국의 가장 약한 고리다. 트럼프 행정부의 관세 부과 조치에는 보복관세로 즉각 맞대응했던 중국도 최근 바이든 행정부의 공급망 재편 움직임에는 별다른 대응책을 내놓지 못하고 있다. 그러나 두고 볼 일이다. 미국도 약한 고리가 없는 것은 아니기 때문이다.

21세기 미국은 알렉산더 해밀턴의 시대로 되돌아가는가?

2008년 글로벌 금융위기로 인해 미국의 체제적 우월감에 큰 상처가 생겼다. 게다가 2013년 시진핑 주석 취임 이후 중국몽 실현을 위한 대담한 구상이 전개되면서, 미국의 대중 전략도 변하기 시작했다. 그러나 그 과정이 순탄하지만은 않았고, 일관적이었다고 평가하기도 어려운 측면이 있다.

2008년 위기 직후의 혼란 와중에 집권한 오바마 행정부는 2011년 아시아로의 회귀Pivot to Asia를 선언하면서 이를 구체화한 '아시아·태평양 재균형 전략'을 제시하였다. 이는 2001년 9.11 테러 이후 중동 지역에 발목이 잡혀 있던 미국 대외 전략의 초점을 아시아 지역, 즉 중국으로 이동한다는 것을 공식화하는 의미가 있었다. 그러나 당시의 재균형Rebalancing 전략은, 중국에 대한 대응책을 강화하면서도, 중국을 국제질서 내로 유도하고 협력을 유지하는 기존 기조를 크게 벗어나지 못했다.

그러나 트럼프 대통령의 임기 첫해인 2017년에 발표된 '국가안보전략National Security Strategy' 보고서는 중국을 미국의 전략적 경쟁자strategic competitor이자 현 국제질서에 대한 도전자revisionist로 규정함으로써 대중 전략의 일대 전환을 이루었다. 이후 트럼프 행정부는 힘에 의한 평화를 표방하면서, 경제적으로는 기존의 다자주의에 입각한 자유무역 질서를 폐기하고 미국 우선주의America first와 보호무역주의로, 지정학적으로는 인도양으로까지 범위를 확대한 인도·태평양 전략으로 거침없이 나아 갔다. 하지만 트럼프 행정부의 거친 대외정책 기조는 중국의 맞대응 반발로 세계경제의 불확실성을 고조시켰을 뿐만 아니라 동맹국으로부터 도 지지를 끌어내지 못하면서 고립을 자초한 측면이 있다.

바이든 대통령은 2021년 1월 취임 이후 상당히 오랫동안 공식 문서 형태의 대중국 전략을 제시하지 않다가 2022년 10월에야 첫 '국가안보 전략' 보고서를 발표했다. 바이든 대통령은 중국을 "국제질서를 재편하 려는 의도와 함께 그를 위한 경제·외교·군사·기술적 능력까지 갖춘 유일한 경쟁자the only competitor"로 지칭하면서도, 다른 한편으로는 중국 이 세계경제의 중요한 부분을 차지하고 기후변화와 보건위기 대응에서 도 중요한 역할을 맡고 있다고 평가했다. 외형적으로는 경쟁과 협력이 라는 민주당 정부의 전통적인 대중 전략 기조를 계승하는 것처럼 보인 다. 그러나 그 내용을 보면, 국내외 기업의 미국 내 투자를 유도reshoring 하여 자체 경쟁력을 끌어올림과 동시에 우호 국가와의 동맹을 강화 friend-shoring하여 사실상 중국을 봉쇄한다는 전략을 분명히 드러냈다. 트럼프 행정부 시절의 거친 대응 기조가 한층 더 세련된 형태로 강화되 었다고 볼 수 있다.

국가안보 차원의 대중 전략을 실행에 옮기는 주요 경제정책 수단도 일관적이라기보다는 각 행정부를 거치면서 차츰 진화해왔다고 볼 수 있다. 그 배경에는 민주당과 공화당 간에 정권이 교체되면서 대중 전략 의 기조가 오락가락한 측면도 있지만, 정책 수단의 측면에서도 미국 특 유의 연방주의federalism 헌법 구조에서 유래하는 한계가 크게 작용했기 때문이다.

미국의 연방주의 논란은 18세기 말 알렉산더 해밀턴Alexander Hamilton 과 토머스 제퍼슨Thomas Jefferson 등으로 대표되는 이른바 '건국의 아버지들Founding Fathers' 시절까지 거슬러 올라가는 것으로, 국민의 권리를 침해할 우려가 있는 정부 권한의 한계 설정에서부터 연방 정부와 주 정부 사이의 권한 배분에 이르기까지, 미국의 권력구조와 제도 형성에 지대한 영향을 미쳤다.

이에 따르면, 연방 정부의 재량권이 발휘될 수 있는 경제정책 영역은 주로 관세 등의 대외 통상정책으로 제한되고, 그 외 산업과 기업의 경쟁력에 직접적으로 영향을 미치는 주요 정책 수단들, 예컨대, 산업정책·인프라정책·사회보장정책·교육정책 등에 관한 기본 권한은 주 정부에 귀속되어 있다. 각 주의 상이한 정책과 제도를 조율·변경하기 위해서는 연방 의회의 법률 제정 절차를 거쳐야 하는데, 이마저도 개인의 권리와 주 정부의 권한을 근본적으로 침해할 수는 없다는 취지의 연방 대법원 판결도 여럿 있다. 나아가 정책적 지향이 다른 양당 체제하의 미국 연방 의회는 주요 경제 법률의 제정에서 초당적 합의를 이루기도 쉽지 않았다.

이러한 미국적 특성은 다른 나라들, 특히 공산당 지배하에 국가주도적 산업정책을 일사불란하게 펼친 중국과는 대조를 이루며 미국 산업정책의 범위와 속도를 크게 제약하는 결과를 가져왔다.

물론 과거 역사를 돌이켜 보면, 일반적으로 알려진 것과는 달리, 미국도 산업정책의 오랜 경험을 갖고 있다(이하 Atkinson, 2022 참조). 건국의 아버지들 중에서 연방주의자의 대표 격으로 초대 재무장관을 지낸 알렉산더 해밀턴은 다양한 산업정책을 시행함으로써 당시 취약한 신생국이었던 미국의 경제개발을 이끌었다. 특히 1789년 최초의 연방 의회에서 통과된 법률 중 하나인 관세법은 국내 산업에 대한 대규모 보조금 지급 규정을 포함하고 있었고, 고율의 보호주의 관세 체계는 2차 세계대전 종전 때까지 유지되었다. 또한 남북전쟁(1861~1865년) 시기의 연방 의회에는 분권화와 자유무역 성향의 남부 출신 의원들이 아예 존재하지 않았기 때문에 연방 정부의 역할을 강화하는 법률을 대거 통과시킴으로써 19세기 후반 미국 개발주의 시대의 토대를 놓았다는 평가를 받는다. 대륙횡단 철도를 건설하는 태평양철도법, 토지 무상 제공으로 자영농을 육성하는 자영농지법, 연방 정부 주도의 은행 및 화폐 체계를 도입한 국립은행법, 과학기술 분야 고등교육기관 설립의 기초가 된 모릴 토지공여법 등이 남북전쟁 시기에 제정된 대표적인 법률들이다.

2차 세계대전 이후 소련과의 냉전 시기에 미국은 국방 및 우주항공 분야의 기술개발에 집중 투자하였다. 1960년대 초 미국 연방 정부의 R&D 지출액은 다른 모든 나라의 정부와 민간기업을 합친 것보다 더 많았다고 한다. 이때 개발된 컴퓨터, 인터넷, GPS, 특수소재 등의 원천기술이 민간부문으로 이전되어 오늘날 미국 산업경쟁력의 기반이 되었다는 것은 널리 알려진 사실이다. 또한, 일본의 경제력이 미국을 추월할 것이라는 예측이 나돌았던 1980년대에는 일본 엔화의 대폭 절상을 가져온 1985년 플라자 합의, 일본 반도체 산업을 규제한 1986년 미·일 반도체 협정, 슈퍼 301조 및 스페셜 301조와 같은 무역제재 수단을 포함한 1988년 포괄통상법 제정 등으로 일본을 직접 압박하기도 하였다. 비록 국방과 통상 등 연방 정부의 권한 범위에 속하는 분야에 초점이 맞추어지기는 했지만, 2차 세계대전 이후에도 미국이 자국의 산업경쟁력 제고에 손을 놓고 있었던 것은 결코 아니었다.

이러한 기조가 바뀐 것은 1990년대 이후다. 소련 등 동구 사회주의 체제가 무너지고 일본은 끝 모를 침체에 빠져들면서 미국 중심의 세계 질서가 다시금 확립되었고, 미국에서는 산업정책이라는 단어 자체가 금기시될 정도로 자신감이 팽배하였다. 2장에서도 언급했듯이, "반도체 칩과 감자 칩이 뭐가 다른가"라는 표현이 이때의 분위기를 대변한다. 민간기업이 주도하는 미국의 경제질서에서는 개별산업을 직접 지원·육성하는 산업정책이 들어설 자리가 없다는 오해가 주류를 이루었다. 산업구조의 핵심으로 떠오른 ICT 분야에서 미국의 민간기업이 압도적인 경쟁력을 발휘한 것도 이러한 자신감과 오해의 배경이 되었다.

그러나 2008년 글로벌 금융위기 이후 중국의 부상과 이에 따른 충격은 산업정책에 대한 미국 내의 분위기를 다시 한번 바꾸어 놓았다. 주요 정책수단은 각 행정부를 거치면서 암중모색의 진화를 거듭했다. 우선 오바마 행정부에서는 2008년 위기로 인해 큰 타격을 받은 미국 제조업의 경쟁력과 일자리를 복원하는 데 주력하였다. 오바마 대통령은 2012년 1월 의회 시정연설에서 '새로운 미국을 위한 청사진'의 핵심 정책으로 제조업 르네상스Manufacturing Renaissance를 내세웠는데, 이는 미국이 리쇼어링 정책을 공식화한 최초의 결정으로 알려져 있다. 이후 세제·보조금·인프라·인적자본 등의 다양한 측면에서 지원책을 시행함으로써 오바마 행정부 말에는 일자리의 본국회귀와 해외유출이 거의 같아지는 성과를 낳기도 했다. 그러나 이러한 움직임은 미국에서 산업정책의 부활을 알리는 상징적인 의미는 있었지만, 그 규모와 범위에서 중국의 국가주도적 산업정책과 비교할 수는 없었다. 무엇보다 당시까지만 해도 미국 기업의 대다수는 생산기지와 판매시장으로서 중국이 갖는 중요성을 포기하지 않으려 했기 때문에 미국 정부의 대중 정책은 한계가 명확했다.

이후 트럼프 행정부는, 법인세 인하 및 규제완화 등 광의의 리쇼어링 정책을 이어가기도 했지만, 통상정책을 통한 중국 압박으로 초점을 이동하였다. 안보전략의 수정에 발맞추어, 4장에서 살펴본 바와 같이, 전통적인 수입 제한 이외에도 수출규제, 외국인직접투자 규제, 미국산 우선 구매 등의 다양한 수단을 동원하였고, 이를 강화하는 새로운 법률들을 제정하였다. 이에 따라 대중 수입의존도가 하락하는 변화도 있었다. 하지만 미·중 간의 1차 무역합의가 코로나19 팬데믹으로 제대로 이행되지 못했고, 2차 협의는 시작도 못한 상황이다. 나아가 다자 질서를 무시하고 국내법에 의거하여 일방적 무역제한 조치를 취한 것은 동맹국들로부터도 지지를 받지 못하고 미국의 고립을 자초하는 한계를 보였다. 오늘날의 중국은 1980년대의 일본과는 다르며, 미국 혼자의 힘으로는 중국을 견제할 수 없다는 비판도 제기된다.

이런 관점에서 본다면 바이든 행정부의 정책 기조는 앞선 두 행정부의 한계를 보완 발전시킨 것이라 할 수 있다. 반도체·배터리·의약품·핵심광물 등 4대 품목에 내재한 미국 공급망의 취약점을 분석하고, 총규모 1조 2,000억 달러의 인프라법, 2,800억 달러의 반도체 및 과학 법, 4,370억 달러의 인플레이션 감축법 등을 통해 어떤 기업도 무시할 수 없을 정도의 인센티브를 제공함으로써 미국 내 투자 및 미국산 구매를 유인했다. 대외적으로는 언제 어떤 내용으로 마무리될지 알 수 없는 새로운 메가 FTA 협상을 개시하기보다는 미국-EU 무역기술협의회TTC, 인도·태평양 경제 프레임워크, 반도체 관련 주요 4개국 협의회 등과 같이 보다 유연한 형태의 동맹국 간 협의를 진행함으로써 중국을 배제한 글로벌 공급망을 구축하는 방향으로 가는 것이다.

결론적으로, 미국의 정책 기조는 1990년대 이전의 체제경쟁 시대로, 심지어는 알렉산더 해밀턴의 개발주의 시대로 되돌아갔다고도 볼 수 있다. 물론 이 모든 것이 미국의 의도대로 굴러갈지, 또는 중국이 어떻게 맞대응할지, 현재로서는 알 길이 없다. 분명한 것은, G2의 전략적 경쟁이 계속되는 한 무역을 통한 평화의 시대가 다시 오기는 어렵다는 점이다. 그럼 G2 이외의 나라는 어떤 전략으로 대응하고 있는가? 우리는 어떻게 해야 하는가? 오리무중을 헤매는 답답한 심정으로 에필로그로 넘어간다.

다 함께 생각해봅시다

1. '전략적 경쟁'과 '죄수의 딜레마'

에너지와 핵심광물, 그리고 반도체와 배터리를 중심으로 벌어지는 글로벌 공급망 재편은 G2의 패권경쟁 또는 전략적 경쟁의 산물이다. 그 결과는 어찌 될까? 여기서 '죄수의 딜레마prisoner's dilemma'를 떠올리게 된다. 협력하면 더 나은 결과를 얻을 길이 분명히 있음에도, 자기중심적 전략으로 결국 모두가 다 더 나쁜 상황에 처하는 건 아닐까? 자신의 전략을 선택할 수 있는 소수의 나라도 그런데, 선택의 자율성마저 갖지 못한 다수의 나라는 최악의 상황을 맞이하는 건 아닐까? '경제 책략'이라는 개념이 유행하고 있지만, 협력을 길을 모색하기보다는 각자도생의 길을 찾는 쪽에 경도된 느낌을 받는다. 우리나라는 이런 죄수의 딜레마 상황에서 살아남을 수 있을까?

2. 반도체는 대만의 실리콘 방패가 될 수 있을까?

반도체는 중국의 최대 취약점이다. 공교롭게도, 반도체의 가치사슬에서 단연 두각을 나타내는 나라가 대만이다. 그래서 반도체는 대만의 안보를 지키는 '실리콘 방패'로 불리기도 한다. 하지만 같은 이유로 인해 양안兩岸 갈등, 심지어 중국의 대만 침공 위험의 배경이 되기도 한다. 반도체는 우리나라의 전략산업이기도 하다. 미국이 구상하는 '칩4'는 우리에게 실리콘 방패가 되어줄까? 그 방패는 얼마나 효과적일까?

전략적 자율성의
조건

내부 통합 없는 대외 전략은 성공할 수 없다.

"행복한 가정은 모두 비슷한 이유로 행복하지만,

불행한 가정은 저마다의 이유로 불행하다"

Happy families are all alike, every unhappy family is unhappy in its own way.

– 톨스토이 『안나 카레니나』 중

미국과 중국의 전략적 경쟁은 다른 나라에 줄서기를 강요하고 있다. 국익을 지키기 위해서는 전략적 자율성, 즉 선택의 폭을 넓히고 일관성을 유지하는 나름의 전략이 필요한데, 어떤 전략인들 성공을 보장하겠는가? 『안나 카레니나』의 첫 문장처럼, 각국의 전략이 실패하는 이유도 제각각이다. 한국은 어떤 전략으로 임해야 하는가? 그 성공의 조건은 무엇일까?

EU · 일본 · 아세안의 대외 전략과 그 한계

EU: G2 갈등 속에서 생성 · 변화하는 '전략적 자율성'

한 나라의 정책 목표는 매우 다양하며, 따라서 충돌하는 목표를 동시에 추구해야 하는 경우도 많다. 상대국이 있는 대외 정책에서는 더더욱 그렇다. 자국의 의도를 명확하게 드러내지 않는 전략적 모호성strategic ambiguity이 외교가의 전통적인 관례로 자리 잡은 이유다. 하지만 G2의 전략적 경쟁, 보다 직설적으로 표현한다면 G2의 패권경쟁 내지 체제경쟁이 치열하게 전개되는 작금의 상황에서는 다른 나라들이 전략적 모호성을 유지하기가 쉽지 않다. 그렇다고 G2 중 어느 일방을 선택하는 것은 돌이킬 수 없는 치명적 결과를 초래할 위험을 안고 있다. 진퇴양난의 상황에서 주요 국가 · 지역에서는 어떤 전략을 택하고 있을까?

최근 EU의 '전략적 자율성'이 관심 대상으로 떠올랐다. 이는 "전략적으로 중요한 정책 영역에서 다른 나라에 의존하지 않고 자율적으로 행동할 수 있는 EU의 역량"으로 정의되는데, 사실 매우 모호할 뿐만 아니라, 그 의미도 계속 변하고 있다(이하 Damen, 2022 참조).

이 개념이 처음 등장한 EU의 공식 문서가 2013년 말 EU의 안보 및 국방 정책에 관한 EU정상회의European Council의 결정문이었다는 사실에서 알 수 있듯이, 초기에 전략적 자율성은 주로 군사·안보 분야에서 논의되었다. 하지만 기존 북대서양조약기구NATO와의 관계 설정을 둘러싸고 많은 논란이 일었다. EU 회원국 중에서도 NATO에 가입한 나라와 가입하지 않은 나라, 그리고 외교적 중립을 강조하는 나라 사이에 이견이 노출될 수밖에 없었다. 냉전 시대에 소련의 군사적 위협에 대처할 목적으로 출범한 NATO 체제와는 별개로, 21세기의 새로운 안보 환경 속에서 미국·러시아·중국 등 주요국과의 관계를 재설정할 필요성에 직면한 EU의 전략적 고민이 반영되어야 했다. 하지만 그만큼 EU 회원국들 사이에 논란의 소지도 많았다.

그런데 2017~2019년에 연이어 발생한 돌발 상황은 전략적 자율성 논의의 지형을 완전히 바꾸어 놓았다. 영국의 EU 탈퇴 결정Brexit이 상징하는 EU의 응집력 약화, 미국 트럼프 행정부의 자국 우선주의가 촉발한 보호무역주의 확산, 잠재적 수준을 넘어 현실적 위협이 된 중국의 부상 등은 전략적 자율성 논의의 범위를 군사·안보 영역에서 경제 영역으로까지 확장하는 계기가 되었다. 이에 따라 지정학geo-politics 내지 지경학geo-economics 차원의 다양한 의제가 아무 거리낌 없이 공개적으로 논의되는 분위기가 조성되었고, 4차 산업혁명 및 기후변화 대응이라는 시대적 흐름 속에서 EU의 정체성과 경쟁력을 강화하기 위한 구체적 방안들이 쏟아져 나왔다. 그 단적인 결과로 EU에서도 산업정책이 공식 부활하였음은 앞서 여러 장에서 언급한 바 있다.

한편 2020년 코로나19 팬데믹과 2022년 러시아-우크라이나 전쟁은 EU의 전략적 자율성 개념이 논의 단계를 넘어 현실로 옮겨지는 계기가 되었다. 감염병과 전쟁은 EU의 경제 전반에 큰 충격을 주었으며, 무엇보다 EU가 핵심 물자의 공급망에서 대외의존성이 얼마나 심각한지, 이것이 EU의 전략적 자율성을 얼마나 제약하는지를 백일하에 드러냈기 때문이다. 이에 그동안 논의의 진전을 가로막던 회원국 간의 불협화음이 잦아들고, 신속하게 결론을 도출하는 촉매제가 되었다. 그 결과 앞 장의 [표 6-1]에 정리한 바와 같이, 법제도화가 필요한 산업정책적 수단들이 2020년 이후 대거 EU집행위원회의 입법안으로 발표되었고, 유럽의회와 EU이사회의 조율을 거쳐 최근 하나둘씩 입법 절차가 마무리되면서 시행을 앞두고 있다. 디지털시장법, 디지털서비스법, 탄소국경조정제도, 공급망 실사 지침 등이 대표적인 예다.

이상의 진화 과정을 거쳐 형성된 EU의 전략적 자율성 개념이 지닌 특징을 경제 영역에 초점을 맞추어 그 목표, 수단, 대상의 측면에서 정리하면 다음과 같다.

우선 전략적 자율성의 '목표'가 구체화되었다. 애초의 논의가 G2 패권경쟁에 따른 세계질서의 재편 또는 그 경제적 귀결로서 GVC의 후퇴 내지 탈세계화 등과 같은 다분히 추상적인 차원에서 출발하였는데, 이러한 접근이 EU 회원국 간의 이견을 조정하는 데 오히려 장애가 될 뿐만 아니라 경제적으로도 큰 대가를 치를 것이라는 인식이 커졌다. 이에 최근에는 전략적 자율성의 목표를 핵심 물자의 공급망 재편을 통해 EU의 정체성과 경쟁력을 강화하는 것으로 집약·구체화했다.

6장에서 언급한 바와 같이 EU에서도 반도체, 배터리, AI, 의약품, 희토류, 에너지 등 핵심 물자의 역내 공급 역량을 강화하고 수입선을 다변화하는 것이 최우선 목표로 설정되면서 관련 산업정책들이 빠른 속도로 추진되고 있다. 그 결과 외부 충격으로부터 빠르게 회복할 수 있는 복원력resilience, 또는 독자적으로 목표를 설정하고 추진할 수 있는 역량capacity to act 등과 같은 보다 중립적인 표현이 전략적 자율성과 같은 뜻으로 혼용되기도 한다. 그럼에도 개념상의 모호함은 여전히 남아 있는데, 군사·안보 측면의 능동적 의지를 나타내기 위해 전략적 주권strategic sovereignty과 같은 정치적 표현을 쓰기도 하지만, 공식 문서에서는 EU의 개방성을 강조하기 위해 개방된 전략적 자율성open strategic autonomy으로 완화된 표현을 주로 사용한다.

　전략적 자율성의 '수단'도 점차 체계화되었다. 2019년 EU이사회의 요청에 따라 EU집행위원회가 2020년 발표한 '유럽의 새로운 산업전략A New Industrial Strategy for Europe'에서는 전략적 자율성을 실현하기 위한 정책적 수단으로서 산업정책의 부활을 공식화하였다. 이는, 2장에서 언급한 바와 같이, EU의 단일시장 원칙을 고수하기 위해 개별 회원국의 산업정책적 조치를 엄격하게 제한하던 과거 입장에서 벗어나는 중대한 의미가 있다.

　산업정책의 내용 측면에서도, 2019년 말 EU의 미래 비전으로 선포된 유럽 그린 딜을 실현하기 위한 정책 방향으로서 쌍둥이 전환twin transition이 명확하게 제시되었다. 물론 쌍둥이 전환의 양대 축을 이루는 디지털 전환과 녹색 전환 자체가 새로운 것은 아니다. EU는 2000년 EU 정상회의에서 채택한 리스본 전략 이래 ICT 분야의 물적·인적 자본 투자를 강화함으로써 혁신 경제를 추구하는 다양한 이름의 디지털 전환 정책을 실행하였으나, 미국 및 동아시아 국가들과의 경쟁에 밀려 소기의 성과를 거두지 못하였다. 기후변화에 대응하는 녹색 전환 역시 21세기 들어 EU의 시민사회와 정치권을 아우르는 가장 중요한 정책적 의제로 부상하였으나, 탄소 누출 논란이 보여주듯이 EU만의 노력으로는 성과를 내기 어려웠고, 오히려 EU의 경쟁력 약화를 초래한다는 비판에 시달렸다. 쌍둥이 전환은 사실상 별개로 추진되던 두 전환 전략을 유기적으로 결합하여 선순환을 추구한다는 점에서도 중요하지만, 보다 근본적으로는 EU가 역내의 관련 규범을 선제적으로 확립하고 이를 국제규범으로 확장한다는 적극적 전략을 내포하고 있다. 2장과 3장에서 여러차례 언급했듯이, G2 패권경쟁으로 인한 국제질서의 혼란 내지 국제규범의 공백 문제를 해결하는 데 EU가 선제적·주도적으로 나섬으로써 EU의 위상 강화와 경쟁력 제고를 추구한다는 점에서 전략적 자율성의 의미를 명확하게 드러내고 있다.

정책 수단의 형태도 달라졌다. EU의 입법 형식은 크게 두 유형으로 나뉘는데, '지침Directive'은 EU 차원에서 기본 원칙과 내용을 정하면 그에 맞추어 각 회원국이 자국법을 제·개정하여 집행하는 반면, '규정Regulation'은 그 자체로 회원국을 강제하면서 집행력을 갖는 것을 말한다. 사회 분야 입법은 EU 전체의 통일성을 유지하기 위해 주로 규정 형식으로 제정되고, 경제 분야, 특히 각 회원국의 주권 사항인 재정 수단을 동반하는 경제 분야 입법은 지침 형식으로 제정되는 것이 그동안의 일반적 관례였다. 그런데 최근 들어서는 앞서 예로 들었던 디지털시장법·디지털서비스법이나 탄소국경조정제도 등을 비롯하여, 쌍둥이 전환의 핵심 법안들 상당수가 규정의 형식으로 새로 제정되거나 과거의 지침을 규정으로 개정·강화하고 있다. 이들 법안은 외형적으로는 개인정보 보호 및 불법 콘텐츠 규제, 온실가스 감축 등과 같은 사회정책적 목적을 전면에 내세운다. 하지만 EU 역내 산업을 보호하는 산업정책적 의도를 공공연하게 드러낸 법안들이 규정 형식으로 제정되면서 회원국 정부를 건너뛰고 EU집행위원회에 강력한 집행 권한을 부여한다는 사실이 EU의 기조 변화를 단적으로 보여준다.

각 회원국의 갹출금으로 구성되는 EU의 일반예산과는 별도로, 사실상 유럽중앙은행의 발권력을 기초로 EU집행위원회가 채권을 발행하여 조성한 자금으로 각 회원국의 쌍둥이 전환 프로그램을 집중 지원하는 'EU 경제회복기금' 역시 과거에는 상상하기 어려웠던 정책체계의 변화라고 할 수 있다. 별도의 공동기금을 활용하는 방식은 EU 반도체법, 핵심원자재법, 탄소중립산업법 등 최근의 입법 논의에서 핵심 수단으로 자리 잡았다.

마지막으로 전략적 자율성의 '대상'도 반전을 거듭했지만, 최근에는 중국과 러시아 등 이른바 권위주의체제 국가를 전략적 위협으로 명확하게 설정하고 있다. EU 내에는 프랑스처럼 유럽의 독자성에 초점을 맞춘 나라도 있고, 네덜란드나 EU 탈퇴 이전의 영국처럼 미국을 포괄하는 범대서양 동맹을 강조하는 나라도 있지만, 현실적으로는 독일처럼 안보·국방과는 별개로 경제 분야에서는 중국 및 러시아와의 협력 관계를 강화하는 이중 전략을 취하는 것이 일반적인 흐름이었다. 트럼프 행정부 시절에 미·중 갈등이 고조되는 상황 속에서도 EU는 어느 한쪽으로 기울어지지 않는 중립적 태도를 유지했다. 심지어 미국 대통령 선거에서 바이든 후보의 승리가 확인된 2020년 12월 말까지도 EU와 중국은 포괄적 투자협정Comprehensive Agreement of Investments, CAI 체결에 원칙적으로 합의하는 모습을 보였다. 독일을 포함한 EU의 많은 나라가 천연가스 등 러시아산 에너지 수입에 의존하는 정책을 지속 추진했다는 것도 익히 알려진 사실이다.

그러나 2021년 이후 EU의 전략은 급변했다. 중국과의 포괄적 투자 협정 체결은 5개월 만에 홍콩 보안법과 신장·위구르 강제노동 논란으로 유럽의회에서 제동이 걸렸고, 그 대신 2021년 말에는 미국과 무역기술위원회를 발족시켰는데, 이는 양 당사국 간의 무역분쟁 해소는 물론 중국 견제를 위한 협력을 본격화하는 의미가 있었다. 또한 2022년 초에 발발한 러시아-우크라이나 전쟁은 EU가 에너지를 포함한 공급망 재편 전략에서 미국과 보조를 맞추고 협력을 강화하는 계기가 되었다.

이와 관련하여 최근 들어 EU가 전략적 자율성의 핵심 요소로서 민주·인권 등의 근본 가치value를 부쩍 강조하고 있다는 점은 곰곰이 되새겨볼 필요가 있다. 즉, EU가 전략적 자율성을 통해 실현하고자 하는 가치는 미국 등 동맹국과 함께 공유하고 추구해야 할 인류 보편의 것이지만, 중국·러시아와 같은 권위주의체제와는 양립하기 어렵다는 것이다. 이는 바이든 행정부 출범 이후 미국과의 동맹 관계가 복원되는 분위기를 반영한 측면도 있다. 하지만 EU의 내부 사정은 여전히 복잡하다. 최근 미국 쪽으로 기울어진 듯한 EU의 대외 전략 기조가 장기적으로 지속될 것인지, 나아가 이러한 기조가 과연 애초의 전략적 자율성 개념과 양립할 수 있는 것인지, 아니면 또 다른 대외의존 문제를 초래할 것인지는 두고 볼 일이다. 최근 중국과의 관계를 디커플링de-coupling이 아닌 디리스킹de-risking으로 애둘러 표현한 것이 미국과 중국 사이에 낀 EU의 전략적 고민을 대변한다.

결론적으로, EU의 전략적 자율성은 EU이기 때문에 선택 가능한 전략일지도 모른다. EU의 대다수 회원국은 이른바 강소국에 불과하지만, EU 전체적으로는 여전히 미국에 필적하는 정치적·경제적 협상력을 갖고 있다. 나아가 근대사회 성립 이후 오랜 세월 동안 세계의 문화와 가치를 선도했다는 나름의 경험과 자부심도 가지고 있다. 그렇기 때문에 G2 패권경쟁의 시대에도 EU의 가치와 규범을 글로벌 차원으로 확장하려는 시도를 할 수 있는 것이다. 플랫폼 독점 규제와 기후변화 대응 등의 분야에서는 상당한 성과를 거둔 것도 부정할 수 없다.

그러나 21세기 들어 EU 회원국이 동구 국가들로까지 확대되면서 역내의 이질성은 점점 커지고. 개개 회원국 안에서도 EU의 전통적 가치를 훼손하는 극우의 목소리가 높아지고 있다. 과연 EU가 전략적 자율성을 유지하는 데 필요한 내부의 응집력을 확보할 수 있을지에 의문이 제기된다. 그 어떤 대외 전략이든, 내부 통합 없이는 효력을 발휘하기 어렵기 때문이다. 이 점은 갈수록 갈등과 대립의 골이 깊어지는 우리나라에게도 시사하는 바가 클 것이다.

일본: 미·일 동맹 하의 '아시아의 맹주' 전략

일본은 EU와는 확연히 다른 길을 걷고 있다. G2의 균열 속에서 자신만의 자율적 공간을 확보하려는 EU와는 달리, 일본은 미국과의 확고한 안보·경제 동맹 관계 하에서 그 하위 파트너로서 아시아 지역에서의 영향력을 강화하는 전략을 취하고 있다.

이 역시 일본이기 때문에 선택 가능한 전략이다. 우선, 일본은 2차 세계대전 이후 지속된 동아시아의 지정학적 요인 때문에 미국과의 안보 동맹에 절대적으로 의존할 수밖에 없었다. 특히 2010년 9월 센카쿠 열도尖閣諸島/댜오위다오釣魚島에서의 선박 충돌 사건 이후 일본-중국 간 영토 분쟁이 외교 문제를 넘어 군사·안보 차원으로 비화하면서 긴장이 고조되었다. 이를 계기로 일본은 이른바 전쟁을 할 수 있는 정상국가로 전환하기 위한 헌법 개정 및 재무장화 논의에 박차를 가하였는데, 내외부의 우려와 반발을 넘어서기 위해서라도 미국과의 동맹 관계에 더욱더 의존하게 되었다. 때마침 미국의 국가안보 전략이 중국 견제에 초점을 맞추는 쪽으로 전환한 것은 일본의 움직임에 힘을 실어주는 배경이 되었다. 급기야 일본은 2022년 12월에 외교·안보 정책의 최상위 지침에 해당하는 국가안전보장전략을 개정하면서 '국제사회의 우려 사항'으로 표현했던 기존의 중국 관련 기술을 '지금까지 없었던 최대의 전략적 도전'으로 변경했다. 당연히 중국은 반발했고, 미국은 환영했다.

1945년 2차 세계대전 패전으로 폐허가 된 일본 경제는 놀라운 속도로 성장을 거듭하였다. 1968년에는 개별 국가 단위로는 미국에 이은 세계 2위의 경제대국으로 올라섰고, 1973년 1차 석유 파동 당시에는 주요 선진국 간 경제정책 협의체의 효시가 되었던 G5 회의(1976년에 G7으로 확대)의 일원이 되었으며, 1980년대에는 미국의 경제력을 위협할 수 있는 유일한 나라로 불렸다. 비록 1990년 버블 붕괴 이래 30여 년 동안 장기침체에서 벗어나지 못했음에도, 일본은 여전히 세계 3위 경제대국의 위상을 유지하고 있다. 5장에서 살펴본 바와 같이, 1990년대 이래 GVC 확산이 가져온 국제분업구조 변화에 따라 일본 특유의 강점이 많이 희석되었음에도 화학·기계·전기전자 공업의 소재·부품·장비 분야에서 탁월한 경쟁력을 가진 제조강국이다. 일본의 경제력 또는 글로벌 공급망에서의 영향력을 무시할 수 있는 나라는 없다.

돌이켜 보면 일본은 1972년에 중국과 국교를 정상화하면서 가장 먼저 경제 교류에 나선 나라다. 당시 일본은 미국의 대중 유화정책에 가장 적극적으로 부응함으로써 1978년 덩샤오핑의 개혁·개방 선언을 이끌어내는 데 기여했다고 평가된다. 반면 2000년대 들어 중국의 임금수준이 급상승하면서 생산기지로서의 매력이 반감되자 점차 아세안 지역으로 옮겨가는 GVC 재편 움직임을 가장 먼저 보인 것도 일본이다. 특히 2010년 센카쿠 열도/댜오위댜오 분쟁을 계기로 중국이 희토류 수출을 통제하는 등 중국과의 관계가 급속도로 악화하면서부터는 원자재·소재·부품의 공급망을 아세안 지역으로 다변화하는 이른바 차이나 플러스 원China+1 전략을 본격적으로 추진하였다. 그러나 2020년 코로나19 팬데믹 충격에 따라 공급망의 중국 의존 문제가 다시금 불거지자 총 2,435억 엔 규모의 기금을 조성하여 공급망 재편 지원 정책을 폈는데, 아세안 지역으로의 재배치(235억 엔)보다는 본국 회귀(2,200억 엔)에 초점을 맞춘 것이 특징이다. 이는 일본이 리쇼어링 정책을 본격화한 기점이 되었다. 이후 일본은, 6장에서 살펴본 바와 같이, 핵심광물·반도체·배터리 등 핵심 품목의 자체 공급 역량을 강화하는 대책을 속속 마련한 것은 물론, 국가안보의 관점에서 공급망 재편 전략을 추진하는 근거 법률로서 경제안전보장추진법까지 제정하였다. 나아가 2016년 아베 총리가 처음 제안했던 '자유롭고 개방된 인도·태평양' 개념은 이후 트럼프·바이든 행정부로 이어지는 미국의 중국 봉쇄 전략의 중요한 구성요소로 발전하였다. 그 속에서 일본은 아시아 지역에서의 영향력 확대를 계속 추진하고 있다.

일본은 여러모로 놀라운 나라다. 2차 세계대전 이후 동아시아 발전국가 모델의 원형을 제시하면서 일찌감치 경제대국으로 발전한 것도 그렇지만, 그 이후 30여 년간 이어진 장기침체에서 벗어날 기미가 좀처럼 보이지 않는다는 것도 놀랍다. 또한 그때그때의 국제정세에 맞추어 아시아 지역에서의 영향력을 확대하기 위한 대외 정책을 주도면밀하게 펼치면서도, 그 오랜 세월 동안 한결같이 미국의 패권질서를 추종해온 대외 전략의 일관성도 놀랍기만 하다.

이런 점에서 루스 베네딕트Ruth Benedict의 『국화와 칼The Chrysanthemum and the Sword』(1946)이 보여준 통찰력에 새삼 주목하지 않을 수 없다. 1946년에 초판이 출간되어 어느덧 고전의 반열에 올랐지만, 여전히 일본과 그 국민을 이해하는 데 가장 중요한 지침서가 되기 때문이다. 이에 따르면, 일본에서는 명시적인 권리·의무 관계보다는 암묵적인 위계질서에 복종하면서 '각자의 자리'를 지키는 것을 무엇보다도 중요시한다. 그 자리를 벗어나서는 살아남기가 어렵다.

경제활동도 마찬가지였다. 전쟁의 폐허에서 일본의 고도성장을 이끌었다는 이른바 3대 신기神器, 즉 종신고용과 연공급에 기반한 기업 내 노사 관계, 전속거래 및 성과공유제 하의 대-중소기업 하청 관계, 그리고 하나의 은행이 기업에 모든 금융서비스를 제공하는 주거래은행 관계 등이 모두 경제주체 간의 수직적 위계질서를 전제로 한 거래 관행이었다. 사용자와 노동자, 대기업과 중소기업, 은행과 기업은 결코 대등하지 않으며, 복종의 대가로 보호의 시혜가 주어졌다. 정부와 기업 사이의 관계 역시 수평적이지 않았음은 두말할 필요가 없다. 나아가 미국의 패권적 지위는 수용하는 대신 아시아의 맹주 자리는 양보하지 않으려는 전후 일본의 한결같은 대외 전략 기조도 같은 논리로 설명할 수 있을 것이다.

물론 일본을 한 번도 방문한 적이 없는 루스 베네딕트가 2차 세계대전 중에 미국 정부의 의뢰로 집필한 『국화와 칼』의 세부 내용에 대해서는 처음부터 많은 비판에 제기된 바 있다. 또한 1990년대 버블 붕괴와 함께 본격화된 인구 고령화의 충격 속에서 일본 사회도 비가역적인 변화를 거쳤으니, 70여 년 전의 논리가 액면 그대로 적용될 수도 없을 것이다. 이제는 일본에서도 3대 신기의 거래 관계는 적어도 외형적으로는 많이 사라졌다.

그럼에도 암묵적 위계질서에 대한 복종이라는 일본 사회의 근본 특징은 여전히 뿌리 깊게 남아 있고, 오늘날의 일본을 설명하는 데도 중요한 시사점을 준다고 할 수 있다. 즉, 과거의 성공이 현재의 실패를 낳는 원인이 되었지만, 그 실패를 극복하고 새로운 미래를 만들고자 하는 내부의 동력 내지 역동성이 소실된 것이다. 고이즈미 총리와 아베 총리는 위로부터의 개혁을 시도했지만, 아래로부터의 변화 동력을 되살리는 데는 성공하지 못한 것으로 평가된다. 최근 일본의 주식시장이 30년 만에 버블 붕괴 당시의 수준을 회복하는 등 일본경제의 부활을 점치는 이야기가 나오지만, 변화 동력의 지속성은 여전히 불투명하다. 반짝 회복세를 보이다가 다시 침체에 빠지는 양상을 과거에도 여러 차례 반복한 바 있다. 변화의 지속성은 위로부터의 개혁만이 아니라 아래로부터의 역동성이 뒷받침될 때 비로소 가능한 것이다.

이 또한 한국에 반면교사의 의미가 있다. 한국은 '다이내믹 코리아'라 불릴 정도로 아래로부터의 역동성이 끓어 넘치는 사회였지만, 그 역동성이 건설적인 방향으로 조정되기보다는 오히려 분열과 대립으로 귀결되었고, 최근 들어서는 그 역동성마저도 점차 소실되는 듯한 불안한 모습을 보이기도 한다. 어느 쪽이든 한국의 미래에 암울한 그림자를 드리우기는 마찬가지다.

아세안: 구심점이 불분명한 '아세안 중심성'

마지막으로 오늘날 한국경제의 성과를 설명하는 데 빼놓을 수 없는 파트너로 자리매김한 아세안에 대해 살펴본다. 1967년 인도네시아, 말레이시아, 필리핀, 싱가포르, 태국 등 5개국으로 출범한 아세안은 브루나이(1984년), 베트남(1995년), 라오스·미얀마(1997년), 캄보디아(1999년) 등이 가입하면서 현재는 10개 회원국으로 구성되어 있고, 동티모르가 신규 가입 신청서를 제출한 상태이다.

아세안의 역사가 오래된 만큼 그 성격 및 주요 의제도 국제정세에 따라 크게 변하였다(이하 라미령 외, 2021 참조). 창설 초기의 아세안은 베트남 전쟁 격화 및 인도차이나반도에서의 공산주의 확산 등 주변 정세에 대한 협의체 성격이 강했지만, 1990년대 냉전 종식에 따라 역내 사회주의 국가들이 점차 개혁·개방 흐름에 합류하면서 경제 및 정치·안보 등 다양한 영역에서 협력을 강화하는 지역공동체 성격의 기구로 발전하였다. 즉, 1992년 아세안 자유무역지대AFTA를 설립하여 역내 관세를 점차 철폐하기로 하였고, 1994년에는 아세안 지역안보포럼ARF을 창설하였다. 1997년에는 아세안의 장기 발전 계획을 제시한 '아세안 비전 2020'을 채택하였는데, 특히 당시의 아시아 경제위기를 계기로 경제공동체 구상이 본격 논의되기 시작하였다. 2003년 발리 협약에서 경제를 넘어 정치·사회 등 전 영역을 아우르는 아세안 공동체를 2020년까지 건설하는 장기 목표가 제시되었는데, 2007년 세부 선언에서는 그 시기를 2015년으로 앞당기기로 하였다. 이에 따라 2008년 아세안 헌장ASEAN Charter 발효로 아세안에 법인격이 부여됨으로써 의사결정체계·분쟁해결절차·행정절차 등이 제도화되었고, 아세안 경제공동체AEC, 아세안 정치·안보공동체APSC, 아세안 사회문화공동체ASCC 등 3대 공동체별 청사진이 순차적으로 발표되었다. 이후 예정대로 2015년에 아세안 공동체가 공식 출범하면서 2025년까지의 비전 및 3대 공동체별 청사진의 이행 방안을 담은 '아세안 공동체 비전 2025'를 채택하였고, 최근 들어서는 코로나19 팬데믹 등의 상황 변화를 반영하여 2025년 이후 역내 통합을 심화하는 계획을 수립하는 중이다.

5장에서 살펴본 바와 같이, 아세안은 21세기의 GVC 재편 과정에서 중국을 보완 내지 대체하는 생산기지로 급부상하면서 세계에서 가장 빠르게 성장하는 지역이 되었다. 나아가 풍부한 부존자원과 함께 2021년 현재 6억 7,000만 명의 대규모 인구에 평균연령도 낮아 2030년에는 세계 4위의 경제권으로 성장할 것으로 전망된다.

물론 아세안도 여러 난관에 직면해 있다. 무엇보다 내부적으로는 EU와 비교할 수 없을 정도로 회원국 간의 이질성이 크다. 경제 규모와 발전 단계에서도 격차가 크지만, 정치체제와 민족·종교·언어·문화 등의 측면에서도 매우 이질적이다. 2015년에 아세안 공동체가 공식 출범했다고는 하지만 이제 시작에 불과한 상황이며, EU 수준의 통합에 이르기에는 갈 길이 멀다. 아세안 공동체가 경제, 정치·안보, 사회·문화 등의 3대 영역별 공동체로 나누어져서 그 통합의 속도와 정도를 달리할 수밖에 없는 근본적인 이유가 여기에 있다.

또한 대외적으로도 아세안은 첨예한 지정학적 위험에 노출되어 있다. 역사적으로 아세안의 다수 회원국이 중국과 영토 분쟁을 겪었는데, 특히 남중국해에서 대규모 천연가스 매장지가 확인된 것을 계기로 인접국 간의 갈등이 심화하였다. 또한, 남중국해는 전 세계 해상 물동량의 1/3이 통과하는 전략적 요충지로서, 급기야 중국은 자신의 영해라고 주장하는 해역의 암초에 인공섬을 건설하여 군사 기지화하였고, 미국은 공해에서의 항행의 자유freedom of navigation를 내세워 맞대응함으로써 군사적 긴장이 고조되었다. 아세안 지역은 중국의 일대일로 정책과 미국의 인도-태평양 전략이 교차하는 G2 패권경쟁의 격전지라고 할 수 있다. 아세안의 전략적 고민이 깊을 수밖에 없다.

이런 측면에서 2008년 아세안 헌장에서 처음 명문화된 '아세안 중심성ASEAN Centrality'에 주목하게 된다. 아세안 중심성은 공식 문서에서 빠짐없이 언급되는 핵심 원칙이기는 하지만 정확한 의미가 규정되지는 않았다. 다만 아세안 지역에서의 미·중 간 주도권 경쟁에 휘둘리지 않음으로써 아세안의 중립성과 각 회원국의 주권을 유지하는 것은 물론, 아세안+3(아세안과 한·중·일 3국 간의 협의체), APEC(아시아-태평양 경제 협의체), ASEM(아시아-유럽 정상회의), RCEP(역내포괄적경제동반자협정) 등의 다자 협의체에서 '주도적 역할driving force'을 수행함으로써 아세안의 위상과 이익을 제고하는 것으로 통상 이해된다. 아세안의 경제적·전략적 중요성이 증대함에 따라 모든 나라가 아세안 중심성을 존중한다는 입장을 공개적으로 표명한 것은 당연하다.

그러나 최근 아세안 중심성의 의미가 퇴색하였다는 우려의 목소리도 나온다. G2의 전략적 경쟁이 치열해질수록, 어떤 의미에서는 전략적 모호성과 크게 다를 바 없는 개념인 아세안 중심성을 고수하기가 어려워졌다는 것이다. 단적인 예로, 2022년 미국이 인도·태평양 전략의 일환으로 IPEF(인도·태평양 경제 프레임워크)를 출범시켰을 때, 처음에는 중국을 배제하기 위한 목적의 협의체에 참여하는 것은 아세안의 원칙에 어긋난다는 이유로 부정적인 뜻을 비쳤다. 하지만 결국 아세안 전체의 의사결정을 이루지 못하고 각 회원국의 개별 판단에 따라 일부만 참여하게 되었다. 각 회원국의 주권 존중 및 내정 불간섭, 협의와 합의를 대원칙으로 하는 아세안의 의사결정 체계에서 이러한 사례는 앞으로도 계속 나타날 것이다.

보다 근본적인 한계는, 아세안 회원국의 상당수가 민주주의 체제를 확립하지 못했다는 것이다. 태국, 인도네시아, 필리핀 등의 해묵은 내부 정치 문제도 그렇지만, 2021년 미얀마의 군부 쿠데타는 국제적으로도 큰 파장을 일으켰다. 각 회원국 내부의 정치 불안, 여기에 내정 불간섭 원칙을 이유로 한 아세안의 미온적 대응 등은 아세안의 내부 통합을 어렵게 할 뿐만 아니라 대외 협상력을 잠식하는 요인이 된다. 각 회원국을 묶어줄 구심점이 모호한 상황에서 아세안 중심성이 힘을 발휘하기는 어렵다. 이 역시 우리나라가 깊이 되새겨보아야 할 부분이다. 성숙한 민주주의 질서야말로 내부의 응집력과 역동성을 지켜주는 최후의 보루인 것이다.

한국의 대외 전략 설정을 위한 내부 전략의 고민

앞에서는 G2의 패권경쟁 또는 전략적 경쟁의 시대에 EU, 일본, 아세안이 어떤 전략으로 임하고 있는가를 간단히 살펴보았다. 각 국가·지역이 처해 있는 대내외적 환경이 다른 만큼 전략도 다를 수밖에 없고, 그마저도 계속 변하고 있다. 우리나라가 다른 나라의 전략을 그대로 모방할 수는 없지만, 이들 사례로부터 얻을 수 있는 시사점은 무엇일까? 한국은 어떤 전략을 택해야 하는가? 관련 전문가들이 제시한 전략은 스펙트럼에 따라 다음 네 가지 유형으로 분류할 수 있을 것이다.

　우선 전통적인 전략적 모호성의 연장선이다. 대미·대중 관계에서 어느 한쪽으로 치우치지 않고 기본적으로는 중립적인 태도를 유지하면서, 때로는 사안·분야별로 분리 대응하는 전략을 의미한다. 경중안미經中安美(경제는 중국, 안보는 미국)가 그 현실 형태로 이해되기도 했다. 하지만 G2 상호 간의 갈등이 격화하고 여타 국가에 대한 줄 세우기 압박이

노골화하는 작금의 상황에서 언제까지 전략적 모호성을 유지할 수 있겠느냐는 의문이 제기된다.

다음으로 아세안 중심성 및 그로부터 파생된 운전자론driver's seat에 비유할 수 있다. 이 역시 G2 관계에서 기본적으로는 중립적인 태도를 유지하면서도, 국익과 직결된 사안에 대해서는 주변국의 이해관계를 주도적으로 조정·견인하는 전략을 의미한다. 남북 관계 또는 한반도 평화와 관련하여 당사자로서 우리의 주도적 역할을 강조하는 것에서부터, 세계 10위권의 경제력에 걸맞은 중견국 역할론에 이르기까지 그 범위와 내용은 매우 다양하다. 다만, 우리의 국익과 직결된 사안은 곧 주변 강대국에게도 주요 관심사이기 때문에, 운전자로서의 자율성이 어느 정도나 허용될 것이냐는 문제가 남는다.

한편 미·일 동맹 하에 아시아의 맹주를 자처하는 일본의 전략에서 시사점을 얻을 수도 있다. 중국 등 권위주의체제 국가에 대한 의존도는 줄이는 대신, 한·미 또는 한·미·일 동맹을 기초로 민주주의 가치를 공유하는 국가들like-minded countries과의 협력 관계 속에서 안보·경제 측면의 국익을 제고하는 전략이다. 이는 전략적 모호성과는 상반되는 것으로, G2 패권경쟁 및 그에 따른 공급망 재편 흐름에서 한국의 선택을 드러내는 신호로 해석된다. 반면 이러한 전략이 사드 배치 이후의 한한령限韓令* 사례와 같은 중국의 보복 조치를 극복할 수 있을지, 또는 일본과의 역사 문제에 비롯된 대내외 갈등을 조정할 수 있을지, 나아가 인도·태평양 지역에서 한국의 위상을 강화하는 데 얼마나 도움이 될지에 대해서는 논란이 분분하다.

* 중국 내 한류 금지령으로, 중국 정부에서 공식적으로 인정하지는 않았지만 2016년 7월 한국의 사드THAAD 배치가 확정된 후부터 이에 대한 보복 조치로 적용됐다.

마지막으로 EU의 전략적 자율성이 갖는 영향력에는 미치지 못하겠지만, G2 패권경쟁에 따른 분절화 흐름에 편승하기보다는 다자주의 원칙을 강조하면서 새로운 국제규범의 창설에 적극적으로 참여하는 전략을 생각해 볼 수 있다. 특히 디지털 전환과 녹색 전환의 영역에서 다자주의에 입각한 국제규범을 창설하는 것은 글로벌 차원의 필연적 과제임과 동시에 우리의 국익을 지키기 위한 최선의 방책임은 아무리 강조해도 지나치지 않을 것이다. 물론 이 책의 여러 장에서 반복 언급한 바와 같이, EU가 국제규범의 창설에 선제적으로 나서는 것은 G2 갈등 속에서 자신의 협상력과 경쟁력을 높이기 위한 전략적 선택이며, 어쩌면 EU이기 때문에 가능한 전략임을 잊지 말아야 한다.

그러면 상기 네 가지 중에서 지금 한국에 가장 적합한 전략은 무엇일까? 답을 내리기 쉽지 않다. 막연한 이야기일지 모르겠으나, 사안에 따라 네 개의 전략을 탄력적으로 혼용하는 것이 바람직할 것이다. 평소에는 모호하게 이중적인 태도로, 갈등 상황에서는 중재자의 역할을 자임하면서, 위기 시에는 동맹·우호 국가와의 협력 속에서, 때로는 다자주의의 주창자로 행동하는 것이 대외 전략의 핵심이 아닐까 한다. 대외 전략은 겉으로 드러난 것보다 막후의 협상과 절충이 훨씬 더 중요하기 때문이다.

그럼에도 불구하고 강조하고 싶은 것이 하나 있다. 내부의 응집력과 역동성 없이는 그 어떤 대외 전략이든 간에 성공을 기대하기 어렵다는 점이다. 앞에서 언급했듯이, 회원국 간의 이질성이 커지고 각 회원국 내의 극단주의가 팽배하면서 결국 전략적 자율성의 목적·수단·대상에서 임시방편의 절충을 거듭해야 하는 EU의 현실, 30년 이상 계속된 장기 침체의 원인이자 결과로서 아래로부터의 역동성이 소실되고 결국 위로부터의 제한된 개혁에만 머무르는 일본의 현실, 그리고 회원국 간 경제 발전 단계의 격차는 물론이고 정치·사회·문화 측면의 공통 가치를 확립하지 못한 채 점차 내정 불간섭의 정치적 구호로 퇴색하는 듯한 아세안 중심성의 현실 등이 우리에게 반면교사의 교훈을 주는 이유도 여기에 있다.

그렇다면 우리의 현실은 어떨까? 모든 이슈가 진영 간 갈등으로 축약되면서 사회의 응집력은 온데간데 찾아볼 수가 없고, 오늘보다는 내일이 더 나아질 거라는 희망 속에서 실패의 위험을 무릅쓰며 도전하는 한국 특유의 역동성은 정말 옛이야기가 되어버렸다. 이런 내부 상황에서 대외 전략을 고민한다고 해도 그것이 성공적인 결과로 이어지기는 어려울 것이다.

2012년에 출간한 『종횡무진 한국경제』에서도 동일한 문제의식을 고민한 바 있다. 제도경제학파의 두 핵심 개념인 경로 의존성path dependency과 제도적 상호보완성institutional complementarity을 빌어 '개혁이 혁명보다 어려운 이유'를 설명하고자 했다. 요약하면 과거에 어떤 길을 걸어왔느냐가 미래 선택지의 방향과 폭에 지대한 영향을 미치고, 한 제도의 성과는 진공 상태에서 결정되는 것이 아니라 다른 제도들과의 보완 관계 여하에 달려 있다. 이러한 제약을 극복하지 못한 개혁 전략은 아무리 선의에서 출발했다고 하더라도 실패할 위험이 크고, 사회의 응집력과 역동성을 훼손하는 '의도하지 않은 나쁜 결과'를 초래한다는 것이다.

이러한 문제의식은 지금도 유효하다. 그리고 이 책은 개혁이 혁명보다 어려운 이유를 하나 더 추가한 셈이다. 뉴노멀과 올드노멀의 선문답(New Normal or Back to Old Normal)으로 표현한 대외 환경의 제약이 그

것이다. 21세기의 대외 환경이 불확실해지고 불안정해짐에 따라 우리 내부의 선택 폭은 더욱 좁아지고, 오늘 최선이라고 생각한 선택이 내일 G2의 자국 중심적 결정에 따라 최악의 결과로 이어질 수도 있다. 결국 한국 내부의 진영 간 갈등은 격화되고 변화를 위한 에너지는 소실되는 악순환에 빠질 가능성이 농후하다. 코로나19 팬데믹, 4차 산업혁명, 기후변화, G2 패권경쟁, GVC 충격, 공급망 재편 등 이 책의 각 장에서 살펴본 요인들 모두가 그런 제약을 심화시키는 방향으로 작용한다. 대외 전략을 고민하기에 앞서 내부 개혁 전략을 다시 짜야 할 필요성이 커진 이유다.

하지만 소통과 합의를 강조하는 것만으로는 분열과 갈등의 현실을 개선할 수 없다는 사실도 익히 경험했다. 이 역시 『종횡무진 한국경제』에서 게임 이론의 기초인 '죄수의 딜레마'를 통해 설명한 바 있다. 협력의 이익은 장기적이고 따라서 불확실한 데 반해, 배신의 이익은 눈앞에 잡힐 듯이 분명해 보이기 때문이다. 따라서 개혁의 성공을 위해서는, 협력에 따른 장기 이익의 창출과 공정한 배분에 대한 신뢰를 높이고, 배신의 단기 이익 추구 행동에는 그보다 훨씬 더 큰 비용이 따른다는 것을 예측할 수 있게 하는, 사회 제도와 관행의 개선이 필요하다. 개혁은 오랜 세월에 걸친 진화의 과정이고, 그래서 혁명보다 더 어렵다.

그런데 다자주의가 힘을 잃고 자국 중심주의가 팽배한 21세기의 대외 환경은, 국가 간의 관계에서는 물론이고 한 사회의 내부적으로도 배신의 단기 이익 추구 성향을 더욱 부추기게 된다. 감염병, 과학기술, 기후변화 등의 요인은 국경 없이 진행되지만, 세계정부가 없는 현실에서 이에 대응하는 정책 수단의 대부분은 국적에 매몰된 국민국가의 수중에 있기 때문이다. 하지만 '국가와 국민의 미래를 지킨다'는 정책 슬로건은 내부의 정치적·경제적 이해관계 충돌을 은폐하는 수단인 경우가 많다는 게 이 책에서 줄곧 강조하고자 했던 대목이다. 협력이 가장 절실히 필요한 순간에 죄수의 딜레마는 더욱 깊어진다. 모든 나라가 심각한 내부 분열과 갈등 상황에 직면한 이유가 여기에 있다. 우리나라도 결코 예외가 아니다.

그러면 한국 사회 내부의 응집력과 역동성을 다시 끌어올리기 위해서는 무엇을 어떻게 해야 할까? 부끄럽지만 나는 답을 알지 못한다. 다만 원론적이고 추상적인 수준에서 고민해볼 뿐이다. 진영 간 갈등, 진영 내 갈등, 그리고 세대 간 갈등이라는 세 측면에서 생각을 정리해본다. 거듭 강조하지만, 각자의 생각은 다를 수 있고, 얼마든지 반론할 수 있고, 따라서 어떤 비판이든 겸허히 수용하겠다.

첫째, 선명한 정책들을 패키지로 연결한 최대강령적 접근이 실패를 부르고 진영 간 갈등을 격화시킨다는 사실을 명심하여야 한다.

나는 지금까지 진영에 구분 없이 각 영역의 전문가들로부터 많은 영감을 얻은 바 있다. 논문과 저서를 읽고 또 직접 토론도 하면서 그분들의 학식과 경륜에 감탄하였고, 여러 정책적 제안에 깊이 공감하기도 하였다. 내가 이 한 권의 책에서 광범위한 영역의 주제들을, 그것도 현재 진행형인 중요 사안들을 한꺼번에 다 다룬 것이 무모하기 짝이 없는 일이라고 고백했던 건, 세부 영역에서 헌신한 전문가들의 연구와 고민의 깊이를 너무나 잘 알기 때문이다.

그렇지만 의문도 없지 않다. 각 영역의 최고 전문가가 각기 자신의 영역에만 초점을 맞추어 제시한 정책적 대안들이 얼마나 실행 가능한 것일까? 특히 그런 제안들을 알파에서부터 오메가까지 다 연결한 개혁 패키지의 실행 가능성에 대해서는 강한 의문을 품게 되었다. 경로 의존성과 제도적 상호보완성의 제약을 감안할 때, 그리고 이 책에서 다룬 21세기 대외 환경의 제약을 감안할 때, 선명한 정책적 제안일수록, 나아가 그런 제안들을 연결한 선명한 패키지 제안일수록 오히려 실패할 가능성이 크고 의도하지 않은 나쁜 결과를 초래하게 될지도 모른다.

결국 우선순위를 선택할 수밖에 없다. 내가 자주 사용하는 표현 방식을 따르자면, '최대강령적 접근'보다는 '최소강령적 접근'을 선택하는 것이다. 각 진영마다 중요한 일은 얼마나 많겠으며, 하고 싶은 일은 또 얼마나 많겠는가? 그러나 모든 것을 가장 선명한 방식으로 연결한 패키지식 접근(최대강령적 접근)은 실패를 부르고 분열을 초래하기에 십상이라는 것이 나의 생각이다. 시간이 걸리더라도 사회적 공감대가 다져진 사안부터, 그게 아니라면 최소한 구체적 개혁 방안의 장단점에 관한 사회적 논의가 일정 정도 진행된 사안부터 단계적으로 접근(최소강령적 접근)하는 것이 오히려 사회적 비용을 줄이는 길이라고 믿는다.

문제는, 이러한 접근은 선명하지 않기 때문에 매력도가 떨어지고, 따라서 지지보다는 비판을 받기 쉽다. 선택의 우선순위에서 밀렸다고 느끼는 다수 영역의 전문가나 이해관계자 집단이 반발하는 것은 물론이고, 시시각각으로 변하는 여론에 촉각을 곤두세우며 선거를 치러야 하는 정치인들에게는 현실을 모르는 소리로 치부되기 마련이다. 빠른 추격자fast follower 단계를 지나 창의적 선도자first mover의 위상을 다져야 할 한국이, 특히나 디지털 전환과 녹색 전환의 시대적 변곡점에서 이렇게 한가한 의사결정 방식으로 접근하는 건 수긍하기 어렵다는 비판이 있을 수도 있다.

내 생각도 그렇다. 최대강령적 접근에 의문을 품는다고 해서 모든 개혁을 사회적 합의를 이룬 다음에 추진해야 한다고 주장하는 것은 아니다. 이 책의 서두에서도 언급했듯이, 오늘의 결정을 내일로 미루는 것이야말로 최악의 결정이라는 생각에는 변함이 없다. 따라서 최소강령적 접근은 각 영역의 우선순위를 조정한다는 의미도 있지만, 각 영역에서의 결정이 미래의 진로를 확정하는 것이 아닌, 수정의 가능성을 열어둬야 함을 뜻한다. 진영 간 갈등은 그 수정 가능성을 부정하는 것으로부터 출발하지만, 정권이 바뀌면 앞선 결정이 모두 번복되는 것이 우리의 경험이었다. 축적은 없고, 퇴행만 남았다. 지금 우리 사회가 해결해야 할 과제들, 즉 팬데믹 이후의 사회, 디지털 전환과 녹색 전환 이후의 사회, G2 패권경쟁 이후의 사회를 구상하고 실행하는 것은 한 정부의 임기 5년에 마무리될 과제들이 아니다. 오늘 필요한 결정을 내리되, 내일의 수정 가능성을 염두에 두어야 한다.

둘째, 진영 간 대화에 못지않게, 아니 그 이상으로 진영 내 토론이 활성화되고 존중되어야 한다.

앞에서 협력의 장기 이익을 배척하고 배신의 단기 이익에 매몰되는 죄수의 딜레마 상황에 대해서 언급하였다. 한국 사회에서 이런 왜곡된 유인구조를 낳은 배경은 무엇인가? 한 번의 선거 결과에 따라 승자가 모든 것을 갖는winner-takes-all 정치 현실이 유인구조의 왜곡을 초래하고, 결국 이념적 스펙트럼의 양극단에 있는 선명한 정책 제안들만이 살아남음으로써 진영 간 갈등이 되풀이된다는 분석이 많다. 따라서 권력구조 또는 선거제도의 개편을 통해 진영 간 대화와 타협을 제도화하는 것이 그 해법으로 제시되곤 한다. 나도 동의한다.

하지만 한 걸음 더 나아갈 필요가 있다. 진영 간 갈등이 유인구조 왜곡의 시발점이 되었다고 하더라도, 진영 내의 침묵이 그 왜곡을 유지·강화하는 경우가 많기 때문이다. 1장의 표현을 빌린다면 '우리'와 '그들'

을 구분하는 되먹임 작용이 '우리 내부'에서 끊임없이 벌어지면서, 우리의 범위를 더욱 편협하게 만들고 그들에게는 더욱 경직된 자세를 취하게 만드는 것이다. 반대 진영에서의 비판은 훈장이 되고, 같은 진영에서의 비판은 주홍글씨가 된다. 이래서는 최소강령 식의 유연한 접근은 설 자리가 없고, 최대강령 식의 선명성 경쟁만 남는다.

21세기라고 해서 이념경쟁이 없을 수 없다. G2 패권경쟁은 궁극적으로 이념경쟁 또는 체제경쟁의 성격을 띠고 있고, 다른 모든 나라에 줄서기를 강요한다. 코로나19 팬데믹 충격과 디지털·녹색 전환의 충격은 승자와 패자를 가르고, 국가 간에 그리고 국가 내의 계층 간 격차를 확대한다. 정책의 이념적 성격은 점점 더 심화할 것이다. 조세·재정정책(1장), 산업정책과 노동·복지정책(2장), 기후환경정책(3장), 국제통상·국제통화 정책(4장), GVC(5장)와 공급망(6장)의 재편 정책 모두에서 진영 간의 이념적 차별성은 더욱 두드러질 수밖에 없다.

그렇지만 과거의 낡은 이념으로 미래의 새로운 질서를 창조할 수 있겠는가? 나의 짧은 역사 지식으로 볼 때, 매우 부정적이다. 이 책에서 뉴노멀과 올드노멀에 대한 선문답을 제기한 것은, 불확실성과 불안정성으로 가득 찬 21세기에는 그 누구도 미래를 결정할 힘과 지혜를 가지지 못했기 때문이다. 그러니 우리 내부의 독단과 그들에 대한 차별로 인류 역사상 최악의 참상을 빚어낸 한 세기 전의 오류를 반복해서는 안 된다. 요체는 다양성이다. 국제적으로 국가 간 경쟁이 치열해질수록, 국내적으로 진영 간의 갈등이 격화할수록, 온 힘을 다해 진영 내의 다양성을 지켜야 한다. 진영 내의 토론을 활성화하고, 다양한 의견을 존중해야 한다. 그래야만 진영 간 대화의 물꼬를 트고, 나아가 오늘 기성세대가 내린 결정을 내일 미래세대가 수정할 가능성을 열어둘 수 있다. 그것이 오늘 우리가 할 수 있는 최선이다.

셋째, 미래세대가 새로운 시대정신을 형성하고 발전시켜나갈 실질적 기회와 토대가 마련되어야 한다.

한국은 2차 세계대전 이후의 신생국 중에서 경제발전과 정치 민주화를 이룬 사실상 유일한 나라다. 이른바 산업화 세대 및 민주화 세대의 헌신과 희생이 있었기에 가능한 놀라운 성과다. 자부심을 가져 마땅하다.

하지만 껄끄러운 질문이 하나 남아 있다. 앞선 두 세대의 유산은 한국 사회의 새로운 미래를 창출하는 과정에서 얼마나, 또는 언제까지 유효한 것인가? 오해하지 말기 바란다. 앞선 세대의 기여를 폄훼하는 것이 아니다. 나 역시 이른바 민주화 세대의 일원으로서 나름의 기여에 대해 자부심을 품고 있다. 하지만 이 질문은 다음 세대의 '새로운 시대정신'에 관한 것이다.

이와 관련해서 후배들, 학생들과 많은 이야기를 나누어보았다. 산업화 세대 또는 민주화 세대의 시대정신과 얼마나 다르고 새로운 것인지에 관심을 가지면서 말이다. 여러 이야기가 있었지만, 특별한 것은 없었다. 그들이 가진 생각은 예상을 크게 벗어나지 않았다. 이념 갈등 못지않게, 아니 그 이상으로 세대 간 갈등이 화두로 떠오른 상황이었기에 조금은 의외였다. 미래세대의 시대정신은 불분명해 보였다.

하지만 곧바로 반성했다. 나 역시 '너희들이 원하는 세상이 뭐냐? 그렇게 만들어 주겠다'라는 식으로, 오만과 편견으로 가득 찬 전형적인 기성세대의 모습으로 그들을 대하고 있었다. 돌이켜보면 과거의 산업화 세대나 민주화 세대도 어떠한 설계도를 가지고 행동한 것은 아니었고, 자신의 행동이 어떤 세상을 만들지 알지 못했다. 어쩌면 세상은 객관적 환경과 주체적 의지의 상호작용 속에서 진화하는 것일지도 모른다.

분명한 건, 작금의 대내외 환경은 산업화 세대와 민주화 세대가 주역으로 활약하던 시절과는 너무나 달라졌다는 사실이다. 2차 대전 후 미국이 만든 세계경제질서가 안정적으로 작동했던 산업화 세대의 환경도 아니고, 1990년대 냉전 종식 이후 세계화의 물결이 휩쓸고 지나가던 민주화 세대의 환경도 아니다. 이 책의 내용 대부분은 그러한 환경 변화를 설명하는 데 할애되었다. 그렇기에 앞선 두 세대의 자랑스러운 유산이 미래에도 여전히 유효한지에 대해 질문을 한 것이다.

　어느 시대나 어느 사회나 그렇듯이, 후배 세대는 미숙하다. 한국의 산업화 세대도 민주화 세대도, 그 선배 세대에게는 똑같이 미숙하게 보였을 것이다. 하지만 그들은 행동했고, 자신들의 방식으로 한국 사회를 변화시켰으며, 그 세대 특유의 시대정신을 만들어냈다. 미래세대도 응당 그럴 것이다. 그러니 청년세대가 개인적인 노력만이 아니라 집단적 행동을 통해 새로운 생각을 공유하고, 새로운 시대정신을 형성할 기회와 여건을 부여해야 한다. 그것이 한국 사회의 응집력과 역동성을 되살리는 유일한 길이다. 오늘의 최선은 미래의 최선이 아닐 수 있다. 그러니 기성세대가 미래를 독점하려 해서는 안 된다. 오늘의 결정을 미래세대가 수정할 수 있도록 열어두어야 한다. 그것이 선생, 먼저 태어난 사람의 도리일 것이다.

다 함께 생각해봅시다

1. 향후 한국의 대외 전략 기조는?

G2 패권경쟁의 시대에 전략적 모호성을 유지하기가 쉽지 않다. 그렇다고 EU의 전략적 자율성은 아무나 흉내 낼 수 있는 것이 아니다. 아세안 중심성의 운전자 역할론, 또는 미·일 동맹 속의 일본의 지역 맹주론도 그대로 벤치마킹하기는 어렵다. 세계 10위권 경제력의 한국은 어떤 기조의 대외 전략을 중심으로 삼아야 할까? 정답은 없다. 다만, 각 전략의 편익과 함께 비용도 균형감 있게 살펴보아야 할 것이다. 특히 한국 사회 내부의 갈등과 대립이라는 형태의 비용을 간과해서는 안 된다.

2. 컨트롤 타워의 역할과 책임

이 책의 말미에 한국 사회의 응집력과 역동성을 되살리기 위한 내부 전략 방안에 대해 언급하였다. 사실 상식적인 이야기다. 하지만 쉬운 말일수록 행동으로 옮기기는 더 어렵다. 전문가나 이해관계자가 세부 영역에 특화된 선명한 의견을 가지는 것은 당연하다. 선거를 목전에 둔 정치인이 선명성의 함정을 벗어나기 어려운 것도 마찬가지다. 이건 자본주의와 민주주의의 한계로 느껴지기도 하지만, 동시에 지속가능성을 보장하는 길인지도 모른다. 다만 상호충돌하는 과제들의 우선순위를 조정하고, 진영 간 대화 및 진영 내 토론을 활성화하고, 미래세대에게 발언과 행동의 기회를 부여하는 중차대한 일을 누군가는 해야 한다. 그것이 컨트롤 타워의 역할이다. 그리고 컨트롤 타워가 그 역할을 다하도록 감시하고 책임을 묻는 것이야말로 민주시민의 몫이다.

참고문헌

1장 코로나19 팬데믹
– 거시정책은 왜 실패하는가?

황유선(2022.11.7.), 「IMF 구제금융으로 본 신흥국 불안」, Brief, 국제금융센터(KCIF)

Edelberg, W., L. Sheiner, and D. Wessel ed.(2022.4), *Recession Remedies: Lessions Learned from the U.S. Economic Policy Response to COVID-19*, Brookings

Gaspar et al.(2022.12.12.), "Riding the Global Debt Rollercoaster", IMF Blog

IMF Fiscal Affairs Department(2021.10), *Fiscal Monitor Database of Country Fiscal Measures in Response to the COVID-19 Pandemic*, imf.org/en/Topics/imf-and-covid19/Fiscal-Policies-Database-in-Reponse-to-COVID-19

Jones L.(2019), *The Big Ones*, 권예리 역(2020), 『재난의 세계사』, 눌와

Rebucci, A., J.S. Hartley, and D. Jeménez(2021.2), "An Event Study of COVID-19 Central Bank Quantitative Easing in Advanced and Emerging Economies", NBER Working Paper No. 27339, National Bureau of Economic Research

Snowden, F.M.(2019), *Epidemic & Society*, 이미경·홍수연 역(2021), 『감염병과 사회』, 문학사상

2장 4차 산업혁명
– 기술은 세상을 연결하고, 정책은 분열시킨다

한국은행(2022.8.), 「EU 암호자산시장 법률안」, 지급결제 참고자료

Arntz, M., T. Gregory, and U. Zierahn(2016), "The Risk of Automation for Jobs in OECD Countries: A Comparative Analysis", OECD Social, Employment and

Migration Working Papers No. 189, Organization for Economic Co-operation and Development

Bains, P., N. Sugimoto, and C. Wilson(2022.1), "BigTech in Financial Services: Regulatory Approaches and Architecture", FINTECH NOTE/2022/002, International Monetary Fund

De Loecker, J., J. Eechhout, and G. Unger(2020), "The Rise of Market Power and the Macroeconomic Implications", The Quarterly Journal of Economics, Vol. 135. Issue 2

DiPippo, G., I. Mazzocco, and S. Kennedy(2022.5.), *Red Ink: Estimating Chinese Industrial Policy Spending in Comparative Perspective*, CSIS (Center for Strategic & International Studies)

Frey, C.B., and M.A. Osborne(2013), *The Future of Employment: How Susceptible Are Jobs to Computerization?*, University of Oxford

3장 기후변화
– 공정한 녹색 전환은 실현 가능한가?

관계부처 합동(2021.10.18.), 보도자료 「국가 온실가스 감축목표(NDC) 상향안」

한상범·권세훈·임상균(2021.12), 「글로벌 ESG 동향 및 국가의 전략적 역할」, ODA 정책연구 21-01, 대외경제정책연구원(KIEP)

Branen, P.(2018), *The Ends of the World*, 김미선 역(2019), 『대멸종 연대기』, 흐름출판

Elkerbout, M., J. Bryhn, E. Righetti, and F. Chapman(2022.3), "From Carbon Pricing to Climate Clubs: How to Support Global Climate Policy Coordination towards Climate Neutrality", CEPS Research Report 2022-01, Centre for European Policy Studies(CEPS)

The International Organization of Securities Commissions(IOSCO)(2021.6), "Report on Sutainability-related Issuer Disclosures: Final Report"

The Working Group Ⅰ (2021.8), "Summary for Policy Makers", *Climate Change 2021: The Physical Science Basis*, The Working Group Ⅰ Contribution to the IPCC Sixth Assessment Report

The Working Group Ⅲ (2022.4), "Summary for Policy Makers", *Climate Change 2022: Mitigation of Climate Change*, The Working Group Ⅲ Contribution to the IPCC Sixth Assessment Report

The World Bank(2022), *State and Trends of Carbon Pricing 2022*

4장 G2 패권경쟁
– 안보 논리가 지배하는 21세기 세계경제질서

대외경제정책연구원(2021.7), 「KIEP가 함께 한 한국 FTA 20년」
서진교·이천기·이주관·김지현·정명화(2020.12), 「WTO 체제의 구조적 위기와 한국의 신 다자협상 대응방향」, 연구보고서 20-20, 대외경제정책연구원 (KIEP)
송유철·강인수·이호생(2021.12), 「미·중 전략경쟁하 WTO 다자체제의 전망과 정책시사점」, 중장기통상전략연구 21-04, 대외경제정책연구원(KIEP)
KOTRA(2022.5), 「미국 수출통제 제도 심층 분석 및 시사점」, Global Market Report 22-0008
Aiyar, S., J. Chen, C, Ebeke, R. Garcia-Saltos, T. Gudmundsson, A. Ilyina, A. Kangur, T. Kunaratskul, S. Rodriguez, M. Ruta, T. Schultze, G. Soderberg, and J.T. Trevino, "Geoeconomic Fragmentation and the Future of Multilateralism", SDN 2023/001, The International Monetary Fund(IMF)
Bertaut, C., B. von Beschwitz, and S. Curcuru(2021.10), "The International Role of the U.S. Dollar", FEDS Notes, Board of Governors of the Federal Reserve System
Eichengreen, B.(2022.5), "Sanctions, SWIFT, and China's Cross-Border Interbank Payments System", CSIS Briefs, Center for Strategic & International Stidies(CSIS)

5장 GVC 충격과 아시아의 분업구조
– 세계화에 따른 상호의존성 심화의 득과 실은?

The Asian Development Bank(ADB), the Research Institute for Global Value Chains at the University of International Business and Economics, the World Trade Organization(WTO), the Institute of Developing Economies - Japan External Trade Organization(IDE-JETRO), and the China Development Research Foundation(2021.11), *Global Value Chain Development Report 2021: Beyond Production,*
Cigna, S., V. Gunella, and L. Quaglietti(2022.1), "Global Value Chains: Measurements, Trends and Drivers", Occasional Paper Series No. 289, European Central Bank(ECB)

6장 공급망 재편과 G2의 전략적 경쟁
– '무역을 통한 평화'의 시절은 저물었는가?

김나율(2023.1), 「미국의 공급망 핵심 품목 리스트 현황 및 시사점」, Trade Focus 2023년 1호, 한국무역협회 국제무역통상연구원(IIT)

박가현·김경훈·김나율(2022.12), 「주요국의 핵심광물 확보전략과 시사점」, Trade Focus 2022년 32호, 한국무역협회 국제무역통상연구원(IIT)

정예지·윤인구(2023.1.26.), 「미국 반도체 정책 경과 및 전망」, Issue Analysis, 국제금융센터(KCIF)

지만수(2021.10), 「선진국의 견제에 대응하는 중국의 경제정책 방향과 시사점」, 금융브리프 30권 19호, 한국금융연구원(KIF)

Atkinson, R.D.(2022.6), "A New Emerging U.S Trade and Technology Policy", 월간 KIET 산업경제 특집, 산업연구원(KIET)

European Commission(2021.5.5.), "Strategic dependencies and capacities", Commission Staff Working Document, SWD(2021) 352 final

Krugman, P.(2022.12.13.), "Is this the end of peace through trade?", *New York Times*

Semiconductor Industry Association(SIA)(2022.11), "2022 State of the U.S. Semiconductor Industry"

White House(2021.6), "Building Resilient Supply Chains, Revitalizing American Manufacuring, and Fostering Broad-Based Growth, 100-Day Reviews under Executive Order 14017"

에필로그 전략적 자율성의 조건
– 내부 통합 없는 대외 전략은 성공할 수 없다

라미령·최인아·정재완·신민금·김형종(2021.12), 「포스트 코로나 시대의 아세안 공동체 변화와 신남방정책의 과제」, 연구보고서 21-04, 대외경제정책연구원(KIEP)

Benedict, R.(1946), *The Chrysanthemum and the Sword*, 감윤식·오인석 역(2019), 『국화와 칼』, 을유문화사

Damen, M(2022.7), "EU Strategic Autonomy 2013-2023: From Concept to Capacity", EU Strategic Autonomy Monitor Briefing, Strategic Foresight and Capabilities Unit, European Parliamentary Research Service(EPRS)

21세기 세계경제
뉴노멀인가 올드노멀인가

1판 1쇄 펴냄 | 2023년 8월 10일

지은이 | 김상조
발행인 | 김병준
발행처 | 생각의힘

등록 | 2011. 10. 27. 제406-2011-000127호
주소 | 서울시 마포구 독막로6길 11, 우대빌딩 2, 3층
전화 | 02-6925-4183(편집), 02-6925-4188(영업)
팩스 | 031-955-1322
전자우편 | tpbook1@tpbook.co.kr
홈페이지 | www.tpbook.co.kr

ISBN 979-11-93166-13-0 93320